習慣法論叢

当代中国的习惯法世界

主　编　高其才

执行主编　高成军　陈寒非

中国政法大学出版社

2018・北京

图书在版编目（CIP）数据

当代中国的习惯法世界/高其才主编.—北京:中国政法大学出版社,2018.12
ISBN 978-7-5620-8757-1

Ⅰ.①当… Ⅱ.①高… Ⅲ.①习惯法—研究—中国 Ⅳ.①D920.4

中国版本图书馆 CIP 数据核字(2018)第 280450 号

出版者　中国政法大学出版社
地　址　北京市海淀区西土城路 25 号
邮寄地址　北京 100088 信箱 8034 分箱　邮编 100088
网　址　http://www.cuplpress.com（网络实名：中国政法大学出版社）
电　话　010-58908586(编辑部)　58908334(邮购部)
编辑邮箱　zhengfadch@126.com
承　印　固安华明印业有限公司
开　本　650mm×980mm　1/16
印　张　20
字　数　320 千字
版　次　2018 年 12 月第 1 版
印　次　2018 年 12 月第 1 次印刷
定　价　59.00 元

PREFACE
总 序

习惯法是人类长期社会生活中自然形成的一种行为规范，它源于各民族生存发展的需要，对于人类法制文明意义甚大。哲人亚里士多德说过，积习所成的不成文法比成文法实际上还更有权威，所涉及的事情也更为重要。毋庸多言，在传统人类社会，习惯法内容涵盖甚广，各民族缔造了灿烂的习惯法文化。而制定法的出现只是一种渐进的成就，道德与法律的分离更是后起。

在古希腊文中，“ethos”（居留习性）和“nomos”(风俗律法)均有风俗之义。nomos乃诸神所定，且是ethos的准绳，不可随意更改。“ethos”(习俗)本来含义是“居留”“住所”，“ethos ”(习俗)就是人行为的某种“居留”和人在其中活动的“场景”(秩序)，这种风俗习惯的沿袭产生伦理德行，“ethos”(习俗)也就演化为“ethikee”(伦理)。nomos本来仅指习俗，雅典民主政制兴起，nomos涵义才扩及人定的法律。而自然（physis）与习俗（nomos）的比较，则是西方法哲学的永恒主题。

法律不是、起码不主要是国家制定法。直到中世纪的西方思想家仍然认为，法律本质上是传统和习惯，而不是不断进行的立法创新，而国家制定法实在是对习惯法的扰动，不可轻易为之。

习惯法会成为问题，源于人类社会的现代性转折以及法律现代性的相应兴起。这个历史进程肇始于西方，法脱离了古典自然法界

定良善政治秩序的作用，成为保障市民社会财产权与维持市场经济均衡运转的实证法（positive law），而国家仅等同于市民社会之伦理环节。尤其是因为现代民族国家的兴起，它需要并且创生出了国家法（制定法）、固守主权者命令的实证法学、现代教育体制、学科分类体系及科层制分工等这一整套架构来维系民族国家的运转。而这都表明现代社会的运转必须依赖法实证主义。

目光转移到中国，在古代汉语中，习惯是指在长时期里逐渐养成的、一时不容易改变的行为、倾向或社会风尚。习惯为逐渐养成且不易改变的行为和积久养成的生活方式，现在泛指一地的风俗、社会习俗、道德传统等。中国语境中的习惯含有“长期”“习俗”等语意。习惯法以习惯为核心，以风尚为基础，与伦理密切相关。

传统的礼乐文明就是乡土中国的风习自发演进而来，进而由切实的情理生发出高蹈的义理。在中国法律传统的天理-国法-人情架构中，人情风习有其应有的位置。天理、国法与人情的圆融无碍是传统中国历代法典正当性所在，也是传统中国社会普通民众信奉的法意识。如何在具体问题中妥帖地调适情理法、礼与俗，正是中国法传统思索与实践的核心问题。

而传统法律在近代的大变动中引发了社会的大断裂、大冲突。百年来中国法律现代化动作多、成效少，法律始终没有契合中国人民的生活。中国法律文明花果飘零，失去了制度和理论支撑的传统中国文明作为一种习俗而残留下来。为了让人们信奉这套舶来的法制，服从至上的国家（阶级）意志，民主、法治、人权之类的言说驳斥这种习俗，新生活运动、普法运动之类的全民运动力图改造这种习俗。只是时至今日，依然逃脱不了“法律自法律，社会自社会”（瞿同祖语）的尴尬。因为法律不是自动运行的机器，作为一套社会控制的行为规则体系，它需要相应的制度支撑。

现实的逻辑是，作为生活之子的习惯法的生命力异常旺盛。在当今中国社会时空条件下的法律实践当中，习惯法作为独立于国家制定法之外，依靠某种社会权威的、具有一定程度强制性和习惯性的行为规范，实际上成为了解决当代现实问题的鲜活创造，显示了它与法律移植背景下国家制定法不同的命运。因为当代中国习惯法作为一种活的法律秩序，显示了与其所处社会的相互契合，有其独立的存在意义和独特的功能价值。

因此无论我们对中国的法治现代化持何种立场，都必须认真对待习惯法。习惯法为国家制定法之母，一方面要充分认识到习惯法在秩序建构、纠纷解决、社会共识达成过程中的积极意义，充分发挥其作用；另一方面，在国家制定法中心的前提下，必须妥善处理与现行制定法有冲突的习惯法中的非良性因素，促使习惯法与制定法在现代化互动进程中逐渐融合，解决不同地区、不同民族之间的习惯法冲突问题，并使国家制定法更具有效力基础。这是国家法中心主义的习惯法研究也必须解决的重要问题之一。

从更广泛的角度认识，习惯法是中国固有法文化的重要内容，体现了中华民族的内在精神。习惯法是一种社会现象、一种社会规范，更是一种社会文化，是中国人的意识形态所创造的精神财富。作为中国文化的一个组成部分，习惯法是中国人生活的反映、实践的记录、历史的积沉、现实的表达，是中国人对生存方式、法生活的需要和愿望的表达，是中国人认识自然、思考自己、理解社会的结晶。习惯法是民族特质的体现，也是传统传承的主要方式。

笔者认为，习惯法研究应以现代中国法治建设为中心，习惯法的描述与解释并重，域内习惯法与域外习惯法研究并举，当代习惯法研究与习惯法的历史研究共存，处理好乡土习惯法与城市习惯法、传统习惯法与现代习惯法、地方习惯法与全球习惯法之间的关系。以中国社会现代发展和法律现代性为主轴，一切以揭示习惯法背后特有族群的法律文化、法律意识为目的，进而阐发习惯法的内生性及其当代适应性。

本书以当代中国习惯法为研究对象，重点探讨1949年以来尤其是现实有效的当代中国社会的习惯法，旨在全面总结我国学界学者和实务专家的当代中国习惯法调查和研究成果，交流当代中国习惯法研究的心得，思考当代中国习惯法研究的推进，进一步提高当代中国习惯法研究的学术水准。

当代中国习惯法研究需要重视学术积累，进行长期调查，持续

专门研究，不断拓宽研究领域。只有具有寂静的心态、宽广的视野、专注的立场、踏实的学风，当代中国习惯法的研究成果才可能越来越有学术影响力，在中国社会的理性发展中发挥积极的功能。

高其才

2010年7月2日

CONTENTS

目　录

规范分析

学理探讨

导 言

Introduction

高成军

大地是一切法权之母，是广袤而厚重的大地孕育了生命的生生不息及生命之上人类文明的波澜壮阔。作为一个偶然的存在，人被孤独地抛入尘寰这一“无知之幕”，其将不再孤独，随着一声呱呱坠地，其睁眼面对的天地必将与世间的烟火春秋和规则仪范嵌套在一起。我们不仅要遵守生老病死、吃喝拉撒种种自然法则，亦要崇循居家出世、社群维系、婚丧嫁娶、人情礼仪等人世规则，以便自立经学、不失规矩。悟以往，无论是远古先民的自然崇拜，还是近代世界的商事交易，无论是古典中国的三纲五常还是欧陆文明的铜表铸律，皆为规则的一种历史书写。因此，从某种意义上来说，人是一种规则的存在，人世即为一种规则的世界，正是由于规则才构成了人之为人、人之为万物之灵的一种向度。

在规则的世界中，为法学界所津津乐道著书立说抑或喋喋不休争长论短的即是我们所熟知的法律规则。论及法律规则，人们往往将它与立法机关雄伟恢宏的建筑、法院肃穆威严的程式、一堆堆枯燥冗长的法条、法庭上你来我往的唇枪舌剑、犯法后的人头落地或牢狱，以及戴着大顶帽的警察、收拾精干的律师、穿着囚服的狱徒联系在一起，仿佛已不违法、干我何事。殊不知，这是一种将法律外化，乃至神化的认识。就其本质，那庙堂之上威严高耸的法律其实与平头老百姓陈芝麻烂谷子似的矛盾解决方式没有什么大的区别。法律作为一种规则，作为一种共同体的序造方式，无非是在人之交往过程中，为减低交易成本，促进社会合作和秩序维系而生发出的一套文化装置。它实际是人们运用实践智慧为应对生于斯长于斯的自然环境和社会环境所作的一种调适。这种调适，从源起论上审视，最初所依赖的是社会自发产生的一种调节方式和秩序规则，后来才变成一种外在的规则。

是生活选择了规则，而非规则决定生活。法律是社会秩序的建构者，但同时其产生和完善又取决于社会交往秩序的内在规定性。很显然，法律在任何时候都不可能脱离一定的社会结构和人们的日常生活现实，任何严格意义上的法律都与特定的社会文化背景紧密联系。法治不是制度的产物，而是经由社会生活实践总结出的维护社会秩序的经验，并将这种经验进行理性梳理、升华，从而形成相应的规范，以约束人们的行为，达到调整社会关系的目的。维护社会秩序的法在最初的意义上就不是来自国家权威自上而下的制度设计，而是由各种道德、习俗、惯例等非规范性社会规则组成的地方性知识，习惯规范是制定法天生的渊源。因此，不管是来自民间社会生活演化的规范表达，还是政治精英理性建构的国家法律，其内在本质都是为了规范人们的交往秩序，促进共同体的和合发展而不得已进行的一种功利选择，其规范表达必定是经由芸芸大众的生活事实向逻辑表达的制度事实的形式转换，其价值皈依于社会交往秩序的内在规定性和特定的社群文化底色，其生长逻辑延展于睁眼面对的天地时空和生于斯长于斯的一方水土。

因此，我们生活在一个由习惯法规范构筑的世界，习惯法的世界首先是一个生活的世界，是一个充满烟火味的世界。千百年来，无论是传统中国的乡土社会，还是陷钳于现代文明架构中的都市社群，无论是私人领域的邻里交往，还是公共空间的秩序维系，朴实而智慧的民众秉承着自身对天地宗亲的朴素信仰和人情伦理、交往秩序的精神要义，在天人沟通、人之交往和社群发展过程中，自觉遵循着一套自发而约定俗成的习惯规范，以此维系共同体日常的生产生活及人之交往秩序。但是长久以来，我们对于此种司空见惯并循途守辙的制度事实习以为常，或者仅仅将其当作一种人情往来的文化礼俗，或者视其为一种社群交往中的道德约束，而没有将其置于规范的视阈进行制度析梳，更不要说从现代国家建构中以制度序造的角度对其加以学理认知，琐碎而习常的习惯规范往往被视为“下里巴人”，而难登国家法治的庙堂高义。反观现实，无论是重视习惯法的独立价值者，还是国家法一元论者，都倾向于把二者置于对立的世界。但更是因为这种烟火味，相比严肃而正统的国家法，习惯规范由于是人们长久生活过程中的一种规范选择，可能恰恰与行动者日常生产生活和主体交往事实更加亲近，是一种贴近大地、贴近生活的法律，一种活生生的暗自归束，一种烟火缭绕的升腾。

习惯法世界亦是行走于不同领域、不同社群的多姿多彩的世界。生命以尊严的姿态对生存的景仰是构筑生活事实的本能追求，于是身处不同地域的人们在希冀未来的憧憬中挣扎着如何完成人生价值的命题。在乡野田间，自然力是对民间生息最初也最为根本的阻碍，互助合作便是唯一的解决方案，在这种相互救济相互扶持共同获益的归途下，在随时节劳作经年累月的反复合作中，习惯悄然而生，这种习惯经由互助合作而慢慢延展至生活的各个领域，生老病死、婚丧嫁娶、家祭礼俗、家族维系、矛盾调解等都函摄着一个丰富多彩的习惯法世界，后辈依循着这种促进合作的基本法则，乡野习惯得以在根本且终极的意义上被铺叙。在都市街井，除却上述规范礼俗，习惯依然在这终极意义中开辟其广阔世界，但它面对的依然是以人为主要支配力的以经济架构为基本遵循的命运共同体，形色的商事交易、通行的行业规范、熟人间的人情礼仪、机关内部的处事规则、网络社群中的组织规矩，在被其规制的同时又乐道此种生生不息的承继所带来的便宜。在这里习惯法以利益纵横交错的都市为背景底色，在其上描绘出多姿多彩的交易及生活样态，并由此生发出一套通行于都市的人情伦常，这便也渗透着习惯的精髓，在说不清与道不明的微妙中自觉恪守潜在的“生存法则”。然而，当我们的目光转至不同族群的人们，更是一副差异丛生的习惯法图景，从神秘的图腾崇拜、宗教信仰牵涉的行为规范的多样指向，从看似表达着相似习惯伦理却展现出形色的外在形式，俨然一幅族群多元、规范相殊的图谱，细观其画像，无不感叹习惯法的世界是多么地波澜壮阔、绚烂多姿。

习惯法世界更是一个动态复杂的世界。世间万物都必然性地内含变迁的因子，在变化中找寻与新时代最相契合的磁场，为了生生不息的发展，为了永存的执着更是为了向合理性的追索，这才是一切有生事物该有的姿态。习惯法亦是这样一种生命，它不是被动的裹挟，不是强忍的追逐，而是汲取了生活原本样貌的养分，一路灵活地调整。因这种动态性，它固然是有别于静止的向死而生的挣扎，有别于逻辑简单的逐日褪色，这种具备变迁特质的存在便是一种复杂的有生。除此之外，习惯法随年岁变迁如何做到对时代恰当的回应，正是其复杂的生成机理，大到社会变革小到世风人心，都无不参与其自生自发的展露，无不关乎休养生息，无不浸润心灵深处。再谈及现实运作，相比国家法制的周延逻辑，习惯规范更是无法提取确定的结构内核，它以日用而不知的方式支配着人们的行为活动，以更具说服力和执行力的理由息讼止争。诚然，也正是因为这种动态复杂性，习惯法的世界才像源头之活水，深邃而有力、鲜活而悠长。

习惯法的世界是烟火味的、是属于凡俗的、是绚烂多姿的，因此才更是贴近大地的、不断流淌的，是生生不息的。

接下来，让我们走进习惯法的世界。

事实描述

“做事情”和“谈感情”：行政机关内部的处事规则

——以上海市某市级单位为对象

1

李亚冬*

一、引言

一则对话：

对话发生在上海市某市级机关（以下简称为“甲单位”）法制部门。小李是2017年的新进人员，由于小李在工作中未能摸清楚领导石科长的心思和性格，近期遇到了一些小麻烦。在一次加班结束后，去年进入单位的小赵老师和小李探讨了在单位应当如何自处的话题。小李直言：

> 我只把事情做好，在工作的场合就应该谈工作，为什么要谈感情呢？

在这个单位待了一年的小赵老师持完全相反的观点，她引用了丈夫的教导：

> 好好聊天，跟领导搞好关系，就那么点事情，随便做做就可以了。

* 作者简介：李亚冬，清华大学法学院博士研究生。按照学术惯例，文中的人物、单位均进行了化名处理，特此说明。

这一讨论引起了小李对于工作的疑问和思考。因为小赵老师已经被称为“老师”，这个称谓意味着她得到了单位其他非领导成员的认可。可如她所言，所获得的尊重和认可却不是通过好好做事，即专业能力获得的。那么，怎么做才能在单位中摆正位置，恰当地行为从而找到角色归属得到他人的认可呢？

次日，石科长在午休时间再次来到办公室，一如往常地日常闲聊，而后通过一个相关话题勉强过渡，石科长表达了如下观点：

我认为呢，在公务员系统，不仅要把事情做好，还要谈感情。感情顺了，工作就会顺。

小李心中一惊，“谈感情”这个词汇并非是单位中的成员所熟知并使用的词汇，而且之前不仅石科长从未使用过，其他人也并未使用过，今天石科长忽然用了昨日自己讲出的词，很难排除小赵老师将昨日两人对话汇报给石科长的可能性。

这次对话令小李再也不敢在小赵老师面前袒露任何真实想法，而更为重要的是，这一对话点出了政府机构内部的核心规则：不仅要“做事情”，更要“谈感情”。

关于对话的分析：

甲单位的日常工作本身具有一定的专业性，但由于机关采取的是“传帮带”的方式，即经验丰富的老资格人员手把手带新人的方式，新进人员并不直接承担实质性工作，只需通过旁观和模仿积累经验、学习技巧，而这对于普通大学毕业生而言，并不困难。现实中，有天资较好且勤奋的新进人员半年之后就开始独立承担专业性工作，而天资一般的经过一年之后也都从“小×”转化为“小×老师”。既然做事情本身不困难，那么困难的是什么呢？

甲单位领导在新进人员进入单位后的几次公共会议，以及对科室部门领导的会议上多次提到该如何培养新人：

慢慢来，不要着急让新进人员立刻开始工作，让他们先熟悉环境，完成角色转变。

这意味着，不管是否需要，领导都不期望新进人员直接承担实质性的工作，而是要了解机关，熟悉机关内部的规范。也就是说，困难的是做事情的方式是否符合机关内部的规范。

作为行政团体，甲单位处于共产党的领导和控制下，其职能的实现和秩序的维持依赖于多重规范。既包括党内法规、国家法律法规以及内部的正式制度，也包括非正式的规范。随着时间的流逝，通过参与甲单位的工作，小李逐渐了解到，作为承担行政职能的团体，除了以上列举的正式的、成文的规范，甲单位还有着内涵丰富的不成文的内部规范。

每个成员都逐渐从经验（包括观察、与人相处、教训）中习得这些规范，对此充满内心确信，无论是出于主动的积极选择还是被动的消极防备，行为上都自觉遵守这些规范。而且成员都明确地知道，一旦违反，惩罚或即时发生或未来发生，但终不可避免。正是通过这些规范，机关将新进人员吸收为内部人员。不能适应机关内部规范的人，或选择中途离开，或在单位中逐渐被边缘化。

事实上，从团体成员的角度而言，正式的规范距离遥远，而非正式的、不被言说却被默默遵守的规范才是身边真正约束成员行为、形成团体秩序的规范。这些规范不仅包括实体性质的，也包括程序性质的，每个成员每天的行为都在践行这些规范。可以说，这些非正式的规范才是“活法”，而“做事情”和“谈感情”正是机关内部非正式规范的核心特征。

本文拟从甲单位一年的工作日常出发，描述甲单位内部的非正式规范，即处在其中的下属需遵守哪些行为规范从而形成稳定和谐的秩序，并尝试分析机关垂直秩序的心理基础。这一尝试的意义在于以一个低层公务员的视角揭开“黑箱”的一角，为当前学界对于机关单位制度和规范的研究提供些许粗粝而真实的素材。

二、基本情况

（一）甲单位概述

甲单位是上海市某局行政机关的直属事业单位，单位经费由上海市政府全额拨款。有编制 150 个，截至 2018 年 7 月，有 139 名成员在岗。有1个领导班子，10个内设机构。领导成员共7人，其中1名行政正职，1名党支部书记。除7人外，另有1名工会负责人。10个组成部门包括3个综合性部门和7个业务部门。综合性部门包括：法制审核、综合业务和办公室。7个业务部门覆盖四个被监管领域。每个部门人数不一，最多的部门有18人，少则有10人。每个部门有1名正职领导，2名副职领导。由于过去几年机构改革频繁，从2016年才开始通过上海市公务员考试的途径招收新成员，2016年招收了3位新成员，2017年招收了19位新成员。

机关内设有党支部、共青团和工会。共有五个党支部，每月召开一次党组织生活会，学习党政相关理论，开展党的活动。2017年新进人员进入单位后，团员队伍迅速壮大，共有30余名，在2018年4月进行了团支部书记和委员改选。从有限的经验得知，工会负责组织员工体检、逢年过节时福利发放以及参观活动。

和其他的行政机关类似，甲单位在组织结构上具有科层制、在工作保障上具有永久就业、在分配方式上具有工资法定的基本特点。结构上的科层制即组织机构呈现出等级制的权力关系，秩序的构成具有突出的“命令-服从”的特点。永久就业即只有满足了公务员法规定的辞退条件，才可依法定程序辞退公务员，否则公务员进入到机关单位直到退休都具有他人不可随意改变的公务员身份。工资法定是指工资由工资和津贴构成，与学历、工作年限、职务级别相关，而与具体的工作和绩效无关。无论是积极地主动加班还是消极怠工，工资差别并不大。

（二）材料和方法

文中所涉及的材料来源于作者在上海市甲单位一年的工作记录，主要为场景、对话和日常的工作观察，研究方法可被视为田野调查法。

由于并非是具有明确目的和规划的田野调查，而是沉浸式的体验，对客观性的追求或许有不尽人意之处，但本文仍力求公开、真实。通过还原场景，提取场景信息以及其中的含义。不同于有明确调查方案的田野调查，场景和对话的发生不可预设，即使每天工作结束后立刻进行记录，也难以逐字逐句还原参与对话的人物所说的原文，因此在描述场景和对话时尽可能提取原意，以简略的方式进行表述。此外，本文所选择的场景和对话要么发生在公开场合，为多数成员所知；要么为本人的经验披露，如此选择以避免对他人隐私可能产生的影响。如仍有不尽妥当之处，文责自负。

（三）本文局限

本人所在部门为法制部门，属于综合性部门，在职能上与7个业务科室紧密联系，在党组织关系上与另外两个综合性部门同属一个党支部，能够广泛地接触到整个单位的成员。同时也需要承认，本文仍然存在诸多局限，其一，由于沉浸的时间较短，获得的资料有限。其二，主要在综合性部门工作，虽然也曾在某业务科室轮岗，但时间较短，且未能接触核心的业务办理，因此对于业务科室内部的规则缺乏了解。其三，由于职位在机关单位中最低，接触较多的是底层的角色和本部门的中层领导，和上层领导的接触基本限于全体成员会议、党支部会议以及重要工作的讨论会议等公共场合，未能获得足够的上层领导的资料和信息，对于机关整体的秩序格局的理解可能有所欠缺。

三、“做事情”：“命令-服从”的规范体系

通过引言中的对话得知甲单位内部的秩序维持依赖于那些默而不宣的非正式规范。“做事情”的规则既包括实体的，也包括程序性的以及违反规范的惩罚。这些规则共同服务于一个目标，即通过等级和纪律的控制，形成“命令-服从”的规范体系，实现机关内部的和谐，维护机关的形象。

（一）实体规范

1. 称呼规范：等级、身份和关系的外显

在机关中，小李学到的第一件事就是如何在日常工作中正确地称呼领导和同事。[1]机关内部的称呼携带了职位和级别的关键信息，错误的称呼如同直接的冒犯。

---

〔1〕 需要注意的是，日常的工作中和正式的信息稿中的称谓是不同的，信息稿中的称谓的基本构成为“姓名+职务”，如张大山副局长。本文的目的在于探究机关内部的秩序，因而主要分析日常工作中的称呼规范。信息稿大多是对外的，本文不予涉及。

场景 3-1

到单位第一天的上午，甲单位办公室负责人事的武副主任首先逐个带着新进人员进入各自所在科室，引见科室正职领导，向新进人员介绍称谓。而后正职领导依次向部门副职领导和其他成员介绍该新进人员，同时新进人员也习得了对部门成员的正确称谓。下午武副主任陪同主要领导逐个拜访新进人员，向新进人员介绍了领导的称呼和职位，领导们耐心地向新进人员询问学历、毕业院校、家乡和在上海的居住情况。由此，新进人员习得了机关单位中最基本的称呼规范。

总结如下：

职务外显。具有领导职务的成员，以“姓氏+职务”为基本称呼。如科室正职领导姓张，则需称呼“张科”。副职领导在称呼中不体现“副”字。如陈姓副处长，直接称呼为“陈处”。若不具有领导职务，但属于党委成员，则直接称谓为“姓氏+委员”。

资历外显。非领导职务的成员，具有较长工作年限的成员，以“姓氏+老师”为基本称呼。若是年纪较轻，刚进入单位不久的成员，上级和资深成员称呼其为“小+姓氏”，比其晚进来的成员则尊称其为“小+姓氏+老师”。若是当年新近人员，上级及其他同事直接称呼其为“小+姓氏”。如小李，为新进人员，单位所有成员均称呼其为“小李”，小李称呼本部门及其他部门的非领导职务成员为“万老师、刘老师”，称呼去年进入单位的赵某为“小赵老师”。

距离外显。在领导职务的成员之间，同级别领导在本单位主场的公共场合，如开会时，互相称呼对方的“姓氏+职务”，或亲切地称呼“名字+职务”。例如李新华为机关党支部书记，张德文为机关行政首长，两人在机关内部的会议上，倾向于亲切地称呼对方为“新华书记或德文局长”。

在非领导职务的成员之间，新进成员称呼略早进入的成员为“小+姓氏+姐/哥”或“名字+姐/哥”，对于同一年进入单位的成员则直呼其名或仅称呼其名字，如“小杨姐姐”或“晓婷”。

称呼规范的功能有二，判断成员的位置及确定成员之间的关系：

（1）判断成员在单位中的地位。熟知称呼规范的成员可以根据称呼判断其他成员在单位中地位，包括级别、资历、大致年龄等关键信息。机关内部的称呼规范并非如企业中各种英文称呼一般具有扁平化的特征，而是通过称呼锁定了每一位成员在机关中所处的位置。

（2）确定成员之间的关系。称呼规范具有鲜明的层级特色，通过称呼所判断出的级别、资历，以及成员间的距离，可以确定与身份相关的权利和义务关系。例如下级对上级、资历较老的成员的称呼是敬称，蕴含下级对上级的尊敬和服从的义务。上级、资历较老的成员对下级的称呼“小＊”类似于“爱称”，则包含了上级照顾和关心下属的义务。同级别之间由于职务距离较小，称呼更为亲切，体现两者之间平等、合作的关系。

大多数成员都可以用“老师”来称呼，鲜有出错的情形，且随着工作年限的增长，非领导职务的成员之间越来越趋向于平等。具有领导职务的人相对少，非领导职务和领导职务之间的上下级关系不会随着工作年限的增长而被磨平，这一事实从侧面反映了称呼规范的核心是上下级之间的称呼规范以及由此形成的上下级之间的关系。称呼规范作为新进人员需要学习的第一件事，其所承载的等级和身份关系也是机关人员最重要的事。

2. 着装规范：形成自我规训

很快，新进人员就学习到了第二个重要的规范，因此得到了一个教训。

场景 3-2

入职之时正是炎热的夏季，新进人员小刘在上班搭乘电梯时遇到了季处，顷刻各部门领导被召集起来临时开会，季处要求部门领导向各部门人员宣明着装规范。虽未点名批评，但通过小道消息的传播，多数甲单位成员们知道是小刘穿了吊带裙的缘故。另一部门的小禾之前穿牛仔短裤曾被部门领导训话。此次被机关首长开会批评，说明了情况的严重性。

着装规范的具体内容为：

日常工作中，男同志要穿有领有袖的衣服，不可穿圆领衣服；女同志在不能穿裸露肩背的衣服；男女同志夏季都不能穿短的下装，包括短裤短裙，冬季不能穿戴皮毛类衣服。

禁止将头发染成彩色。

身着制服时，禁止佩戴耳饰品、禁止披散头发。

相比于正式规范中对行政合法、行政合理、程序正当等要求形成的繁多的正式规范，着装规范实在算不上重要的规则。但之所以被反复地强调，原因在于着装作为具有自主性的个体展现个性的手段，是最简单却有效的规训手段，限制着装如同防微杜渐。

着装规范的功能在于：

（1）形成自我规训。相比于称呼规范，着装规范是相对浅层的可见的自我规训。每天清晨选择着装的时候，担心衣着不符合单位的着装规范而放弃某些选择，担心被批评而选择遵守规则，进行自我规训。着装规范只是一个浅层规则，还有更多更重要的规训需要去遵守。

（2）维护整体和谐。着装规范所要求的朴素踏实形象确实具有充分的理由，而更重要的是，着装规范是为了整体的和谐统一。这一形象应当是踏实稳重、值得信赖、朴素的，而非随意、活泼、张扬的。事实上，根据观察，机关内的成员鲜有女同志衣着鲜艳，色调以冷色调为主。如果有哪位女性衣着鲜艳的吊带衫和短裤，在群体之中仿佛是一个杂音，打乱了机关整体的和谐。

3. 意见规范：不要发表意见

小木分享过入职之前，以他的父亲、老师和学长对他的叮嘱，其中的一条是“多埋头做事，少抬头说话”。这便是意见规范。

场景 3–3

正式工作的第一天，部门正职领导石科长召集新进人员召开了一个小会：“如果有什么事情都可以找我聊，如果是重大问题，我会逐级向上反映”。

场景 3–4

某案件为重大案件，在具体的法律定性上没有太多疑问，但却在裁量上出现了分歧。在召开由分管领导、办案部门及案审部门组成的重大案件讨论会议之前，石科长召集本部门案审人员再次确认：所统一的意见即为讨论会上法制部门的意见，并向本案的主审人员金老师及辅助审核人员小李强调，当领导问起个人意见时，务必保证个人意见与部门意见一致。

场景 3–5

小李主要负责乙部门办理的案件，乙部门领导经过和小李的几次接触后对小李的好学留下了深刻的印象，因而邀请小李参与正在办理的案件的乙部门全体会议。小李高兴地参加了，因为可以直接了解到乙部门的意见，同时习得专业性的知识。小李将这个好消息告诉了自己的小伙伴小叶。由于小李没有随时随地查看手机的习惯，直到会议结束，才发现小叶多次呼叫她，说石科长和程副科长要求小李尽快回来。由于并未说明原因，小李以为是有紧急任务需要做，立刻赶回办公室，问小叶，小叶建议她立刻到两位科长的办公室去。

小李来到石科长的办公室，见其脸色阴云密布。严肃地问询起小李：

“去做了什么？是主动要求还被邀请参会的？在会上是否发表了意见？”

小李如实作答。石科长听到没有发表意见时，态度有所缓和。而后开始训话：

其他部门邀请参会，未经科长允许不能参与。即使经过允许旁听其他部门会议，未经授意不可发表个人意见，因为任何意见都会被认为是代表法制部门的意见。而且，最好不要去旁听，即使不发表意见也会被认为是对相关决议没有不同意见。小李这才明白横向部门之间的复杂关系。

场景 3-3 揭示了：禁止越级表达诉求，尊重领导的等级。

场景 3-4 揭示了：禁止在上级领导面前表达不同于部门意见的个人意见。部门领导需要在领导面前维持部门统一的意见，即使科室内部针对某一事项存在不同意见，也必须统一，持不同意见者不可表达个人意见。

场景 3-5 揭示了：未经授意，不可在与其他部门沟通时针对问题表达明确意见，此意见是为免其他部门以底层角色的发言为把柄，有损本部门的利益。

意见规范的整体含义是“命令-服从”，而非“思考-决策”，个人的意见和观点更可能给整体带来混乱。

4. 态度规范：鼓励听话和服从

奖励和惩罚的主要依据是成员是否表现出听话和服从的态度。

场景 3-6

小木作为法制部门新进成员中唯一的男性，经常帮助部门成员更换桶装水或打扫本办公室卫生，并且每天都提前半小时到单位。小雨对种植和照顾多肉植物感兴趣，时常帮助石科长和小朱老师照顾植物，并坚持每天都稍晚一些回家。小叶是主动向石科长、程副科长、小朱老师分享零食的人。每个人都以自己的方式向部门领导表示服从，向其他成员表示友好。

在小木的预备期满，将要转为正式党员的转正会上，每位成员都提到了小木提前到单位，为部门成员更换桶装水、打扫卫生等细枝末节，以证明小木工作态度好。小雨也因其较晚离开单位（并非工作加班）被表扬。小雨和小叶则经常被安排负责具有“表现机会”的工作。

场景 3-7

石科长想要试探成员的忠诚度，未直接分配某文稿的写作任务，而是到大办公室中问：你们谁想要写这个稿子？办公室中 5 个底层成员，没有人应声。石科长感到有些尴尬，而后开始动员：这是个锻炼的机会，写得好了会被记一笔。仍然没有人应答。因为大家都知道写稿子是个吃力不讨好的苦力活，没有人愿意主动承担。石科长见仍无人应答，愤怒地训诫五位底层成员。此时，小雨犹豫着将手举起，主动承担了写作任务。石科长脸色渐好，一边夸奖小雨勇担重任，是唯一靠得住的贴心人，一边不忘威胁其他四位：年终考核时，每个人都必须至少有一篇拿得出手的稿子。你们这个不写，那个不写，我看你们到时候拿什么交差！

场景 3–8

某天小李刚到办公室，石科长就进来找小李闲聊，小李把外套脱下，挂在身后的衣架上之后和石科长细聊，期间石科长站在小李旁边。此事没有给小李留下什么印象，直到某次石科长在训诫小李时，提到此事，才知小李没有第一时间恭敬地站立着和领导聊天被认为是态度不好，不尊敬领导的表现，而此后经常训诫小李或不给小李安排重要的工作正是由于小李当时“态度不好”的缘故。从此以后，小李每次看到石科长进到办公室，都立刻站起身来。

由于工作事务没有复杂到某事必须由某位能力更强的成员来承担的程度，个人能力在工作和晋升中并不具有决定性的因素，相反具有决定性因素的是表现出来的态度。正如尽管小叶在和伙伴聚会中表现出对石科长的反感，以及对另一部门止职领导的喜爱，但在工作中对石科长是完全服从、听话的姿态，也因此获得了石科长的信任。领导不会考虑早到和晚走的原因是出于对工作的认真负责还是私人事务，只要底层成员表现出多付出的姿态，就足够给领导留下“靠得住”的印象。领导会在公开的会议中赞扬表现出服从态度的底层公务员，同样也会惩罚或疏远不那么服从的成员。

（二）程序规范

1. 象征性征求意见：试探忠诚度

与意见规范密切相关的一个程序性规范是象征性征询意见，是领导主动甄别、判断成员的忠诚度及是否知道如何“做事情”的手段。

部门领导通过多种手段掌握着下属每个人的时间和工作安排。

其一，“两周一报”制度。成员需每两周将所负责的工作完成情况及进度以书面形式形成“两周一报”，汇报给带教老师和部门领导。其二，日常闲聊。每次午饭过后，如没有紧急且重要的事情，石科长都会到大办公室闲聊，问询每个人的私人生活近况和手头的工作。由此，当其他部门需要人手支援、外出开会、参与培训、群众活动等安排人员出席时，部门领导能够提前判断哪些人合适，并安排其参与工作。因而，当领导将任务安排给某个成员时，并非是简单的随机指定，而是根据自己业已掌握的信息作出对部门对有利的选择。

然而，这种安排并不是直接的安排，而是以“征求意见”的形式先言明参加活动的有益之处，而后象征性征求成员的意见：

我觉得这是个很好的机会，能够对你的能力有所锻炼，你看你能去么？

如果此时被安排工作的成员表明，自己存在其他情况，不能参与该项任务时，随之而来的便是说服教育，如果说服教育成功，则此环节结束；如果未能成功，领导会训斥，最后坦言：

这个事情已经报上去了，就是你。

那么，既然是已经定下来的事情，为什么还要象征性征询意见呢？似乎征询意见淡化了纪律和命令的色彩，但这并非是真实的目的，真实的目的在于试探，试探成员的忠诚度，以判断该人是否可能成为一个顺从听话的下属。继而根据成员的忠诚度，而非能力和个人意愿决定未来的“工作表现”的机会该如何分配。

2. 谈话程序：形式合法和形式主义

非正式的程序性规范主要是辅助正式的程序规范，为保证实现机关对于重要事情的决断而设置的。一般位于正式程序之前或之后，并不独立存在。

（1）选举投票之前：

场景 3-9

甲单位内部党支部需要重组，程序上，需要重新选举党支部书记，选举之前，法制部门的科长石科长和本部门党员谈话，解释了三个综合部门需要每个部门选一人参与到党支部工作中，共3人分别担任宣传委员、组织委员和党支部书记，便于以后党支部活动的开展。另外两个部门推举了较为年轻的党员，法制部门推举了石科长和小朱老师，同时由于有硬性要求，担任党支部书记的人选应当是部门的正职，也就意味着党支部书记只能由石科长担任。选举需要差额选举，共需选出4人，各个科室已经确定好名单，希望在选举时按照已确定的名单进行投票。

经过解释，党员小木、小李领会科长的意图，表明将会按照上级安排进行投票。当天投票后进行当场计票，计票结果正是集中在这四人身上，没有出现第五个被选举人。可以推测各个部门的正职都向所在部门的党员清晰地交代了应当选举哪四位，而各位党员也都毫无例外地遵守了这样的交代。

场景3-10

不久后，甲单位的团支部也到了换届选举的时候，选举之前，同样地，各部门负责人告诉参选的青年团员，领导指定团支部书记由小骆担任，对宣传委员、组织委员未要求。

选举当天，不出意外地，票数集中在小骆身上，小骆最终获选团支部书记。而其他三位候选人在竞选剩余的两个位置时，产生了激烈的竞争。小明以轻微优势当选组织委员，小王和小木票数相当，只得再进行一轮投票。参选人员所在部门的人员开始分别为两人拉票，最终具有更强拉票能力的法制部门支持小木当选为宣传委员。

（2）晋升投票之后：

场景3-11

不仅选举，职级晋升（并未职务晋升）中所要求的民主参与也具有类似“程序合法”的操作。由于是差额晋升，需甲单位全体参与投票，根据投票结果确定晋升名额。在说明了投票规则后，在全体大会现场进行了匿名投票。但投票之后，并不意味着民主参与结束了。

每个参与投票的成员都被要求排队分别进入谈话室，由上级机关负责组织人事的工作人员进行问话。所问的问题并非是开放式问题：针对候选人＊＊你有什么意见？而是三个有固定答案的问题：你的姓名是什么？你所在的部门是哪什么？针对从＊级别到＊级别的晋升，你投票给了谁？成员的回答被一一记录。

如果属于某一部门，却没有投本部门中应当晋升的人员，那么这一异常就会被发现。

匿名投票体现了机关对于形式合法和民主参与的尊重，而谈话作为选举的前置程序和晋升的后置程序则保证了匿名投票的结果符合领导的意志，从而彻底地否定了作为正式程序的匿名投票程序，使得正式的民主参与沦为“形式主义”的操作。

对于团体内部的成员而言，谈话程序意味着在人员任用和职级晋升上不允许拥有个人意见，更不应该有“深深地感到自己的投票自由受到了践踏”的想法，在这样一个意见受到监控的团体，听话和服从就是最安全的选择。

（三）惩罚规范

这些看似软性的规则和纪律，之所以得到广泛的遵守，原因之一就在于惩罚的威慑是实在的。这些惩罚并非是经济惩罚，而是人身性的。从私下告诫到公开的隔离，在几乎凝滞的机关中，几乎每次惩罚都会通过小道消息迅速传播，在整个团体内部获得扩张和积累，每个成员的传播和参与构成了重复处罚的效果。

1. 私下告诫

针对违反非正式规范影响较小的初犯，一般由部门领导进行私下告诫。这种告诫出于“保护”，但由于消息的传播，当其他成员得知时就转化为惩罚。

场景 3-12

小禾因穿着吊带被甲单位领导季处看到后，在各部门领导面前强调穿着纪律，很快小禾被部门领导叫到办公室，进行私下场合的告诫。但针对此事的讨论并未结束，成员们通过小道消息获知是小禾，在时隔多月后，甚至有成员形成了小禾多次着装不妥的印象。

2. 公开训诫

针对成员在对外执行公务中的违反正式规范但未产生恶劣影响的行为，一般采取公开训诫的方式，但一般并不指名道姓。一般情况下，违反非正式规范影响不大的行为，不会被给予公开训诫的惩罚，但有部门领导为了驯服成员，针对违反非正式规范的行为进行公开训诫。

场景 3-13

小李因某次参加党组织生活会时未能借到合适的制服裤子和鞋子，穿着阔腿裤和白鞋子，为免在拍照时印象整体形象主动站到后面，却被兼党支部书记的石科长揪出来，在支部全体党员面前以极为严厉的口吻训诫。党组织生活会结束后，在本部门和隔壁部门人员面前再次被严厉地训诫，然而在晚上下班时，成员大多已经离开时，以不那么严厉的口吻进行第三次训诫。石科长对小李“纪律松散、随性、不注意形象”的评价在此后的日子里不仅被石科长反复使用，也被部门其他成员反复使用，告诫小李注重穿着。小李被贴上了制服穿着不严谨的标签，再也洗不掉了。

3. 限制请假的威胁

在甲单位，婚丧假、病假是不得不批准的，但事假的批准权掌握在部门领导手中。当成员多次违反非正式规范或表现出不那么忠诚、顺从的态度时，部门领导可以用限制请假的威胁（并不实际限制请假）对部门成员进行惩罚。

具体的表现即：“你知不知道你请假我可以不批？”

4. 剥夺“工作表现”的机会

部门领导仍然掌握着一定的资源和工作表现的机会，例如参与会议、举办活动、参与培训、撰写文稿（作为工作考评的一部分）的机会分配给下属。通过工作表现的积累，影响绩效考核、年终考评，进而影响晋升。

场景 3-14

在小李多次表现出不那么顺从的姿态后，石科长分配给小李的工作就越来越少，将具有“表现”机会的工作分配给表现出更为顺从态度的成员小叶。后来，小叶成了科长的贴心秘书，出去开会需要带人时，带上小叶；需要举办活动时，由小叶作为联络人，尽管什么实质工作也没做，课题研究组仍将小叶作为成员，由此小叶成了石科长在部门中的核心成员，在部门的重要性逐渐上升。

5. 隔绝：对成员资格的否定

最为严重的惩罚就是隔绝，本质上属于对部门成员资格的否定，对部门身份的驱逐。

场景 3-15

在法制部门，虽然金老师有着较强的专业能力，但因为与领导不和，成了被隔绝的人。

（1）初次会面。在欢迎新进人员的初次部门会议上，石科长介绍其他成员时都是褒扬的口吻，例如程副科长对专业问题的钻研精神，小朱老师年轻靠谱是个摄影高手，小赵老师进步飞快，唯独介绍金老师说其性格内向。接下来轮流发言中，其他成员都表示了积极配合的态度，表达了对新进人员的欢迎，金老师却说：“我没什么好介绍的”。石科长想再让金老师说几句，金老师说：“你刚才不是说我性格内向么！”无从得知金老师是否在石科长介绍之前准备了在新进人员面前的发言，但石科长直接说其性格内向明显刺痛了金老师，金老师看没有必要配合，便直接地表达了对石科长的不满。

初次见面，新进人员便敏感地察觉到了部门内部关系的微妙，对金老师有所忌惮。而后的发展令新进人员逐渐确认了金老师的尴尬地位。

（2）激烈的争吵。未调整办公室之前，金老师和部门副职程副科长共用一个办公室，两人几乎每两个月都会爆发一次大声的争吵。

争吵是用方言进行的，虽不能完全听懂，但通过打听，大概得知争吵的缘起大多是由于程副科长对金老师工作安排的标准并不清晰引发的矛盾或针对疑难案件持不同观点的争论。争论的动静是如此之大，以至于初次听到这样争吵的新进人员以为两人发生了剧烈的肢体冲突。终于借部门调整的机会，程副科长和金老师被分在不同的办公室。

(3) 工作分配。在部门会议上，金老师如同隐形人，他的意见甚至不会被象征性地问及。而一些可以表现的工作如撰写稿件、负责会务、参与会议和培训，从来不会安排给金老师，除了针对某领域的案件审核，金老师所做的都是辛苦的工作，例如负责收发部门成员需要清洗的制服，负责部门固定资产的维护，负责办理相关证件。

(4) 日常交流。在日常工作中，部门中10个人没有一个人敢邀请金老师一起在单位吃午餐，没有人敢在休闲时刻找金老师聊天。甚至在年终部门聚餐时得知，去年的年终聚餐金老师压根没有参加。没人提及金老师的境遇、询问缘由，每个人都与金老师保持着与其他成员更远的人际距离，令他们感到安全的距离。如同瘟疫，除了工作上必不可少的交流，部门成员对金老师都避而远之，仿佛如果接近，就会被传染一样。

隔绝的惩罚在机关中并不多见，所以金老师的形象尤为突出。无从得知专业能力优秀的金老师是怎么走到这一步的，唯一可知的是当新进人员进入部门时，尽管金老师对每一位都有礼客气，但新进成员们看到金老师和石科长、程副科长的冲突后，主动选择了隔绝金老师，这并非是石科长对部门其他成员的要求，而是部门成员主动选择的结果。成员们担心如果接近金老师，会被认为与金老师站在一起公开反对石科长、程副科长，惩罚会随之而来。

在永久就业的机关中，相比于看起来威慑力最强但却最难以实现的开除，更为残酷的惩罚是被隔绝。这并非是地理或形式上的隔绝，而是对其身份的驱逐，在心理归属上〔1〕对其成员资格的否定：

〔1〕 区别于公务员管理部门正式记录的“归属”。

没有同伴、无足轻重、不被尊重、没有未来。在联结紧密、充满“感情”的团体里，连一丝虚浮的假意都无法拥有，这是莫大的悲哀。

（四）小结

实体上，称呼规范明确了等级和身份关系，处在机关内部的成员清楚地了解自己所处的角色和关系，着装规范培养自我规训以形成和谐整体意识，意见规范从消极的角度抑制个人意识，态度规范从积极的角度鼓励成员听话、服从。程序上，象征性意见规范为主动性策略，领导利用之以探明下属的忠诚度，谈话规范为预防性策略，既是考察成员是否听话的手段也是领导用以保障领导意志（或集体意志）执行的手段。惩罚方面，从告诫到隔绝，在一个封闭的、成员之间紧密联结的团体中，任何一种惩罚都不仅仅是单次的惩罚，而是经过传播的重复的惩罚，隔绝作为最为严重的惩罚，否定了成员在心理归属上的成员资格。

实体规范和程序规范为成员的行为设定了标准，加之不同层级的惩罚作为威慑，构成了“规范的告知-对违反行为的惩罚-遵守规范”的稳定秩序。这一秩序是以身份关系为核心的“命令-服从”体系，这便是怎么“做事情”的答案。

四、“谈感情”：“照顾-忠诚”的报偿关系

“命令-服从”作为最基础的“做事情”的规则，使得工作顺利开展，效率并非是行政机关考虑的首要因素，而工资、福利的分配并不以工作效能的差别而有所差别。更重要的是，除了领导需要对事情负责，底层角色不需要对工作负实质的责任，那么，缺乏激励、缺乏追责和永久就业三个方面必然会造成底层角色的懈怠。

进入单位不到一年，新进人员也并未承担过重的工作，但“好累呀，不想做”“简直生无可恋”“每天做的都是重复的工作，好没意思”的抱怨，以及“工作随便做做就可以了”“叫你做什么就做什么，千万不要多做，多做就是多挨骂”的建议已经不绝于耳。“命令-服从”的规范体系只能在形式上使得工作能够及格，但不能更好了。

因此，培养团体成员，尤其是底层角色的忠诚度和归属感是机关内部“看不见的工作”——收揽人心，这便是引言中所提到的“不仅要做事情，更要谈感情”的含义。上级领导付出照顾、关心，成员受到感动，觉得被重视，从而对领导更为忠诚，工作也更具积极性。

“谈感情”不仅渗透在特殊的场景中，也渗透在日常的工作场景甚至做事情的规则中。

（一）“做事情”规范中的“讲感情”

称呼规范中的正面感情。如本文第三部分中对称呼规范的分析，领导称呼底层角色为“小×”设定了上下级之间的身份关系，同时也包含了上下级之间“照顾-尊重”的相互关系，而称呼本身就携带了情感的因素，“小×”体现了关爱、宽容的情感。

惩罚规则中的负面感情。从感情的方面而言，对违反“命令-服从”规范的惩罚出于被尊重的感情未得到满足而实施的行为。领导因命令被反对而愤怒，选择公开训诫作为惩罚，底层角色恐惧被惩罚，对金老师选择隔绝。

服从所带来的信赖。如对态度规范的分析，成员在态度上表现出低姿态、服从或听从于领导的命令，领导心中逐渐对其形成了值得信赖的印象，在感情上与服从的成员也更为亲近。

（二）特殊场景

1. 初任培训：领导给新进人员“送温暖”[1]

场景 4-1

新进人员在进行初任培训时正是酷暑，甲单位的季处和刘书记带领团支部书记等随从，驱车一个多小时看望新进人员。先是问候了各位新进人员，询问培训的情况，最后赠送礼物。季处让大家猜是什么礼物，由于得知一起培训的其他单位的领导已经先来，分发了杯子作为礼物，有人便猜测是杯子。季处很高兴，拿出了两个杯子，一个保暖水杯和一个普通水杯，依次分发给新进人员。分发后

[1] 此概念在政府新闻宣传中经常出现，常用于指政府对处于困境中的民众的直接帮助。

再问：为什么送杯子？由于无人回答出正确答案，季处自己揭示了正确答案：

“杯”和“辈”同音，秋冬用保温水杯，春夏用普通水杯，如此是希望大家在单位做一辈子。

送杯子的场景在新进人员心中留下了深刻的影响，在年终新进人员代表发言时特别提及了对领导不顾炎热、前来看望新进人员及所送礼物蕴含深意的感动。

尚未正式开始工作，便已经开始送温暖，可见这一工作在单位日常工作中的重要性。“希望在单位做一辈子”则直白地说明了送温暖的目的：对单位忠诚。此举被写成新闻稿，发表在机关信息系统中，标题是“高温送清凉，关爱润人心”。

2. 探望病人：高层领导对中层领导“表关心”

场景 4-2

法制部门的石科长因突发阑尾炎需住院做手术，尽管得知消息的时候科室内部人员都在开会，程副科长仍然安排了 2 名女性员工随时待命，准备前去医院看望。同时，也得知本系统内的党委书记也已安排行程，拟在床位安排好后前去慰问探望。

虽然事情的具体细节无从得知，但从反应的迅速程度可以推断，高层领导探望生病的下属并非是个案或出于私人关系的探望，而是成熟的制度化应急处理方式，是未写在内部制度文件中却不言自明的规则。

制度化的表关怀的方式是为了显示：本系统内最高层的领导探望底层的干部，不仅让生病的人对领导的重视心怀感激，也对系统内的其他人员形成了极大的激励，鼓励系统内的人员对系统忠诚。

（三）对私人生活的关心

1. 日常询问：“旁观”私人生活

场景 4-3

部门领导的关心。初任培训结束后正式上班的第一天，石科长仔细询问了部门每个新进人员的常规信息，如籍贯、学习经历，随后便询问起居住地点、居住情况、平常做饭与否、情感状况（结婚与否、有对象与否、对象的工作情况）等更为私人性的信息。并在此后的日常闲聊中多次表示关心。

也曾言：生活上有什么问题，都可以找单位来帮忙解决。

信息通过传播，新进成员是否在所租的房屋内做饭，乃至做饭的频率在整个单位都是公开的信息。以至于刘书记曾经在与小木共同搭乘电梯时，询问到：听说你平常在家做饭，小伙子不错啊！领导对其私人生活的关心虽然令小木觉得有些尴尬，但更多的是为领导的关心而感动。

2. 介绍对象：“参与”婚姻大事

场景 4-4

除了私人生活方式的询问，尤为值得注意的是，情感状况始终是石科长关心的问题。当得知小木和小红均为单身时，石科长总会在小红来到大办公室时，积极地拉拢两人，并认真地询问两者对彼此的意见，试图撮合两者。而即使是已婚的小叶、已有男友的小李，其和伴侣的关系以及家务的分担也是石科长常常在闲聊时问及的内容。

小雨是新进人员中资质相当佳的女孩，只是已有男友，当小雨分手时，石科长特地前来安慰，并主动提出帮忙介绍对象。

单身的小刘不仅被口头询问，也确实去见了一位同为机关公务员的相亲者。事后被问及此事时，小刘表示，只是迫于领导压力才去见面，并非是真的想要通过相亲寻找另一半。

场景 4-5

在丙部门中，借新进人员入职之前调整办公室的机会，新进人员小楠直接被安排和一位未婚男性胡老师两人共用一间办公室。最初小楠和朋友们谈论起来此事，并不以为然，只认为是正常的办公室调整，然而直到一天从同一业务部门的人员口中传出真相，才知这并非偶然，而是特意的安排。如此安排的目的是想要帮助大龄男青年胡老师解决婚姻大事，小楠正好刚刚大学毕业，来自其他省市，在上海无亲无故，胡老师通过在工作和生活上照顾小楠，逐渐培养两者感情。

场景 4-6

很快，在半年之后，不仅部门领导，甲单位的领导们也依次表现了对新进人员的婚姻大事的关心。从笔者在单位的朋友圈得知，几位资质较好的单身女孩均在偶遇几位非正职领导时被询问：给你介绍个对象吧！

介绍对象的行为分析：介绍对象是拉近距离最为便捷的方式。介绍人通过介绍对象迅速了解个人的喜好、家庭状况、性格等私人信息；并通过介绍对象的行为深度地参与到成员的私人生活。问询个人信息尚且停留在“旁观”的角色，而介绍对象是积极“参与”的角色。

实际上，选择以介绍对象的方式几乎是单位目前参与成员的私人生活的唯一途径。不同于经济相对困难的时期，成员在经济上密切地依附单位。当前市场经济提供了足够丰富的选择，且机关单位能够分配的资源和福利并不是不可取代，成员对机关在经济上的依附性处于低位，而且选择当公务员的人家庭条件大多不差。尤其是上海本地人，经常耳闻某人休假去了英国、某人去了意大利、某人周游了欧洲列国，也有人选择国内自驾游等休闲方式。这样的家庭在经济上没有依附单位的需要，计划经济时代单位通过经济依附培养忠诚、收揽人心的旧方式在市场经济的大背景下无以为继，单位对此也有足够的自知。

因而，“帮助介绍对象”并不仅是茶余饭后的谈资，也不仅是某些年长女性的业余爱好，真正的含义在于，单位无法通过经济依附培养忠诚度的情况下，只能通过参与成员的私人生活，帮助解决重大的人身问题，塑造成员对单位的人身依附，从而获得成员长期、稳固的忠诚。毕竟，任何人都很难去反对帮助自己找到人生另一半的媒人。

（四）小结

滴水之恩，当涌泉相报。深植于人们心中的报偿观念是“讲感情”的基础。当单位缺乏使成员产生较强依附的经济能力时，只有通过尝试建立感情性依附培养忠诚度，收揽人心。无论是做事情规则中隐藏的感情依附，或者特殊场景中习惯性地送温暖、表关心，还是在日常生活中通过询问“旁观”成员的私人生活、通过介绍对象“参与”成员的婚姻大事，这些习惯性的照顾和关心的目的在于获得“回报-成员”的忠诚。

“照顾-忠诚”的报偿关系以情感为基础，领导付出照顾和关怀，成员回报以忠诚和服从，拒绝服从的成员是不领情的成员，同样会受到惩罚。可以说，“讲感情”和对惩罚的畏惧共同构成了机关内部成员遵守规则的心理基础。

只是，以机关单方的意愿培养的报偿关系的效果究竟如何仍然值得考量。已知的效果是：小刘并不想参加石科长安排的相亲，小楠抗拒与胡老师培养感情，目前尚无年轻的女性成员答应领导帮忙安排相亲。新进人员把个人生活和工作区分开来的程度或许比领导设想的要高，但不能排除这种可能性，即成员因拒绝领导的好意而觉得“有所亏欠”，单位通过培养惭愧感而间接地培养忠诚度。

五、结语

以作者在甲单位一年的工作观察和工作记录为材料，本文描述并分析了机关内部由领导和下属成员构成的垂直秩序，主要包括构成秩序的非正式规范和心理基础。以“做事情”的实体规范、程序规范和惩罚为核心形成的“威”，与以“讲感情”的习惯性做法、尝试参与私人生活为手段形成的“恩”，共同作用，规训新进人员成为对团体具有高度忠诚、愿意在此工作“一辈子”的成员，从而支持机关单位稳定、相对封闭地运转。

“讲感情”并不是无条件的，当成员不再领情，拒绝服从并将和上级的冲突公开化，惩罚就随之而来。同时，成员的行为也成为“不会做事”的表现。只有遵守了“命令-服从”规范，才会具有

“谈感情”的资格。“做事情”和“谈感情”实乃机关秩序的一体两面，会做事情的成员必然懂得谈感情的内涵，和领导谈感情的成员也必然遵守做事情的规则。

作为一个相对封闭的团体，团体的性质和目标具有导向性，决定了秩序的外观。以科层制为基本结构，以贯彻执行上级命令和决定为目标的机关中，下属服从是基本的要求，因而非正式规范中“命令-服从”规范必须得到遵守。永久性就业、工资法定制度以及晋升资源的稀缺性使大部分成员处于怠懈的工作状态，“保证不要出大问题”就是工作的目标。但仅仅执行命令完成工作是不够的，团体的领导需要接替者，想要晋升的成员需要有所“表现”，而“表现机会”的工作的分配标准是成员的忠诚度。因此，服从是下属最基本的要求，而忠诚是最具有竞争力的品质。领导以命令和照顾为工作的关键，下级以服从和忠诚为安身之本，构成了机关内部的垂直秩序。

2

我国台湾地区家族规范散记

李　萝*

一、引言

一直想写一篇关于家族内的记事，但总是因为懒散而没有结果。终于在本学期拜读过费孝通老师著作《乡土中国》之后，里面某些篇章让我回想起过去小时候，曾经在外公家生活过的一些情形与场景，这才真正确立了动笔的念头。

我从小都是在台湾的都市中长大的，其实对“乡土”两个字，真的不甚了解。唯有寒暑假短期回乡下外公家住时，才能体会到些乡土情怀。但是老实说，小时候认为乡下生活过于野蛮，毫无礼仪可言，对那样的耿直还带有一些讨厌。一直到长大之后，才慢慢发觉其中的质朴。这次阅读过费孝通老师的《乡土中国》里面某些情节，激发了我写下故事的情绪，不过内容都是听说的一些家族轶事，大抵上都是由外公、外婆和母亲说起，现在外公已经离我们远去，只剩下外婆和母亲能协助我搜集故事背景，好在一些微小细节上做补充。

---

* 作者简介：李萝，清华大学法学院硕士研究生。

二、丧礼

宁静暗夜，高雄市某个巷子内公寓三楼的那户人家客厅，忽然电话铃大作。

“喂？……好，我知道了。”女主人皱了一下眉头，接着若有所思地挂了电话。

“谁啊？这么晚还打来……”大概是被铃声吓醒，女儿从卧房睡眼惺忪地走了出来，口气满是无奈。

女主人沉默几秒后开口：“外公，往生了。”

这一夜，又恢复原先的宁静，没有人再说过话。

母女两个人身穿暗色服装坐在早班往北奔驰的高铁上，除了有点安静，和熙来攘往的乘客外没有特别的差异。

“已经……在搭灵堂了吗？”或许是想舒缓一下因为无言而凝聚的尴尬，18岁的林泽华率先出声划破沉默。

“或许搭好了吧……等等进门时，要从大门口跪着爬进去知道吗？”母亲仿佛是想到了什么，临时提点了泽华。

“啊？为什么？好尴尬啊……”大概是青春期的缘故，最近泽华特别爱面子，常针对一些小事抱怨连连，就连这种时候也嘟嘟囔囔碎念着，相当不情愿。

“这还需要问为什么吗？习俗是这样，你照做就是了！几公尺的距离也做不到啊？”临界发怒边缘的母亲神情严厉。

“好啦！好啦！知道了……”泽华心想，在这么敏感的时刻，还是不要激怒妈妈好了，不然等会儿有得受了。

翁惠善高职毕业便到台北攻读私立五专的服装设计，乘着20世纪70年代台湾地区各种代工产业蓬勃发展，惠善五专毕业后也就顺势在台湾北部的服装代工厂当打版师，几年后在适婚年龄和专科时期认识的丈夫结了婚，几经辗转搬到高雄定居。

近三十年的时间一晃眼就那么过了，惠善回想起来，20岁后似乎未在从小长大的家中待过太长时间，通常仅仅在年节或是连续假期，才能挤出几天时间带着丈夫、女儿回到在台湾岛中部小乡镇间的村庄，和自己的父母一起用餐闲聊，又或许再住上一两晚。

究竟是真的生活繁忙，没有时间驻足，还是内心根本排斥这样的相处。在这个敏感的日子里，她不禁深深回忆起过去孩童时的辛苦种种，而那些曾经，是否成为自己心上久久无法抹去的芥蒂呢？

下了高铁转乘巴士，距离出发时间已经过了 3 小时，最后搭上出租车，终于抵达村庄。

在今日台湾地区繁华的各大城市中，像翁家将灵堂摆设在家中的情形已经非常罕见。一来是居住空间紧密狭小，如果居住在大楼公寓中，甚至没有多余空间摆放一个遗体冰柜；二来是现代工商社会人们每天早出晚归，生活圈基本上与周遭邻里毫不相关，某些住户之间，甚至连开门时的对视，都不曾打招呼。因此，在这样对周遭人事物无感的地方，即便在家中设置灵堂也没有实质上的意义，或许连一个来慰问的邻居都不会有，台湾地区的丧事处理一般约要 10 天至 15 五天，期间要处理的事项并不少，要安置遗体、竖灵、入殓、讣告并举行告别仪式，到了最后一天才出殡埋葬或火化进灵骨塔，整体流程费时多日。因此，居住在城市中大多数的往生者会直接被送往殡仪馆冰存安置，直到告别式那一天。

闽南式三合院因为十几年前的翻修丧失过去风华一时的古典风味，转而隐隐透漏一些奇妙的违和感。20 世纪中采用木头与玻璃制成的上推式窗户还在，但为了安全，外面焊接上紧密金属纱窗；一扇扇木造对开门也还在，但为了防盗，外面又再加上能够上锁的铝制纱门。靠近纱门锁头处有个两根手指头粗的洞，洞上用铁丝缠绕捆绑，看来是防盗成效不彰，还是曾经让宵小给闯了空门。房子外围墙壁涂着崭新鹅黄色油漆，过分明亮轻快与现在晦暗气氛形成强烈对比，而大门两旁，刚贴上不到两个月的红春联，一张张被果断撕去，剩下残胶遗留的一抹惨白。

“有点尴尬呢……”走进门庭泽华淡淡地说了一句，与其说是紧张，倒不如说是不真实感与忐忑吧。和旁边的叔叔、伯伯问候完毕，泽华缓缓跪下，依照母亲指示，从大门往位在主屋正中间设置灵堂的神明厅方向爬去，不过几步路的距离，这时候变得异常漫长，空气凝结，仿佛所有人的目光都往她身上注视着。

站好后泽华慢慢抬起头往金黄色的帐内看去，金属冰柜内躺着的是从小最疼爱自己的外公，外公因遭受病痛折磨而变得瘦弱，小小的身躯穿着深棕色的西装寿衣，头上戴着暗红色的贝雷帽，脚上穿着深色的真丝制成的传统鞋，因为冰柜的冰冻肌肤呈现黯淡土灰色。眼前一切和泽华记忆中总是挺着大大啤酒肚，穿着白色衬底背心搭配西装裤，宠溺喊着泽华小名的外公实在相去甚远，她再忍不住涌上的悲伤情绪，放声大哭。事实上在台湾地区的传统习俗中，近亲属不能够在往生者身旁哭泣，因为人死后灵魂尚未走远，听到家人哭声将无法好好地离去。但这样难忍的场景，还是让她哭得无法抽离悲伤情绪。

乡村与城市对于丧事的差异，除了灵堂设置以外，“告别式”的仪式也有不同。家属广发讣闻，邀请往生者的亲朋好友来为往生者送行，为祂哀悼也歌功颂德祂的一生。城市中居民举办告别式一般在殡仪馆租借场地，让前来致意的宾客们简单上香敬拜，接着入土为安。家门口搭棚进行告别式，更是没有机会，因为容易造成交通不便，进而引发民怨、遭人检举，即使警察不愿意，也不得不前来开单取缔。但乡村的告别式则因为紧密的生活圈，让整个丧礼变得异常丰盛，喇叭播放着悲伤歌曲的花车游行、摆满路旁的各式挽联与花圈、儒家文化圈流传已久的哭丧女（台湾地区通称为“孝女白琴”），这些大肆铺张又色彩缤纷的活动，常常使得初来乍到的外国人误以为是某种嘉年华庆典。

而此刻在翁家，则正为丧礼仪式争论不休。几十年来信仰天主教的家族，究竟是依照传统台湾地区习俗成理，或者是采纳天主教弥撒仪式，祖辈和父辈一个星期都没能理出个共识。四月如火的台湾艳阳，遗体冰柜运转的马达声，长辈间的仪式争论，这些躁动情节对比安详躺在冰柜内的往生者翁田，似乎显得过于喧嚣。

三、信徒

在 1950 年这样一个因战乱而生活困顿的时期，美国透过天主教教会系统为民众提供了一些生活必需品。生活贫困的台湾人民为了能得到这些生活补助品特别是牛奶、面粉等食物，纷纷前往教堂受洗、望弥撒。翁家生活的这个小城镇也有那样一个物资配发的教堂，因此，全家老小也每周前往教堂，聆听神父各种引领和启示。

虽然，翁家家族成员和其他村民一样前往教堂望弥撒、祷告。但与其他乡亲不同的是，翁田的父亲翁其要求家族成员必须确实奉行天主教信仰，秉持谦和善良、坚贞博爱信仰为人，并且热心服侍教会，成为天主教的忠诚信徒，而不单单只是流于形式。因此，少年翁田也在这样的教育之下受洗成为天主教教徒。

翁家虽非村庄内数一数二的富者，可翁家大家长翁其凭借着为人谦和耿直，在乡里间一直是有影响力的地方人士，与人为善，作风公道讲理，从协调乡里间的纷争到家庙重修的筹划募款，翁其总是大家征求意见的对象。虽是性格谦和的村内长者，但面对家庭，比起其他子女，总还是对于长子翁田有更多的期待与盼望。翁田在这样的期许中成长，一肩担起身为大哥的重任，在父亲死后几十年，依然紧紧维系着兄弟间的感情，即便到老年时受到亲弟弟的欺骗，翁田也未曾说过一句弟弟的不是，默默吞忍着一切。

几天的争论之后，关于翁田的告别式，兄弟坚持神父殡葬弥撒祝祷，子女希望传统台湾式祭祀，出乎意料最终决定两种都采纳使用。

某个夜里，神父、修女和教会的志愿者，来到了三合院，惠善和母亲、兄嫂、弟弟一家与神职人员在庭前排列而坐，手持经文为翁田祝祷。

“全能永生的天主，你是亡者的希望，圣者的欢乐。你的仆人翁田兄弟，一生忠诚地承行你的旨意，求你广施宽仁，开启天国大门，接纳他。愿善牧基督迎接他，使他和全体圣人一起，享见你光辉的圣容。以上所求，是靠你的子、我们的主天主、耶稣基督，祂和你及圣神，永生永王。”神父带领着大家祝祷。

泽华没有正式受洗为天主教徒，但依然透过殡葬弥撒缅怀外公翁田，并且对他的一生充满尊敬与感谢，同时失亲的心灵也在弥撒中受到抚慰，收拾心情好能够继续向人生旅程前进。若说有人群的地方就需要有法律，那么有伤痛的地方就需要宗教，法律无法规范人类的心灵与思想，仅仅能够管束人们的行为，使生活更有秩序，而宗教则提供心灵上的慰藉，使精神世界有可安息之处。

法律由国家制定，用于解决社会纠纷和分配权利义务，正因法律有国家的强制力作为后盾，所以首要重点在于解决实际问题。而宗教偏向虚无的直觉，人们通过相信景仰，体会社会生活的意义，着重在减缓精神上的苦楚。而人们也因为信仰，遵循各种教条和仪式，确立信念调整自身行为和思想。

四、兄弟

翁田身为家中长子，从小即跟随父亲翁其下田耕作。20 世纪 40 年代的台湾地区，农田水利还相当不完善，农业灌溉用水得按时间和分量管制，乡里间常因水源不足而闹得不愉快，尤其在枯水期前，即便是亲友也可能为了抢水而大打出手。为了消弭村庄内耕种而生的纷争，村民们协商后决定每户农家必须按照分配完成的时间轮流去放水，避免有些农户水源灌溉不足，而导致作物枯竭影响收成。半夜放水的村民少，水量相对充足，尚在读小学的翁田常得半夜起床跟着父亲去巡田灌水。

因为必须大清早起床下田，学校的早自习翁田总是迟到，上课一不小心便打起瞌睡，遭到老师当众处罚成了家常便饭。自尊心强的翁田不堪同侪嘲笑，又因为家中务农需要更多人手，读到五年级时终究决定放弃学业。从此一直在家帮忙父亲务农耕作，直至 20 岁入伍，未曾到外地学习技能，也未从事过其他行业，和翁田的三个弟弟相较起来，他完全是不折不扣的乡下人。

翁昌，翁田的大弟。自幼天资聪颖，对于读书非常在行，20 世纪 50 年代就已有高中学历！年轻时考上在法庭负责押解犯人的法警，但即便小小的法警，也必须对长官逢迎拍马，向上擢升的总是那些马屁精。因此，不喜官场文化的翁昌毅然辞去法警工作。

离开法院，翁昌在市区某个骑楼承租了小小角落，做起五金加工工作。1960 年起，我国台湾地区积极培养中小企业拓展外销，推广家庭即工厂，一时之间各类产品外销订单大增，台湾地区的生产业蓬勃发展。在短短三五年的时间里，翁昌搭上机会，因天生脑筋动得快，又加上苦干实干的乡土性格，从代工开始，一直到后来自行研发新产品提供客户，生意越做越大，没几年就赚到了人生第一桶金。

1970年，翁昌便在市区买了三层楼房，二、三楼为住家，一楼则当作家庭工厂，继续日夜赶工。凭借着生意本事，代工订单越趋稳定，几年下来翁昌已经不知赚了多少钱，只见他又盖了一间约三百坪结合住家与工厂的房子，之后与人合资开了塑化工厂，还参与买卖土地、楼房，成了不折不扣的成功商人。见到如此成功的弟弟，翁田也不禁羡慕地说“昌仔的家当，大概三代子孙不事工作，也吃不完了吧！”。

而翁昌在飞黄腾达的过程中，倒也还算是有义气，没忘了自家亲兄弟。首先，他把一部分的工作给了大哥翁田，务农的翁田瞬间变成了小小代工，三合院化身为简陋的代工厂。而工厂的成员就是翁田、翁田之妻琇琴、女儿惠善和两个儿子翁鑫和翁松。

一家五口没日没夜加紧赶工。为了赚钱，三个孩子白天在自家帮忙代工，没有心力能够上学，惠善原先就读县市区里第一个女子高中，但不分昼夜代工赚钱，也没能好好上学，最后只能放弃一流学校，和哥哥弟弟一起就读相对简单的夜间部职业学校。

一毛钱一毛钱地赚，积沙成塔，三年过去，翁田决定搬到距离弟弟工厂较近的地方，方便频繁地载货送货。除了攒下的钱，又向银行贷款了一些，终于翁田也在市区买了一间三楼的楼房，离开了住了大半辈子的乡下三合院祖厝。

翁田的二弟翁森，聪明灵活，特别有生意头脑。中学毕业后离家到大城市当学徒，当兵前没学到什么特别技能，倒是历练过几个不同行业，学会了商场上的灵巧应变。退伍回乡后，就在邻里间当起农产品运销的中盘商，把村里生产的农产品收集后转卖给大盘商，从中再赚取差价。翁森是四兄弟中相貌最出众的，人长得相当挺拔，穿着也时髦流行，头发总是梳得油亮整齐，年纪轻轻二十几岁看起来就像是个会做生意的小老板。

而翁田还没开始帮弟弟翁昌做代工之前，一直在乡下随着弟弟翁森的主意种各式作物，举凡香蕉、橙子、莲雾、洋菇等作物，翁田全部尝试过。但翁田就只负责种植，收成后交由弟弟转卖。虽说翁森卖了东西，但钱却不知到哪儿去了，翁田和妻子琇琴始终是做工作的人，却从没见着一个子儿！每每兄弟合住的三合院到柴米油盐不足的时候，琇琴总得去找严厉的婆婆要钱，也因此常常被训斥嫌弃不知节俭、不会理家，琇琴不知如何解释，也不敢解释，只能默默忍受婆婆的责备，委屈地偷偷掉泪！

翁田最小的弟弟翁平，长相斯文憨厚，个性也是如同外貌一般，极其温和敦厚，从小到大一直是翁家里最坚持信仰的一位，生活也以教条作为原则。中学毕业后，翁平靠自习考上药剂生执照，在市区的菜市场内经营西药房。那摊位之前是翁田承租下来经营的，翁田在军中服役时是个小卫生兵，因为念了几年书尚认得几个字，因此被派去协助军医，也由这学会了一些简单的医护技巧和用药知识。在那个医疗科技法令尚未发达完备的年代，在菜市场卖点简单的医疗用品和成药还是没有问题的。而后来四弟翁平考上了药剂生执照后，翁田便把摊位交给了他打理，而自己又回去专心务农。

兄弟四人后来各自四散努力打拼，最成功的应属老二翁昌了！白手起家成功赚了钱，还帮助了其他三个兄弟；翁田一家原本种田，农闲时期则外出打零工，但后来翁昌把部分代工业务分给哥哥做，主要原因除了肥水不落外人田，也因为翁田夫妻非常吃苦耐劳，原先预定 5 天能做完的工作，两个人 3 天就能完成交件。因为按件计酬，做越多赚越多，做越快就赚越快！翁田夫妻以前从没赚过那么多钱，所以，有了赚钱机会，便非常努力，也强制要惠善与两个儿子都一起放下手边事务投入工作。

翁田一直非常感谢弟弟翁昌，总认为自己能赚到一些钱，改善原有的生活，这全都是拜弟弟翁昌所赐，人前人后总是非常推崇这位弟弟，不只对弟弟翁昌十分敬重，对于翁昌说过的话，翁田也相当信赖支持。

经商成功的翁昌也支持弟弟翁森参选县议员，为了参选议员，翁森需要大笔竞选经费，虽然与弟弟政党倾向不同，但毕竟是自己的亲弟弟，翁昌仍然全力支持，并资助了大部分的选举经费。靠着翁昌平常在乡里间做公益的名声及地方上同姓亲族的支持，翁森也受惠高票当选县议员。在 4 年的议员任期内，翁森所属政党主政，他借此优势与多名政商同僚合作，投资土地买卖及建筑事业，之后也转投资有线电视公司，还开了加油站，事业版图是越做越大，不过这些事业大都有二哥翁昌的投资与加持，所谓赚钱不分党派，这方面两兄弟倒是有志一同，合作无间！

而老么翁平原本在市场经营的小药房，不敌大型超市及连锁药局的进攻，收入渐减，加上两年生一个女儿，有了四个女儿后，开支增加，经济负担加重，夫妻二人偶为此争吵。最后在二哥翁昌的劝说下结束营业，并把摊位卖了，翁昌同时让弟弟到自己工厂去上班，之后赚了点钱的翁平也到哥哥家附近买了一间三楼的透天厝，妻子则留在家照顾四个女儿及利用空闲时间帮忙做一些代工，多少赚一点补贴家用。凭着哥哥翁昌的协助，翁平的经济也渐渐跟着好转了！

四个兄弟感情甚笃，互相扶持，在乡里传为佳话。

五、妯娌

琇琴20岁那年，在父母之命媒妁之言下，嫁给翁田，成了翁家的大媳妇。五官清秀细致、双眼皮大眼睛、身材高挑、皮肤白皙，邻里都夸她长得好看，是村子里的大美女。翁家在地方上虽非大富人家，但端正的三合院祖厝及拥有大片靠着溪边的农田，生活也算丰衣足食。原本期望嫁给翁田后可以生活得比娘家好一些，无奈婆婆是个严厉又节俭的人，掌握家里的经济大权，又因常年有气喘的宿疾，无法下田工作，所以琇琴不仅得侍候公婆，还得照顾四个尚在就学的小叔及小姑。除了准备三餐、喂养牲畜外，还得下田，刚嫁进门时最小的小姑才七岁，夜晚还时常会尿床，一家近八口人的活儿，全让琇琴一人操劳着，那活儿是怎么也做不完的！

如此重担在身，但她却完全接触不到家中的经济权！缺柴米油盐时，只能跟丈夫翁田要钱，但翁田也非掌管家中财政之人，所以没钱可给，最终还是只能向婆婆伸手要钱买点油盐糖醋，因此常常得忍耐婆婆严厉的念叨！

翁昌对天主教会热心参与，在教友的撮合下认识了杨敏敏，敏敏也是虔诚的教友，无论是家教或是学识都很好，待人和善宽容，原先是一个护士，嫁给翁昌后二人就搬出去市区租了一间五六坪的小房子，房子分成前后两厅，前厅开起西药房，后面则为厨房与卧房。敏敏从不嫌丈夫没钱，反而看上他的人品与能力，平常西药房就由她顾着，翁昌则另外租了个骑楼的小角落做起五金代工。刚开始的生活虽有些艰苦，但敏敏很会理家，相夫教子，帮着丈夫开创事业。翁田常赞美弟媳敏敏，说她知书达理，懂得做人，有她帮着弟弟翁昌，定会飞黄腾达。

果不其然，翁昌后来成功创业，成了富翁。不仅捐钱给教会，也捐钱给学校成立奖学金。敏敏心地善良，知道嫂嫂琇琴在乡下务农又与公婆同住，经济拮拘，生活必然更难过，所以每次回乡探访公婆，就会多多少少给琇琴一点私房钱，也带上点好吃的东西，因为敏敏总是怀抱着善意待人，妯娌二人相处格外融洽，感情相当不错。

老么翁平夫妇住在菜市场里的西药房阁楼上，惠善小时候去镇上的教会望弥撒后，会到叔叔的店里去转转，婶婶待惠善极好，总会与她聊天，帮她整理头发，梳个漂亮的辫子，也会给惠善吃点酸甜可口的维生素 C 片或是软糖之类的小零食。

后来，翁平夫妇生了四个女儿，个个漂亮乖巧，而惠善也因为小时候受婶婶疼爱，格外疼爱这四个堂妹。翁平夫妻因为没有住在三合院内，所以和琇琴既没有太多互动，也没有摩擦。翁平夫妇感念哥哥嫂嫂过去的照顾和牺牲，对兄嫂都很尊敬，妯娌之间的关系倒也和谐。

翁森因为自小在外走跳，个性较为滑头，听说也很时髦，亲友介绍了不少对象，他都不中意，直到认识漂亮的石芬，才点头娶妻。石芬嫁进翁家时才 17 岁，说来也还是个孩子！那时琇琴嫁进翁家已 8 年了，也生了两个孩子，虽然务农生活劳苦，但衣食无缺，家事一直以来都是琇琴一人操持，几年下来也就这么过去，虽然辛苦但大致上平顺。

可自从石芬嫁来，琇琴便要把家事与她分工，首先厨房的三餐的工作，一人轮流煮 1 个月，工作是分了，但油盐糖醋等的钱可没解决，没了可得自行向婆婆要去，但石芬每个月常是把油盐糖醋用尽，也不补充，就留下空瓶给琇琴，轮到琇琴煮饭时，只得硬着头皮去向婆婆拿钱。琇琴没念什么书，不善言辞又未能与石芬有良好沟通，常觉得抑郁而有所埋怨，很是痛苦，渐渐与石芬的关系越来越不好。

这样生活又忍过了五六年！后来翁田母亲过世，三合院内的经济大权便全都由做中盘商的翁森把持着，家中所生产的农作物全交由翁森拿去卖，却完全看不到一毛钱，直到惠善10岁那年，琇琴再也受不了没有钱的日子，坚持要丈夫去向公公翁其表明要求分家，以后兄弟各自努力，赚的钱就是自个儿的。

然而，翁其坚决不同意，因为大家庭的组合象征家运的兴盛，分家就表示兄弟不和睦，他不希望在他还健在时就分家！可是琇琴这次是“吃了秤砣铁了心”，吵着非分不可！最后，翁其不得不同意分家，但从此对长子翁田夫妻非常不谅解！分家后翁其愤怒地表明未来仅到三儿子翁森家用膳，不愿再去翁田家吃饭。即便农历过年时，也不回应翁田夫妇的请安，为了分家一事，翁其不再顾念过去辛苦付出的琇琴，将长子夫妻视为危害家庭和谐的份子！因为受了委屈争取权益却受到父亲怨怼的翁田夫妻，心里觉得父亲偏心，未曾顾虑到自己的这一房孩子长大读书需要用钱，只一味偏袒三弟和弟媳，任翁森把钱拿去投资作生意，却不见他拿钱回来给家里用，而在翁其的心里，却觉得是吵着要分家的儿子媳妇不孝！

这家产是这么分的，三合院的祖厝分成四份，四个兄弟一人一份。农田部分，二男翁昌和么子翁平因为从小读书未曾参与农事，学校毕业后就出外工作，没有兴趣务农，也没对家里的田地做出贡献，所以二人自愿不分农地，翁平另外要了药房的摊位和经营权，翁昌则因为不缺钱，便什么也没要。因此，翁家农地分为两份，一份给长子翁田，一份给三男翁森，但翁森说他当中盘商期间欠了人家10万，所以要分田地的人也要帮忙分摊债务，因此老实的翁田夫妻虽然是分得了田地，但却没有分到现金，还莫名其妙地多出了5万元的债务！父亲翁其说三子翁森的孩子较小，所以祖厝旁的水田离家较近分给他，方便照顾小孩，而分给了长子离祖厝较远的沙田，分家的事到这里算是已定了，虽然翁田夫妻吃了亏，但因为是自己主动提出的，两人这下子骑虎难下，“哑巴吃黄连，有苦说不出”！夫妻俩只得默默认了，但心里的委屈及日后要如何还这5万元债务，夫妻俩还真是不知道要怎么办才好!

家产分完，翁田夫妻身无分文，还要背负5万元的债务，这可愁坏了他们！因为向来只知道种田的他们之前根本没想到要积攒点私房钱，现在却得为这5万元伤脑筋，20世纪70年代5万元可是个大数目！夫妻俩没读什么书也不会做生意，就只会务农或做工，到处托人介绍工作，各种临时工只要有人找就去做，赚多少是多少。

当时才10岁的惠善，因父母一早就出门工作，天黑了才会回来，所以她放了学回家，除了得喂养家禽外，还得烧水帮5岁的弟弟洗澡，然后把饭菜煮好等父母回来！但因个儿小，身高比锅灶才高出个头，手还够不到煮菜的铁锅，她得搬把椅子垫着，才能煮上饭菜，那时还没有瓦斯炉，也没有电饭锅，所以烧柴煮菜对一个10岁的小孩而言并非那么容易。

六、纷争

虽然，兄弟在分家产的过程中，翁田无辜背上弟弟在外的债务，但他个性固执老实又好强，身为兄长，虽觉得委屈，但也没说什么。倒是琇琴，总觉得为这个家辛劳付出这么多年，公公却没有肯定她，连以前曾说要特别留给自己儿子翁家长孙的祖厝旁的那块畸零地，也分给了翁森，着实亏待了她，为此时常向人抱屈！不过四个兄弟终究一直是和睦相处，逢年过节，也总会聚在一起祭拜祖先，一家有喜事，也会邀集庆祝，兄弟的往来仍是紧密的。

在两个儿子结婚后，翁田把代工厂的业务全交给大儿子翁鑫负责，与妻子搬回了祖厝，在后院辟起了菜园子重起了芒果树，恢复了田园生活。

一晃眼翁田已74岁，身体状况大不如前，但比翁田年轻几岁的翁森却是英气风发，几任议员历练，他公司一家一家开，房子一栋一栋盖，已经成了十足的商人。

此时，他眼下的计划是把祖厝旁的农地全都变成建筑用地，为了这个计划，他从好几年前就开始收购附近村人的农田，并向乡公所申请办理都市更新计划变更这村子的土地用途，开了几次说明会，村民褒贬不一，多数的村民认为翁森是唯一最大得利者，因为附近有一半以上的土地都归他持有。

整个都市更新计划进行得像个罗生门，一开始翁森跟哥哥翁田说，都市更新计划不会拆祖厝，只是马路会从祖厝前面通过，希望哥哥可以同意参与都市更新，祖厝为四兄弟所共有，翁田年事已高没有见识也不懂得都市计划运作，所以便在翁森的游说下同意了，并把印章身份证都交给了他处理。

其中一次说明会，翁田叫大儿子去参加，翁鑫去了之后才知道整个都市更新案其实已经大抵确定，无法反悔，祖厝同时也被规划在内，未来势必要参与重划。虽然屋体不受影响，但因参与重划后会被重新调整土地面积与范围。翁鑫得知后为时已晚，只能向叔叔翁森拜托，因为自己父亲已无工作能力，而这些年自己和弟弟的工作收入也不太好，在祖厝土地重新调整分割的时候，若能将爸爸翁田其中的一小份放在前后院的最外围与叔叔翁森原来的土地相接，那么建设公司要在外围盖房子时，可以先卖给建设公司，这样可有一笔收入用来照顾父母的老年的生活。

当下翁森同意了。没想到，等分割结果出来，和当初所说大相径庭，那最外围的一块土地，翁森还是划给了自己！重划后的祖厝面积和土地已清楚划分给四兄弟各自拥有的位置，而翁森的那份已在重新调整的祖厝围墙外了。

翁森会这么做其实早在翁惠善意料中，因为翁昌认为祖厝风水好，庇佑了他的事业和家运，因此不愿拆掉祖厝，但翁森却没这样想，当初他买祖厝附近的土地就是要在重划后全部盖成别墅卖掉，而祖厝正好在田中央，这影响了他整个小区建设及动线的规划！但两个哥哥都不同意拆祖厝，翁森最后没能说服二位兄长，所以，以他商人的个性，自是不愿吃一点亏的，当然是把自己的那一份独立出去与其他的土地结合运用，而不会因为要保留祖厝而牺牲自己的那份放在祖厝的位置上不能运用。

都市更新计划工程动工的那天，挖掘机来到大门口，大手一挥就把三合院的大门及围墙给拆了，未被告知详情的翁田简直吓傻。看着那自己搬回老家后重新砌过的砖墙被推倒，还有那棵他出生时，父亲翁其种下的老荔枝树被连根拔起，那棵 74 岁的老荔枝树就像是翁田的本命树，他伤心地瘫软在地。

一向刚强的翁田瘫坐在地上大哭了起来！他突然意识到，弟弟这次真的是太过分！这样欺骗他，为了他自己投资的土地及建筑事业，连自家兄弟都要诓！连祖厝的风水都不惜破坏！真是太过分！

翁田这时才感到后悔答应了弟弟参加土地的重划，但他老了，不懂也不知该怎么应对，只能任他这个弟弟予取予求。之后，每天挖掘机、大卡车在祖厝旁进进出出，外围长着杂草的农田一片一片地被铲平，排水沟也一条一条地被挖开，而住在祖厝里的翁田夫妇，每天被这工程嘈杂的声音及尘土所包围，很快，两个人生了大病！

七、患病

比翁田年长两岁的琇琴在同辈中算是硬朗，七十几岁还能上街买菜、做饭、打扫，在后院种些简单的蔬菜。唯偶尔抱怨走路时膝盖疼痛，夜晚有时酸软难耐而无法入睡。但毕竟夫妻俩已迈入古稀多年，几十年的积劳，身体难免损伤酸痛。

都市更新计划动工的半年前，琇琴右膝在知名的骨科医院动了开刀手术，换上耐用的人工膝关节。几个月下来，复原良好，行走无碍，但没动手术的左脚仍然疼痛得举步维艰，琇琴不得不决定开刀置换左膝关节。因此，在都市更新计划动工期间，琇琴去置换了左膝关节。没想到，这次手术却让琇琴尝尽无尽苦痛。左膝竟演变成永久骨髓炎，伤口不断化脓，传染似地不停冒出新脓包，每天必须多次清创，在伤口上来来回回用棉签戳弄擦拭，一次次都像是重新开刀般疼痛。

经过医院无数次专业清创，同时做了昂贵的高压氧治疗，琇琴伤口依然没有起色，膝关节处依然流脓肿胀，寸步难行。儿子翁鑫带着母亲访遍各地名医，各个束手无策。最后，抱着死马当活马医的心情，亲戚朋友们送来的各种稀奇古怪的秘方药草也尝试了。

数不清的疗程与治疗之后，琇琴心里明白，复原应该是不可能了，此生恐怕只能拄着拐杖走路或是坐轮椅散步了！

就在琇琴因为膝盖之尽苦头时，翁田开始经常无故跌倒，好几次跌坐在地无法起身，还得半跛的琇琴去搀扶。一向爱硬撑着不去医院看病的翁田，某天起床后自觉无法起身，大喊着妻子琇琴帮忙，而琇琴在焦急之际也赶忙联络大儿子翁鑫载父亲到医院就医。

经过医院一系列精密检查和断层扫描，发现翁田脊椎严重侧弯，挤压神经，造成神经无力酸痛，推究原因或许是早年种田挑庄稼，挑担过重，长久工作挤压累积，而后又习惯不良，造成这种严重后果。几乎每节脊椎关节都挤压严重，甚至坏死，即便开刀效果可能也不太好，老人家伤口复原能力不佳，因此，医生建议应尝试复建即可。此后，翁鑫送父亲去医院做了几次复健，但节俭的翁田认为复健不仅花钱又不见具体成效，还得麻烦儿子翁鑫三天两头从乡下接送他到市中心就医，坚持不肯再去，就这样重复着酸痛时吃止痛药，偶尔坐下后就无力站起来的情形。

翁田的大弟翁昌知道哥哥身体状况之后，认为如果开刀还有一线希望，仍然应该去开刀尝试，于是劝说哥哥翁田去医院做完整的手术治疗。由于翁田向来认为有钱的翁昌判断力良好，非常信赖翁昌，因此，最终在弟弟的劝说下同意开刀了。

结果，这脊椎手术结束后，翁田从此没能再站起来！

八、谣言

平常健朗的翁田夫妇这么一病，村里开始有人说是因为都市更新重划工程让祖厝风水被破坏，工程本身带有煞气，而且未在动工前敬拜告知，原先镇守在祖厝与附近的地基主和地缚灵受到干扰，身为祖厝大房的儿子当然首当其冲；也有些村民认为工程开工时，信仰天主教的翁家并没有事先到厅堂祭拜祖先禀告，祖先生气当然责罚住在里头的人。

事实上，撇除怪力乱神的说法，三合院本身位在整个都市更新计划工程的中间地段，每天怪手机具卡车发出巨大的声响，已经足够令人无法忍受；原先田园清新的空气，因为开挖整地，整个室内外搞得尘土飞扬；过去景色怡人的乡间小路，被卡车压碾破坏而泥泞不堪，甚至连出门的路都看不出来。

在这样混乱嘈杂的整地重建漫长过程中，翁田夫妇的身体健康状况每况愈下。最后，翁田仅能卧床，颈部以下瘫痪。没办法动弹的身体让抵抗力下降，翁田三天两头发烧，但儿子媳妇工作繁忙，妻子琇琴又自己脚病在身，无法好好照护，最后只能将翁田送入赡养院雇人照护。可舍不得花钱又认为住院是丢人事的翁田，只要精神好一些就吵着要回家，一回家没住几天就又感染发高烧，无数次来来回回进出赡养院，为了照顾他全家生活大乱。自尊心强的翁田面对这样无法自理的生活产生了排斥，求生意志越发低落，精神上也渐渐陷入痴呆。躺在床上，眼睛和人对视却不回应，仿若灵魂已出了窍。

远在外地的惠善仅能偶尔抽空回乡下探望病入膏肓的父亲，而她在出嫁过后改信仰佛教与道教。因此，回乡探望父亲时常为他助念、回向、积功德。那天，惠善站在床前为父亲翁田祝念祈祷，并同时观想观世音菩萨降临外公的床头为他洒甘露水，望他早日康复。突然惠善一惊，自己脑海内观的观世音菩萨，突然幻化成圣母玛利亚外观，而那尊圣母玛利亚的形象，便是翁田几十年来所属教区之天主教堂里展示的那个形象。惠善从小在那个教堂上主日学，她深刻地记得那圣母的模样，左胸有一颗圣心，双手展开迎接，手心射出明亮的圣光，看来就像是在接引翁田。

惠善内心感到不可思议而一阵悸动，因为父亲一辈子不信鬼神，唯一曾受洗信仰了天主教，然而，对教会的事却不如几个弟弟来得热心，曾经生活困顿时，还一度失去了信仰。但在最后生病卧床期间，教区里的神父修女常来为他祈祷送圣体，或许在那样彷徨无依的期间，父亲翁田又再次重拾了自己的信仰。

九、分裂

翁田在都市重划动工后约半年过逝，村里的人和远房亲戚开始有人对翁森这个重划工程有些微词，而翁森本人似乎也感受到了，主动积极地帮忙筹划丧礼事宜，善用各种政商关系，尽量把哥哥丧事办得风光，也因为翁森人面广，县里的大人物几乎全都参加了翁田的告别式。丧礼过后，儿女们依照翁田生前意愿分配了家产，女儿惠善也分到了祖厝一小部分的土地。处理完继承手续，搞清地的面积位置后，大家这才发现，父亲的土地在重划后竟少了6坪之多。

原来叔叔翁森哄骗父亲参加重划的目在此，不仅有利其自己外围土地格局变得方正，还稀释了祖厝的部分土地为公共享地。

原来，都市更新农地变成建地，土地的价值会因用途而上升，但参与更新者必须释出一部分土地，做为公共用地，建设成为道路、公园、活动中心等，所以土地因为变更重划而变小。然而，翁森却未曾向哥哥和侄子提过这些细节，而对都市更新完全不懂的两人，傻傻地一直误以为祖厝原先就是建地，并不需要参与种类变更，同意参加重划单纯是为了让翁森好推动，以为只有外围的位置会略做调整，没想到还要损失原本建地的土地面积。

惠善认为父亲的骤逝和叔叔翁森所推动的都市更新计划有着间接关系，又因为土地坪数差异而对叔叔翁森产生更多质疑，遂请二叔翁昌出来主持公道。翁昌知道后很是生气，即便他本人不缺钱，但对弟弟公然欺骗自己兄弟的做法无法苟同。因此，要求他必须赔偿其他三家兄弟建地损失。翁森迫于无奈，只得同意以土地变更后的一般市价赔给其他三个兄弟折损的部分。翁昌问这样的结果惠善是否可接受，惠善顾及叔叔们毕竟是长辈，自己也不好开口再要求抬高价格，就让叔叔翁昌做主。最终翁森以市价大约每坪 12 万元的价格再低两成的价格赔给其他三家兄弟，翁田获赔的部分有 60 万，子女们把这些钱都留给母亲琇琴当生活费和左膝的医疗开销。虽然翁森赔这些钱的时候并没有不情愿，可他依然是整个土地变更中获得最大利益的人，他的种种行为还是让其他亲戚不以为然。

经过这一连串的事，翁家至此真正分家，鲜少往来。

3 鄂北的家祭礼仪规范

吕　川*

一、引言

我的家乡位于湖北省广水市马坪镇柏林村，北面紧邻桐柏山余脉，南下可直达江汉平原。就地形而言，正好处在山地与平原的过渡地带，以丘陵为主。据称湖北第三大水库徐家河水库流经家乡，可以说山水俱有。中国南方文化素来具有自然性、神秘性的色彩，《楚辞》中的“招魂”仪式是其体现。更早者，在《国语·楚语》中讲到五帝时代颛顼专门派大臣重、黎二人“绝地天通”，打破当时人们因淫祀鬼神而造成的人神杂糅的局面，从此天地隔绝、社会风气向好。这则故事一方面表明“楚人好鬼”的特点其来有自，另一方面则表明鬼神观念并非一成不变。传承至今的家祭是一个颇具代表性的例子。它既有“好鬼”的非理性的观念作支持，又越来越成为一种理性化的仪式。

二、鄂北家祭礼仪规范的表现

在我们家乡，每一个小家庭都可以举行祭祀仪式，按照当地说

* 作者简介：吕川，清华大学法学院博士研究生。

法，家祭是“叫公祖”或者“叫老客”。其意思很明显，就是指在一定的时间招待祖宗吃饭。家祭日是固定的，在阴历年中，大年初一、初二、初三、正月十五、清明节、小年和除夕都必须行礼。另一类日子则较为灵活，家祭视日子而定。这一类主要是家有喜事，娶妇之当日早上必先祭祀。亲迎新妇到家后必先行跪拜祖宗礼。与其说这是一种特殊的家祭，倒不如说是古代“士昏礼”中的“庙见”之礼的变体。至于其他喜事，我关注到近年来一些高考生家长在宴请之日的早上也会举行具体家祭礼。行礼的具体时间一般在早餐（8点钟）之前，也有小部分人会在午饭前（12点钟）举行。午饭之后是无论如何不可以再行祭礼的。

祭祀在正厅举行，我们把屋内正厅称作“堂屋”。这名称或许就跟祭祀有直接关系，古时候天子祭祖的地方就叫作“明堂”。堂屋北墙边有一个柜子，我们称其为“神柜”，因为它实际上是一座祭台。神柜是较特殊的，我家因为背靠小坡，如放一楼则有轻慢之嫌，于是就把神柜搬到了二楼。它的形制与一般家用柜子并无太大区别——左右分别有一个抽屉，抽屉之下各有一个柜门，两个侧柜之间是一个大柜，由两扇对称的柜门“把守”。旧时神柜中间柜门的拉环多用铜钱固定，现在则渐无此讲究。当然，神柜并不是专门用于祭祀，也承担日常功用。但毕竟不同于一般的储物柜，它比较庄重、肃穆，因而不可造次。我记得小时候有一次调皮被训，不知为何竟到神柜前啼哭，被母亲发现后极为恐惧，后来专门请“阴差”（巫师）作法烧了些纸钱才了事。

就祭祀程序而言，主祭人是男性户主，我们家里一直是父亲操办。偶尔父亲在外，母亲会代替他完成这一系列的程序。正常情况下，女性并不参与祭祀这一过程，这并不是说，她们不承担任何与此相关的事务。她们要做的事情，主要是负责祖灵们的伙食，挑选食材、下厨等等。孩子们在这一过程中，除了磕头以外并没有什么事情要做，小时候我们都不敢凑上去，想来是因为怕人多手杂渎神的缘故。所以一般只有主祭人一人完成这一整套的“服务”程序。

具体流程是这样的：先清理柜台，点上香烛和草纸。桌凳搭好。桌子只“坐”南北两面，各有两个椅子。桌椅摆好后不得再动。这时候就开始把菜端上来，一般而言，是四盘菜，常见的如鱼、肉、豆腐、圆子等，在我的记忆中，鱼是一定有的。今年腊月二十九我陪母亲去街上买点东西，发现有专门用于家祭的鱼卖。都是些鲤鱼，大概15厘米~20厘米，5块钱一条，不按重量卖。我们自己平时是不吃鲤鱼的，因其肉质太涩。况且河鱼丰富肥美，几乎从不把鲤鱼放在心上。摆好菜以后就把筷子搭在碟子上，开始倒酒，4只小盅，各自斟上。大概两三分钟之后，便把饭端上来，放好。这便是祖先们开始享用饭菜了。此时，父亲便把我们叫过来，我们便蹑手蹑脚地走到堂下，北向磕头。磕头对于男孩子而言是必需的，对于女孩则无此强制要求。磕完头之后便是放鞭炮，近些年有些家里已经开始放烟花了。至此，整个家祭才算完成。可以收拾桌子了。

由于家祭在饭前举行，母亲还得专门做菜。祭祖的饭菜是专做的，这一礼仪完成后，我们便可自己吃饭了。家祭的菜可以直接吃，至于饭，我们家从来都是先把祭祖盛的饭再倒进锅里打散打乱，然后重新盛饭。

整个过程比较庄重。这主要体现在家祭时禁止交谈，甚至主祭人也很少在口中念叨。跪拜者即使心有所愿也不轻易说出来。不过我记得小时候在磕头时，父母还是会说一些讨好神灵的话，祈求小孩子得到祖先的护佑。为了营造这种肃穆的环境，行礼之时会把大门虚掩起来，甚至有的家庭会门庭紧闭，以防有外人进来打扰正在用餐的神灵。孩子们看到这样的情形自然会回避不去打扰。即使是在意味着整个过程结束的燃鞭时也不能交谈。听说前年舅舅家因此而闹了笑话，他跟他舅子同住镇上一个小区，他们在祭礼行将结束时在楼下放鞭炮相遇，二人有说有笑地聊了一会儿，后来舅妈得知后大为恼火，把舅舅训了一顿。

尽管有共同的祖先，分灶了的兄弟还是各家祭各家的。至于小孩子们的祭拜，并无严格的规定，记得小时候我在三伯家祭的时候在他家也跪拜过祖先。凡有家室之人，必得举行家祭。现在的年轻一代正从父辈手中接过主祭这一担当。正如我一样，他们耳濡目染，在每一次拜手、每一次屈膝、每一次扣手、每一次作揖的动作中感受到了家祭的意义。城镇化的浪潮席卷着乡村，传统的生活方式正在发生变化。我曾观察许多城镇的人家家祭已经不那么具有烟火味，红烛香火已经为塑料灯管代替，燃鞭也在逐步消失。

三、结语

祭祀是一种带有强烈的“意义世界”特点的行为。母亲曾多次说过，敬畏神明才会得到护佑。然而，家祭用我们不爱吃的鲤鱼、可以重复使用的祭菜等却表明这并非一种最虔信的态度。这种观念代表了相当部分人的心理。孔夫子在《论语·八佾》中说“祭如在，祭神如神在”。这是一种全然理性化的态度，尽管不可确信神灵是否真实存在，但为了慎终追远、安顿人心，必须借神道以立教，以一种恭敬虔诚的态度侍奉神明，就像他们实际存在一样。这种杂糅交错在理性与非理性之间的态度，大概就是费孝通在《乡土中国》中所说的“中国乡土社会中那种实用的精神安下了现世的色彩”。

4 学缘视角下高校同门称呼规范

任志军*

不入师门，无经传之教。

——王充《论衡·量知》

长幼有序，则事业捷成而有所休。

——《荀子·君子篇》

一、引言

高校作为人才培养、科学研究、服务社会和文化传承创新的高等教育机构，同门之间的交往在实践中形成了一套完整的称呼规范，高校学生作为高学历群体，在日益多元化的社会交往中，需要处理好同学、舍友、同门之间的人际关系，称呼规范是进入师门的第一课，本文以学缘关系为视角切入，探析高校人际交往中朋辈同门的称呼规范。

二、学缘关系

学缘关系是在学习或学术研究与交流的过程中形成的一种社会

* 作者简介：任志军，清华大学法学院博士研究生。

关系，涵盖师生、同窗、学友等关系。这种关系比较纯洁，彼此之间往往容易结成真诚的友谊。同门是指同师受业，也指同师受业者。吕澂《中国佛学源流略讲》中提到："他的同门慧均著《四论玄义》，也讲到各家对佛性不同的主张。""师兄、师弟"这一组词最早分别是佛门弟子对师父、徒弟的专称。明代以后才发展为同受业于师者之间的称谓。新时期以来，这一组称谓词在高等学校研究生中流行，反映了社会关系新的历史变化。另外，笔者在《现代汉语大词典》中查询到师兄和师弟的解释如下：

师兄：称同从一师而拜师时间比自己早的人。

师弟：称同从一师而拜师时间晚于自己的人，与"师兄"相对。

《现代汉语大辞典》中并未收录关于"师姐""师妹"的解释，可见"师姐""师妹"不是最早使用的称谓，而是由于拓展人际关系的需要而根据"师兄""师弟"拓展对应而来。另外，在《现代汉语大辞典》中，有别于"师兄"的一个解释是"大师兄"，通常情况下，大师兄是一种尊称，师门中年长才高者才能被称作"大师兄"。

三、称呼规范

（一）称呼总体原则

（1）学历优先原则。对于来自不同学校的硕博生的称呼，按博士长于硕士，硕士长于本科的原则，确立师兄、姐、弟、妹关系。

比如，X 是就读于清华大学的博士，本硕毕业于北京大学，Y 是就读于清华大学的硕士，本科毕业于南京大学，此时，X 就是 Y 的师兄或者师姐。

（2）学校优先原则。针对同级硕博，根据有无本校学习经历的原则确立师兄、姐、弟、妹关系，有本校学习经历的同学要长于同级无本校学习经历的同学。

比如，K 是硕士、博士就读于清华大学的 18 级博士新生，M 是硕士就读于北京大学，博士就读于清华大学的 18 级新生，此时，K 和 M 虽然是同级的清华新生，按照学校优先的原则，通常 K 是 M 的师兄或师姐。

（二）称呼一般规范

（1）按学历层次。按博、硕、本三个类别确立师兄姐弟妹的关系，博士是硕士的师兄或师姐，硕士是本科的师兄或师姐。

此种情形不考虑其他因素，完全按照学历层次称呼。比如K是博士，M是硕士，Q是本科，K是M的师兄或师姐，M是Q的师兄或师姐。

（2）按入学时间。入学时间作为排序的依据确立师兄、姐、弟、妹关系。

此种情形只考虑入学时间，比如，K2011年入学，M2012年入学，Q于2013年入学，入学早的K就是M的师兄或师姐，M则是Q的师兄或师姐。

（3）按年龄长幼。按年龄大小确立兄姐弟妹关系，排除学历和入学等因素，年长的为师兄、姐，年幼的为师弟、妹。

由于硕士、博士阶段出现了年龄差别，有的学生工作多年后又回到学校攻读硕士、博士学位。此类情况如，T是30岁的清华大学硕士，S是29岁清华大学博士，按照年龄划分时，T可以称呼S为弟或妹。

（三）特殊规范

（1）年长的师弟、师妹与年龄小的师兄、师姐之间的称呼。此类特殊情况的发生是由于硕博期间的同门中有部分已参加工作的往届毕业生作为新生入学，通常情况下，按照加入师门的时间先后确立师兄姐弟妹关系。由于受制于传统文化长幼有序的文化影响，年轻的师兄姐仍然会称呼年长的师弟妹为兄姐，而年长的师弟妹也仍然用兄姐来称呼年轻的师兄姐，这种做法尊重了校园内按入学时间确立的位阶，又兼顾了传统文化中长期形成的长幼秩序观念。

（2）多个校友身份的称呼。主要存在硕博期间，如本科期间的师弟妹或同级先考入另一所高校，后入校的师兄姐（按本科期间称呼）在新的学校重新确立了师弟妹的关系，按从旧兼从新的原则，依照在本科阶段确立的关系称呼，也可依照新的校友身份来称呼。实践中，人情的因素可能会更多顾及之前曾建立的校友关系，比如同在南京大学的师兄Q和师弟M，师弟M先考入北京大学，师兄Q后考入北京大学，二人在北京大学时的称呼会更多采取以往在南京大学建立的师兄弟关系。

四、结语

在法社会学研究中，我们需要重视中国固有的一些与社会秩序、社会规范、社会权威有关的现象、实践，如社会秩序维持方面的人情、关系；在互学互鉴的同门关系中，长幼有序的差序格局有效整合来自五湖四海，城市和乡村的学生，通过兄弟姐妹的身份识别，夹杂着人情的考虑和关系的远近，把一个由陌生人组成的社会团体凝聚成类似家庭兄弟姐妹的共同体，维系着校园的生活秩序。从中我们不难看出，传统法文化中的人情、关系因素依旧在校园生活中发挥着作用，调整、维护学缘关系，这也从一个侧面印证了多元社会中习惯法世界的丰富多彩。

5

西北少数民族婚姻家庭习惯法管窥

高成军*

马克思主义民族观认为，只要一个民族还存在，反映其民族特点的心理文化和社会习俗将同时存在。民族习惯法作为被特定的民族群体选择、吸纳、运用，并融合在各民族的思想意识和行为中的一种传承、积淀和整合下来的制度形态，具有高度的稳定性、延续性和群体认同性，它贴近了本民族群众的日常生活，凝结本民族的心理和情感，为民族成员提供了一种行为模式和价值选择。

婚姻习惯法是民族习惯法的重要组成部分，而“对任何一个民族而言，恋爱、婚姻、家庭问题都是一个永恒的主题”。[1]作为少数民族习惯法重要一支的西北少数民族婚姻习惯法，其长期生长在大西北这块贫瘠的土地上，加之在与汉族的文化交往与融合过程中，受到中国传统习俗文化的影响，经历千百年的传承发展，逐渐形成具有鲜明民族特点和地域特色的习惯法形态，其内容丰富多彩，影响根深蒂固，对本民族乃至西北地区都有着相当深远的影响。

---

* 作者简介：高成军，甘肃政法学院法学院副教授，清华大学法学院博士研究生。

本文系2016年甘肃政法学院科研资助重大项目《近三十年中国习惯法研究的再研究——一个学术史的考察》（2016XZD13）阶段性成果。

〔1〕 雷明光：《中国少数民族婚姻家庭法律制度研究》，中央民族大学出版社2009年版，第1页。

一、藏族婚姻家庭习惯法

在中华民族的发展过程中，藏族是一个具有悠久历史的民族。在西北少数民族地区藏族主要生活在青海省和甘肃省，在中华民族的发展过程中，勤劳勇敢的藏族群众不但与我国其他民族人民一道缔造了伟大的祖国，也创造了丰富的、独具特色的藏族文化，在人类文化宝库中成为一颗耀眼的明珠。藏族独特的风土人情、宗教信仰以及所处的自然环境令人神往。“作为藏族文化形态中的藏族习惯法，它是千百年来一代又一代藏族群众不断总结、积累、继承和创新的结晶，它对本民族的生存、发展起到了非常重要的作用。即使到了今天，藏族习惯法仍有存在的依托，仍然发挥着重要的作用。”〔1〕

在藏族习惯法的形成发展过程中，自然条件、宗教信仰与经济发展水平对其影响很大。在恋爱、婚姻关系缔结与解除，以及财产分割、继承的条件、程序、形式等方面与汉族和其他少数民族都有很大的差异。

（一）婚姻缔结的程序

1. 恋爱

在藏族社会，自由婚姻是婚姻的基本形式。藏族在结婚的自由程度上，比汉族开放得多。藏族社会认为：“自由结合的婚姻像‘嘎乌’一样贴身，父母强迫结合的婚姻是用胶粘石头。”〔2〕当然在自由婚姻的前提下，藏族社会整体呈现出包办婚姻和自由婚姻并存，并存在少数其他结婚形式的特点。藏族男女到了16岁以后就可以进入成人的行列。姑娘一般到十五六岁便举行“戴天头”仪式，这样就为青年女性的性生活提供了合法的身份。在藏族社会，一个姑娘成年后，其父母都会安排单独的一间房屋让其居住。这时，如某一小伙看上这一姑娘，就可以到住处和其接触，是否同意的决定权完

〔1〕 吕志祥：《藏族习惯法——传统与转型》，民族出版社2007年版，第106页。

〔2〕 嘎乌是藏族群众佩戴的一种护身符。一般为小型佛龛，通常制成小盒型，佩戴于颈上，龛中供设佛像。参见刘俊哲：《藏族道德》，民族出版社2003年版，第211页。

全在姑娘一方。如果姑娘不同意，上门的小伙就不能采取任何与姑娘意志违背的行为，否则就会受到社区舆论的谴责。这可以说是藏族社会对女性权力的尊重，也是对女性婚姻自由的基本尊重。之后由姑娘自己选择情人，生儿育女亦被视为正常行为。在藏区，男女间自由恋爱的机会很多，诸如各种赛马会等传统节日都为青年男女恋爱交往提供了很好的条件。在各种民族节日上，小伙子们会充分利用各种引起姑娘们注意的机会，姑娘们也会穿戴漂亮的民族服饰，佩戴各种首饰，以便引起小伙子的注意。在这期间如果某一小伙子看上了一个姑娘，他就会设法与这一姑娘多接触，有时还会乘机抢走姑娘佩戴的一些东西，如项链帽子等，等过几天再还给这个姑娘。这时，如果姑娘对这个小伙子有好感，就会大方地收回自己的东西，小伙子就会乘机提出约会的请求。相反，如果姑娘对这个小伙子没好感，她就会拒绝小伙子还回来的东西。在藏族社会，姑娘如果对小伙子有好感，她会把自己的项链等佩饰故意丢弃在小伙子经常路过的路上，然后等待小伙子登门还回自己的东西。藏族男女间在大庭广众之下或长辈面前很少调情逗乐，但男女间私下接触是被双方父母默许的。这是因为，藏族社会认为，通过自由恋爱缔结的婚姻比较稳固。

2. 提亲与定亲

在藏族社会，青年男女在缔结婚姻之前，必须要委托某一长辈去提亲，这是婚姻成立的第一个程序。在提亲前，男方家长会选择吉日，委托女方家长认识的长辈前去，当然也有父母自己去的，在某些地方也有聘请头人或村主任前去的。在提亲过程中，如果女方家长接受了哈达和聘礼，则意味着接受这门亲事，这时就要回敬一条哈达。如果拒收聘礼，则意味着拒绝这门亲事。如双方父母同意这门婚事后，各自便随即准备彩礼和嫁妆。在藏区彩礼和嫁妆基于各自家庭的经济水平不同而有差异，一般而言都包含牛羊牲畜、金银佩饰、青稞酒、酥油等，但哈达是必备的。现阶段，除了牛羊牲畜、金银佩饰、青稞酒、酥油等传统嫁妆外，摩托车、家电也逐渐成为陪嫁的东西。在藏区举行娶妻嫁女或入赘的结婚仪式时，双方家庭都要经过头人的同意并邀请头人吃喜酒，否则不能完婚。娶妻一般要酬谢媒人，一般给一头牛，但是一般牛要分给参加婚宴的头人。提亲之事谈妥后，双方父母便会请喇嘛占卜结婚的日子。订婚之日，男方家带来青稞酒和酥油茶，要给女家父母敬求亲酒，还要送女家母亲“奶钱”，以感谢母亲哺育女儿的养育之恩。[1]写婚约是在订婚时进行的重要程序，婚约一般一式两份，通过证人大声朗读，双方家长核对无误后当着所有参加人的面，盖上家族印章各自保管一份。在婚约达成后，男女双方一般不得轻易毁约，如果男方毁约在先，不但不能索回彩礼还要追加一定的钱物，如果女方毁约在先则要全部退还彩礼并负有一些赔偿。

3. 抢婚

以前抢婚在藏族社会很普遍，究其原因，大概是古代藏族部落间战争时抢夺财富和女人的习惯残留。在以前的藏族社会，如果一个男子看上了一个女子，想娶她为妻，并知道她还没有订婚，便会约几个行动麻利的青年，等在姑娘经常出没的路口，或躲在姑娘家房屋的周围，在姑娘不注意时把她抢走，有的地方甚至存在夜闯女方家抢走姑娘的情况。但无论以何种方式抢婚，男方都要对女方和女方家人表示出足够的尊重。尤其在一些父母包办的婚姻中，父母和子女都会利用抢婚这一策略达到撮合婚姻的目的，只不过父母双方企图以抢婚的方式把一对没看对眼的姑娘和小伙撮合到一起，而子女则会利用对方“抢”走自己的策略来达到自由与自己心爱的人结合的目的。但无论如何，抢婚后的次日，男方都要上门女方家正式提亲，否则这种不经正式提亲的婚姻是不被藏族社会所认可的。另外，还需注意的一点是，如果女方坚决不答应这门亲事，男方就不能以强制手段去抢得姑娘，否则也会被社区群众所谴责。同时一定要遵守藏族社会长期形成的“抢婚”习俗，必须以光明正大的方式来抢，一些利用下药、趁人之危等不合道德的手段去抢婚往往为社区群众所笑话和谴责。当然，藏族的抢婚不是婚姻缔结的必经程序，这不像有的民族。抢婚这种习俗在今天的甘肃藏区还存在，如果一对男女相爱，但双方父母又不同意，男方便会约几个人，夜间

---

〔1〕 陈立明、曹晓燕：《西藏民俗文化》，中国藏学出版社 2003 年版，第 168 页。

来到女方家门口，挂上一条哈达，不让女方父母知道把姑娘带走，第二天男方便聘请媒人到女方家提亲，直到女方父母答应后，再举行结婚仪式。有些地区还把年龄偏大者或丧偶者视为被抢的对象，在今天这种形式已不多见。

4. 娶亲与结婚

在藏族社会结婚的日子必须通过男女双方父母协商并由喇嘛占卜确定。在举行婚礼的前一天，男方家会委托迎亲队伍携带给新娘准备的全部衣服和首饰去迎亲，迎亲队伍一般包括 8 人~15 人，里面一般都会有一两名能说会道的人。同时，结婚前一晚女方家都会为女儿举行送行仪式，迎亲队伍和送亲队伍第二天一大早就从女方家出发，途中如果遇见背东西，尤其是背水的人则视为吉祥之兆，迎亲人会给这些人哈达，如果遇见病人、背空篓的则视为不太吉利。新郎新娘进家后，各地风俗不同一般有不同的仪式，大致为入座后接受乡邻的哈达和美酒，同时请喇嘛诵经祝福等。在藏族社会婚礼仪式的繁杂程度视男方家家境条件而定，多的举行十几天，一般的七八天，但最起码也应 3 天。这期间大多是乡邻们跳锅庄，男方家也会杀羊宰牛款待乡邻。在藏族社会，婚礼后新婚夫妇一般不入洞房，也不同居，而是分开居住。至于新娘什么时候回娘家，各地风俗也不一样，一般是 3 天或 7 天后，将新娘送回娘家，然后住一两个月甚至半年后接回，开始共同生活。在结婚的仪式上，老藏区大多保留了传统的仪式，但现阶段基于缩短时间的考虑，婚礼仪式往往比较简单。在西北一些汉藏混住的城镇，婚礼多吸收了一些汉族的文化因素，比如有的用轿车迎亲，新郎新娘穿西服、婚纱，在酒店办宴席等，而且一般只进行一天，甚至半天。

（二）婚姻形式

藏族的婚姻形式主要有一夫一妻、一夫多妻和一定范围内的一妻多夫现象。从某种意义上讲藏族社会的一夫多妻和一妻多夫现象是原始社会共夫共妻制的历史残留。总体而言，一夫多妻主要存在于部落头人和一些大户人家中，这些家庭经济丰厚，一夫多妻可以使人丁兴旺。而一妻多夫的主要表现形式就是兄弟共妻，这种婚姻形式存在的主要原因是家族为了避免兄弟分家晰财而造成家族财产的分割，因为藏区严酷恶劣的自然环境，导致家族财产对整个家族的发展具有非常重要的影响作用，严酷的自然环境使家族财产本来就非常有限。因此，为了保全家庭财产，同时举全家之力应付恶劣的自然环境，一妻多夫也就有了存在的理由。姊妹共夫的存在理由也可以用此解释，姊妹共夫可以保证家族不用分办嫁妆，同时可以集中劳力和财产等。姐妹共夫与兄弟共妻现象多存在于兄弟或姐妹之中有一人丧失了劳动能力，为了他们以后的生活考虑而兄弟（姐妹）共享一妻（一夫）。据调查发现，在今天的甘南藏族地区大多数为一夫一妻制，但在一些偏远的地区，有个别的一夫多妻或者一妻多夫制的存在。在青海的果洛、玉树、海北、海南以及甘肃的甘南等地的部落中，亦存在一妻多夫现象。所有这些资料表明，尽管中部藏区各部落中一妻多夫家庭的比例高低不一，但确实是存在的。〔1〕

同时，在今天的部分藏族地区也有转房婚的现象存在。转房婚即丈夫死后，如果妻子还有生育能力，就应该转房嫁给亡夫的父亲或者兄弟，一般转房的先后顺序是先父亲或亲兄弟，次堂兄弟或亲侄辈，最后才是远房，另外婶婶也可以转房给侄辈。藏族社会的转房婚形式多样，死者的亲属和朋友都有可能成为其妻子的新丈夫；在以前甚至死者的官职、财产和名字都可以由新的丈夫继承。在藏族社会转房婚的存在既保证了家庭的团结，又避免了家族财产和爵位被削减。同时，寡嫂转房和丧偶兄弟仍和自己兄弟姐妹的配偶生活的现象在藏族社会也存在。所以，在传统社会里，藏族的一夫多妻和一妻多夫现象不是一种道德沦丧的表现，这种婚姻形式并不犯重婚罪，共妻共夫的家庭也和睦相处，较少有家庭矛盾。

（三）通婚限制

尽管藏区也有包办婚姻的现象，但藏族崇尚自由的生活观念，导致其在婚姻问题上也践行自由恋爱的原则。但是，自由恋爱并非不受任何限制，今天的藏族社会对缔结婚姻仍然存在一些限制，其

〔1〕张济民：《寻根理枝——藏族部落习惯法通论》，青海人民出版社 2002 年版，第 294 页。

主要表现为以下两种：一种是血缘外婚。在藏文化的观念中，血缘性禁忌是全民族共同遵行的行为规范，无论是上层社会的阶级内婚制，还是父母包办婚姻、男女自由恋爱，甚至抢婚和一夫多妻制与一妻多夫制都比较遵循严格的血缘外婚制。禁止同父系祖先的人互相通婚是藏族社会血缘外婚制的主要表现形式，藏族把亲属之间的远近关系分为骨头亲和血肉亲两种，同一祖先的后代，无论相隔多少代都是骨头亲；血肉亲是指曾经与骨头亲发生过血缘关系的亲属，相当于汉族的姻亲。所以，藏族社会要求骨亲是禁止婚姻的，男女双方不得属于同一家族，如舅舅与外甥女为婚，认为不祥。至于姑表与舅表为婚，则认为理所当然，屡见不鲜。[1]藏族认为直系亲属通婚，“青草要干枯，水源要枯竭，老天都不下雨”。[2]

第二种是等级内婚禁止。在藏族社会不同阶级的男女通婚，都讲求门当户对。如在今天的甘肃甘南藏区也存在阶级内婚制，不同的阶级之间不能结婚，在婚姻缔结中，等级内婚往往是理想的选择。如在甘南藏族部落中，血缘外婚是被严格限制的，在夏河美武部落，跨部落结婚，必须从娘家的彩礼中抽出一头牛给部落长官，一只羊给分部首领。在缴纳“出籍礼”后，即表示与原部落解脱了人身关系，也有一些部落规定，在征得部落首领的同意后，可以不缴纳手续费，但是出嫁和入赘外部落者，每年必须向原部落缴纳一定数量的“人头税”。这些规定在一定程度上限制了形式意义上的婚姻自由，其实从纵深角度看，部落首领对其部落内的属民的婚姻也常常会横加干涉和限制，并规定一些禁例，强迫属民遵守。

（四）离婚制度

较其他民族，藏文化对男女离婚都持宽容态度，如果夫妻双方同意离婚，社会习俗不会对其加以过多的干涉，孩子抚养与夫妻财产分割，都会按社区习俗进行，一般很少产生分歧。在藏族社会，夫妻双方离婚，不同的阶层和不同的地域方式也不一样，但总体存在以下几种：一是协议离婚，只要男女双方协商好财产分割与子女

---

〔1〕 马长寿：《马长寿民族学论集》，人民出版社2003年版，第215页。
〔2〕 刘俊哲：《藏族道德》，民族出版社2003年版，第218页。

抚养问题，就可以径行离婚，各自重新找新的伴侣，无须征得任何人的同意或履行任何手续；另一种是裁决离婚，但这里的裁决者一般不是人民法院，而是亲朋好友。第三种是一些部落中男女离婚，须经头人同意，因为部落首领一般愿意维持部落的稳定，不愿意本部落的人离婚，如青海果洛部落法规规定："夫妻失和，官往设法使之和好，仍不能和好则审夫妇何方过失及其大小判离，并分其子女家产"。〔1〕离婚后，若女方要再嫁人，则财产归男方所有，女的只能拿回当初的嫁妆。如果男方是入赘的，则财产归女子所有，如果夫妻双方独自另立家庭，财产分配就要按照一定的比例分配，孩子是"儿归父，女归母"。相反，如果离婚只是一方的要求，那么提出离婚的人就要为离婚付出一笔财产作为补偿。从这点可以看出，藏族人离婚的原则也是男女平等，不像中原古代男性一纸休书便可另觅新欢。如青海玉树部落习惯法有规定：①夫妻离婚，孩子尚小，尤其是婴儿，财产都留给抚养婴儿的一方；②离异如系一方行为不轨，将之驱逐出门，财产归贞洁的一方；③离婚时，如果一方不同意，提出离婚一方要承担一定量的"吉日差"（遗弃补偿），补偿牲畜由头人决定。〔2〕其离婚的原因主要有婚后不育、婆媳不和，以及互相嫌弃、另觅新欢等。另觅新欢在藏族传统社会中会被认为是不道德的，周围的人都会谴责这种男女。离婚中的核心问题在于女性地位和重组家庭的问题上。可贵的是，藏族对离婚妇女并不歧视，她们的再婚之路也比较顺利，不会背上贞节的包袱。

（五）继承制度

在藏族社会，私生子与其他在正常婚姻中生下的孩子社会地位平等，社会对私生子没有任何歧视，私生子和其他兄弟姐妹权利义务平等，拥有平等的财产分配权和继承权，这与其他民族对非婚生子女的歧视是非常显著的不同，这也从一个方面说明了藏族社会崇尚生命至上与生殖至上的态度。在藏族社会，如果被继承人死亡而

〔1〕张济民：《渊源流近——藏族部落习惯法法规及案例辑录》，青海人民出版社2002年版，第31页。

〔2〕张济民：《渊源流近——藏族部落习惯法法规及案例辑录》，青海人民出版社2002年版，第47页。

没有遗嘱的，法定继承便随即开始，父母、妻室、子女、兄弟姐妹、儿媳、女婿均可能有继承权。虽然从表面上看藏族的继承制度与现行继承法差别不大，但实际上存在一定的区别。总体而言，藏族社会的继承制度是以家庭为基本根据，而不是以血统为根据，无论是财产继承还是身份继承，社会习惯都优先以保证家庭的财产、社会地位不削减为前提。无论长幼，只要留在家中，与父母共同生活的子女，均有继承权，即便是养子、私生子，只要在家中与父母共同生活，继承权就与亲生儿子一样。但是与父母分开居住、嫁入他人家中、入赘他家的子女，一般都不享有继承权。藏族的法定继承也有一定的顺序，第一顺序继承人是子女、配偶，其次是父母，最后是兄弟近亲属。只有在配偶先于被继承人死亡且本人未离开家庭的情况下，媳妇和女婿才能代替配偶的地位行使继承权。在亲属继承的顺序上，一般是宗亲优先于姻亲。青海玉树部落规定无子无女的财产交给寺院。〔1〕财产继承的范围包括死者拥有的一切财产，如房屋、牧场、牲畜等，旧时还包括奴隶。债务也是继承的重要内容，被继承人若有债务，作为继承人有义务偿还。否则，债权人可以通过告官介入，从其继承的财产中扣取，以作还债之用。〔2〕

二、回族婚姻家庭习惯法

回族是中华民族大家庭中的重要成员，在我国众多少数民族中属于形成较晚、居住最为分散的一个民族，其主要以大分散、小聚居为主，全国95%的县区几乎都有回族群众生活。就西北少数民族地区而言，回族主要聚居在宁夏回族自治区、甘肃省和青海省等。由于受地理环境、经济发展水平、对外交往水平、生活方式等因素的影响，虽然是共同信仰伊斯兰教的回族，但由于其生存的地域环境不同，导致其习惯法具有一定的地域性，回族婚姻习惯法是在长期历史发展过程中自然形成的，被回族穆斯林共同遵守的行为规则

〔1〕张济民：《渊源流近——藏族部落习惯法法规及案例辑录》，青海人民出版社2002年版，第47页。

〔2〕张济民：《渊源流近——藏族部落习惯法法规及案例辑录》，青海人民出版社2002年版，第318页。

的总和。回族信仰伊斯兰教，伊斯兰教在回族的形成中起了决定性的作用，特别是伊斯兰教对回族风俗习惯的影响则更加突出。今天，回族关于婚姻家庭的基本观点仍然受伊斯兰教的深刻影响，伊斯兰教经典对于回族缔结婚姻的具体过程，在西北地区总体上还是一致的，并且随着社会发展，现代婚礼习俗更多地体现了与其他民族互相渗透以及城市化的特点。

(一) 婚姻缔结的程序

回族对结婚的程序是相当重视的，尤其对于婚礼非常重视，关于回族缔结婚姻的具体程序，在西北少数民族地区总体上是一致的，随着社会发展，婚礼程序受中国传统文化的影响，在少数地区婚礼习俗也体现出了与其他民族互相渗透以及城市化的特点。但一般都按照“礼”行事，在大多数程序和内容上都体现了回族自身的民族特色。

1. 自由恋爱

在回族社会，婚姻关系成立的条件首先是出于男女自愿。《古兰经》也告诫人们：“当她们之间依礼而相互同意的时候，你们不要阻止她们嫁给她们的丈夫……这对于你们是更有益的，是更纯洁的。”[1]而《圣训》中更是对这种婚姻意志自由的涵义作出更为详尽的解释，“不和寡妇商量，就不能和她结婚，不经少女同意，不能和她结婚”，“不论寡妇和少女，没其许可，别人不得作主缔结婚约”。[2]穆斯林认为婚姻的结合和家庭的组成必须以男女双方的相互“爱悦”“依恋”为基础，婚姻的成立与否首先在于男女双方是否自愿，从而使婚姻关系在缔结的过程中表现出浓厚的自由色彩和自主精神。这打破了包办、买卖婚姻等传统恶习和观念，并且在一定程度上减少了离婚现象的发生，促进了婚姻家庭的和睦和妇女家庭地位的提高。伊斯兰教义对人们的婚姻自主权给予了充分的尊重，它承认男女有权择偶。“婚姻是真主赋予男女双方为爱情生活结合的

[1] 参见赛生发：《伟嘎耶教法经解——伊斯兰教法概论》，宁夏人民出版社 1993 年版。

[2] 穆斯塔发·本·穆罕默德艾玛热：《布哈里圣训实录精华——坎斯坦勒拉尼注释》，宝文安等译，中国社会科学出版社 1981 年版，第 56 页。

权利，这种权利有如契约，必须双方完全自愿协定”。穆罕默德说：“监护人强迫成年的处女与人结婚，是非法举动，凡是成年而理智健全的女子，无论是否处女，任何人不征得她的同意，不能依法订婚，虽是父母与元首，也不能干涉其自由。”可见，伊斯兰教主张婚姻自愿、自主原则，并且注重保护妇女利益。

2. 提亲与看家道

回族在缔结婚约过程中一般是不问男女的生辰八字。《固原州志》载：“回族议婚，先请媒妁通姓氏，唯不避同姓。”随后提亲，提亲相当于“六礼”中的“纳采”，男女双方若彼此相悦，自由恋爱一段时间后，男方即可请媒人到女方家提亲，媒人不仅在汉族婚俗文化中占有重要地位，在回族婚姻中更是相当显耀。如在宁夏的花儿歌谣中唱到：“成人一对子，多活一辈子，成全一对，多活一岁，成人之美功德无量”等都反映了人们对媒人的肯定。总的说来，回族的男女老少都乐于为适龄男女青年做媒，这也与伊斯兰教的婚姻观有很大的联系。从伊斯兰教本身的性质而言，它反对禁欲主义和独身主义，鼓励人们结婚。有条件和有能力结婚的人应当及时完成这一行为。可见结婚已成为回族穆斯林一项积极的宗教义务，而促成婚姻的行为更是被称作“逊奈”（善行）。和媒人一同去时需携礼物，也叫“开口礼”（过去一些地方一般要送上糖、茶、核桃、枣各一色，称之为“四色礼”），首先由媒人介绍男方具体情况。女方家长若满意男方，则收下礼物，随后即派家庭代表请媒人在吉日拜访男方家庭，了解男方的家庭状况，俗称“看家道”。这主要是女方家庭想了解男方家境、经济和男方父母等一些基本情况，如果女方看家满意预示着婚姻会成功，否则，宣告婚姻失败。

3. 定亲

女方家看家道满意后，男女双方家庭将继续下一步程序，男方可选择吉日前来定亲，又称“定茶”，以茶为聘是中华民族的古老习俗，在回族社会，以茶为礼寓意“多子多福”。女方家看家道满意后，男方家就会带上衣服、首饰、钱财、茶叶等聘礼到女方家中定亲，聘礼的多少按照男方家的家境条件和女方家要求而定。这时，女方家则热情款待，宴席之后男方就向女方互道“色俩目”，表示婚姻关系已经成立，以后一般不能再反悔。再次就是纳聘礼，即在女方喝了“定亲茶”后，媒人根据女方需要，由男方给一些合理聘礼。“纳聘金”是伊斯兰教法规定的婚姻条件之一，聘金多为金钱、首饰等贵重物品。《古兰经》说道：“你们应当把妇女的聘仪，当作一份赠品，交给她们。”回族穆斯林的婚姻重在道义和人品的选择上，原则上是女方不索重聘，厌恶买卖婚姻。同时，女方家也相应给未来的“女婿娃”准备好衣、帽、鞋等礼物。聘礼虽称是量力而行，但也受到陋习影响，在有些家庭中成为一项经济负担，滋生了相互攀比之风，违背了伊斯兰教所规定的聘金的本意，但这是尊重女权的一份象征物。

4. 成亲

成亲之前，男方家要请父母双全、子女双全、夫妻和睦的人给新郎新娘缝被、铺床和布置新房，而且还要给女方送去一些衣服、礼品，这称之为“催妆礼”。结婚之日，男方家会派车迎接新娘和新娘的亲友，但是新娘的父母一般不参加。女方家同时亦请父母双全、子女双全、夫妻和睦的人跟车送亲。当天结婚仪式由阿訇主持，早晨首先请刚做完晨礼的阿訇和满拉，到家里过“尔麦里”，表示对真主的感恩。然后是由阿訇为新郎新娘念“尼卡哈”（用阿拉伯语念证婚词），有的地方阿訇念“尼卡哈”时，新娘不在场。我们在走访调查中了解到，在回族人心目中，只要念了“尼卡哈”，领不领结婚证都不重要。随后问新郎新娘是否愿结为夫妻。回答同意后，由阿訇当众宣布：“从现在起，你们俩正式结为夫妻”。并且告诫一对新人要互敬互爱，白头到老，之后再由阿訇率领参加婚礼者接“都阿”。同时，当礼拜或诵经完毕后，在场的穆斯林群众会双手展开，手心向上，并不断轻念“阿敏”愿主准我所求。此仪式结束后，阿訇向新人及宾客撒枣子、花生、桂圆、核桃、杏仁等，以示吉庆。典礼完毕，大宴宾客，有的地方还要将新郎或公婆耍闹一番，以增添婚礼的喜庆气氛。大多数回族认为，结婚三天没大小，不要不热闹。婚礼那天的晚上，回族也有闹洞房的习俗。第二天清晨，一对新人就要前去拜访男方的舅姑，而下午的饭新娘要亲自下厨，以表现其手艺，最后就是三天后新郎陪新娘“回门”。至此全部结婚环节结束。另外，在宴席中禁用酒招待客人，婚礼过程中也不放烟花爆竹，这些婚礼中的禁忌也凸显了回族婚俗的独特之处。

（二）婚姻形式

在西北少数民族地区，回族把婚姻称作“瓦直卜”，即当然的意思。回族的圣人曾经讲过，“我是你们中最敬畏、最害怕真主的人，但我封斋、我开斋、我礼拜、我睡觉、我还娶妻，谁敢违背我的圣行，谁便不是我的教民”。《古兰经》中也明确提出：“你们中的未婚男女和你们善良的奴婢，你们应该使他们互相配合”，“他从你们同类中为你们创造配偶”。回族虽然没有本民族的文字语言，但其在遵循自己教法的过程中却表现出了明显的民族性，在对待婚姻的态度上，回族社会严格遵循教法的规定，反对终身不娶，终身不嫁的独身主义，阿拉伯民间谚语也说：“结婚是柱子，顶天立地；不嫁是椅子，任人蔑视”，回族社会注重婚姻道德，提倡一夫一妻制。《古兰经》要求：“如果你们恐怕不能公平对待孤儿，那么，你们可以择娶你们爱悦的女人，各娶两妻、三妻、四妻；如果你们恐怕不能公平地待遇她们，那么，你们只可以各娶一妻，或以你们的女奴为满足，这是更近于公平的”。这一经律曾引起过一些误解，但实际上，这是在特定环境下为保证公平对待众妻和保护孤儿寡母而作出的规定。与此同时，《古兰经》又规定“即使你们贪爱公平，你们也绝不能公平地待遇众妻”，你们“只可以各娶一妻”。因此，它只是一种道德说教，既不是实行一夫一妻制的依据，也不是实行一夫多妻制的前提，而是提倡并鼓励一夫一妻制，允许有限制的多妻。

（三）通婚限制

1. 族内婚

族内婚制度通常是保证一个民族稳定存在下去的最主要的因素。如果出现大量打破族内婚制度的现象的话，那么该民族就极可能发生根本的变异甚至是完全消失。正如勃罗姆列依所说的，“杂婚将使得两个联姻民族的重要特性在彼此之间扩散和加强”，而“杂婚的比重越高，杂婚所产生的这种后果的程度显然就越高，因为两个相互联姻民族中较小一方的这种比重总是较高，所以由于重复的杂婚，即使其他条件相同，通常遭到同化的正是这个民族”。[1]因此，我们会发现很多民族都会首先在本民族内选择婚嫁的对象，回族更是如此。回族的族内婚制度因为有着坚实的教法依据，所以其规定就更为严格。回族穆斯林在婚姻选择和家庭组成的过程中首先要考虑的问题就是夫妻双方及家庭成员之间的信仰一致。首先禁止穆斯林与汉族通婚。回族的婚姻以双方都信仰伊斯兰教为前提。而穆斯林女子不得外嫁他族男子，从而形成了回族的内婚制。否则嫁出的回族女子不仅将承受巨大的家庭压力和社会压力，还会遭到严厉的惩罚。由此，我们发现，“妇女不外嫁”成为回族婚姻制度的一个禁忌性规定。我们在银川、兰州以及临夏市等回民聚居的社区进行调查时，曾就回族的婚姻制度询问过当地清真寺的阿訇和社区的人们，他们基本上都一致表示，作为一名虔诚的回族穆斯林，在尽可能的条件下按照《古兰经》和圣训的规定与虔诚的回族穆斯林结为终身伴侣，从长远来看，这是有利于夫妻双方共同生活的。即使对于一些不能够严格遵守教法的回族人来说，他们也在内心深处希望自己的儿女能够在本民族中寻找配偶。虽然伴随着民族间交往的日益扩大以及现代化生活的冲击，回族的族内婚制度不断受到侵蚀，但它仍然是维持回族族群边界的一道重要防线。

2. 教内婚

伊斯兰教法禁止穆斯林与其他异教徒通婚。《古兰经》告诫穆斯林，宁可娶自家的奴碑，也不得同异教者婚配，唯一的例外条件是该非穆斯林皈依伊斯兰教。受此影响，我们在走访中发现，在宁夏回族地区，回族与异教者结婚的现象很少。回族可以与东乡、撒拉、保安、维吾尔、哈萨克、柯尔克孜等九个信仰伊斯兰教的民族通婚。这几个民族与回族在生活习俗上相似——除了语言不同外，生活习惯、民族习俗等方面都很接近。回族群众普遍认为与异教者结婚是一件非常难以启齿的事情。特别对于一些年长者而言，他们受伊斯兰教文化影响比较深刻，因而非常反对自己的子孙后代与异教者结

〔1〕［苏联］勃罗姆列依：《民族与民族学》，李振锡、刘宇瑞译，内蒙古人民出版社1985年版，第143页。

婚。相对而言农村回族群众与异教者通婚的比例更低。所以历来回族与这几个民族的接触与交往频繁，关系密切，民族间的通婚联姻也较多。但是当回族男子无法在本民族中找到合适的对象时，也允许娶其他民族的女子为妻，前提必须是要求该女子入教，即在婚礼之前首先举行一个入教的仪式，阿訇会向入教的一方讲解伊斯兰教的基本教义，在有两名以上的证人做证的情况下，入教者念过“万物非主，唯有真主。穆罕默德，主的使者”这一神圣的清真言之后，就视为回族穆斯林的一员了。回族的婚姻以双方都是穆斯林为首要条件，但不排除回族男子娶皈依伊斯兰教的其他民族女子为妻。

3. 近亲婚

近亲婚指有亲缘关系的回族男女之间缔结婚姻的形式，也可以说它是族内婚和教内婚衍生的一个结果。虽然伊斯兰教法是禁止直系血亲和两代以内旁系血亲结婚的，但是由于回族人口有限，加之其通婚选择范围的特定性，在很多地区尤其是偏远的乡村地区，在回族人口较为集中的情况下，常常会出现纵横交错、相互联姻的亲戚网络，婚姻关系往往视为是“亲上加亲”的关系，正所谓“回回亲，扯不清”。在我们调查中发现，近亲结婚的现象较为普遍。实际上，这种近亲婚随着20世纪80年代宗教政策的落实，而出现了一定程度上的增加，尤其是在西北经济比较落后、交通不便、人口流动较少的地区，人们处于相对封闭的环境中，教派和门宦内部通婚的限制成为近亲婚蔓延和扩散的原因之一。当然这种婚姻形式也并不只限于西北地区，在其他地方也多有发生。

（四）守贞洁

在回族人们的思想中，贞洁观念是非常强烈的，回族穆斯林对待婚姻的态度是保守而虔诚的。他们认为男女之间的结合是由真主安排并受到其祝福的，“她们是你们的衣服，你们是她们的衣服”。所以夫妻双方都负有相互忠实于对方的义务。在西北少数民族地区，通奸、婚外性行为和其他妨碍婚姻的两性关系都会受到回族社会极大的排斥和舆论的强烈谴责。在伊斯兰教义中对两性关系也做了明确的规定，教规要求穆斯林婚前婚后都要保持贞操。

（五）离婚制度

伊斯兰教法一般对离婚采取的是反对态度，先知穆罕默德曾说："离异是合法的，但真主最讨厌离异。"所以回族习惯法一般不主张离婚，在西北一些传统的穆斯林地区，如果谁家出现离婚的情况，当事人及其家人往往都会感到"羞得抬不起头"来。但如果夫妻关系确实紧张到不能共处，离婚也是允许的。据调查了解到，一般在西北少数民族地区的回族家庭中，一旦夫妻双方出现家庭纠纷，如有离婚征兆时，首先会有亲朋好友的劝说和解，另外还会请清真寺或周边的阿訇来调解，尤其在农村地区，这种调解方式比较多。我们了解到，关于回族离婚的形式主要分为三种：

1. 塔拉格

"塔拉格"在回族社会是休妻的意思。按照伊斯兰教义的规定，丈夫单方面就有权利休妻，而无须征得妻子的同意。在回族社会，休妻又具体分为三个类别，一是正规休妻，二是赞许的休妻，三是标新立异的休妻。正规休妻就是指丈夫如果在妻子非月经期宣布一次"塔拉格"，而之后如同妻子分居连续三个月，则构成离异。此后若丈夫想和妻子和好，可以收回休妻的决定，在妻子经过三个月的待婚期后可以与之复婚，这也称为可以挽回的休妻。赞许的休妻是指不可挽回的休妻，它是丈夫在妻子非月经期宣布一次"塔拉格"，如果之后又连续宣布两次，则婚姻关系自行终止，在这种休妻方式下，丈夫无权再改变先前的决定，若他想复婚，只有等女方与他人正式结婚再离婚后才可以。标新立异的休妻是指丈夫只要在一次场合对妻子连说三句"塔拉格"，婚姻关系即告终止。在这一休妻方式下，复婚条件也是只有女方与他人正式结婚再离婚后才可以。这里需要说明的一点，就是《古兰经》明文规定："凡被休的妇女，都应得到一份照例的离仪，这是敬畏的人应尽的义务"。但习惯上丈夫通常将所定的聘礼分为两等份，一份交给妻子，一份留作离仪，即在休妻后交给妻子使用。

2. 协议离婚

协议离婚有两种：一种是"胡勒尔"，即妻子主动提出离婚，然后双方协议离婚；另一种是"穆巴拉"，即由夫妻双方共同提出。在这两种方式下妻子均要给丈夫一定的经济补偿，通常就是放弃离仪或归还聘礼。

3. 法院判决离婚

随着经济社会的发展和国家法制建设的进步，法院判决离婚已逐渐成为现代穆斯林社会离婚的主要方式。我们在走访中曾经了解到，在兰州西关清真大寺一位回族妇女告诉笔者在离婚的问题上，即使在法律上已经办完离婚手续，很多虔诚的穆斯依然会遵照《古兰经》的规定，向男方讨得“口唤”后，经过“待婚期”才算是正式离婚。最后一点要说明的是回族婚姻习惯法中提倡鼓励寡妇再嫁的精神，认为妇女的再嫁对于社会的稳定是有益的事情。正如王岱舆所说的，“饮食男女，人之大欲存焉”“正教之理，虽鳏寡不宜独守”。因此，在某些地区，“凡娶寡妇者，必先见面数次，甚至隐为交蜡，名曰‘试娶’。如果情投体合，然后央媒聘娶，积习相沿，不能视为奸非罪”。

（六）子女抚养与财产继承制度

对于一个回族穆斯林的家庭来讲，父母对子女肩负着宗教和世俗的双重义务，当子女刚刚出生的时候，父母要为他们举行宗教仪式，不仅要给他们起个汉语名字，还要到寺里请阿訇为孩子起个好的“经名”，“经名”是回族穆斯林为子女所起的阿拉伯语名字，以象征孩子出生在信仰伊斯兰教的家庭中。“经名”对于回族穆斯林而言具有严肃的宗教意义，在他们人生的重大时刻：出幼、结婚和举行葬礼的时候都是以其宗教名字来举行的。在孩子满月时为其吹“邦克”，以祈求真主的赐福。当子女到了伊斯兰教所规定的成年年龄时，父母同样要为其举行“出幼”的仪式，即男孩子在 12 岁的时候，由父亲带其到清真寺洗小净和大净，教授他关于宗教礼拜的知识，最为重要的是要举行“割礼”；而女孩则在 9 岁以后，跟随母亲学习宗教和规矩。这标志着子女在宗教上来讲，可以独立进行宗教生活，承担宗教义务。如果父母没有尽到应尽的宗教义务的话，那么他们和其子女都会在回族社会中处于非常尴尬的地位。

关于继承方面，《古兰经》中说：“男子得享受父母和至亲所遗财产的一部分，女子也得享受父母和至亲所遗财产的一部分，无论他们的所遗财产多寡，各人应得法定财产的一部分。分财产的时候，如有亲戚、孤儿、贫民在场，你们当以一部分遗产周济他们，并对他们说温和的语言。假如自己留下幼弱的后裔，自己就会为他们而忧虑。这等人，应当也为别人的孤儿而忧虑，真主为你们的子女而命令你们，一个男子得两个女子的份子，法定继承人的顺序一般依次为配偶、子女、父母、胞兄弟姐妹、前配的子女、配偶的父母、同父异母的兄弟姐妹。”如果亡人有两个以上的女子，那么他们共得遗产的1/3；如果只有一个女子，那么她得二分之一。如果亡人有子女，亡人的父母各得遗产的1/6。如果他没有子女，只有父母承受遗产，那么他母亲得1/3。如果他有几个兄弟姐妹，那么他母亲得1/6。此外，伊斯兰教法主张穆斯林对欠他人债务清偿和亡人所嘱的遗赠交付后，才能进行分配。在《古兰经》的这种非常详尽的规定中，其主导思想是重视男女平等和人人有继承权，特别优待孤儿寡母，同时反对封建宗法制度，不局限于由宗内长子或者幼子继承，扩大了继承人的范围。破除了宗族制度下重男轻女和排斥姻亲继承权的制度，所有亲属无论男女，都有继承权。[1]在我们调查中有相当一部分年长者告诉我们按照《古兰经》相关规定的要求，女子可以继承相当于男子1/2的财产的分配方法在实践中并未实施，出嫁的女子能够从娘家拿到自己遗产的现象是非常少的，从继承份额上可以看出女子的继承权根本没有得到足够的重视。当父母故去后，女儿可以按照遗嘱继承一些衣物之类的东西。另外，如果继承人之间为继承遗产发生纠纷时，双方或多方认为没有必要诉诸法庭裁定的时候，可由阿訇或本家族的长者，根据教法的精神和原则，对当事人予以调解，达成协议以后，各方必须遵守。必要时各方遵循“盟誓”的方式，凭《古兰经》立誓，保证执行约定，否则必遭诅咒和惩罚。

三、维吾尔族婚姻家庭习惯法

维吾尔族主要分布在新疆维吾尔自治区，维吾尔民族在长期的

---

〔1〕 绽小林：“伊斯兰继承法学及其法理思想刍议”，载《青海民族学院学报（社会科学版）》2001年第4期。

历史发展过程中创造了璀璨的民族文化，其婚姻习惯法是西北少数民族婚姻习惯法中影响深远、内容丰富、形式多样的一种，是婚姻习惯法体系的重要组成部分。在现阶段，它对维吾尔民族地区的婚姻家庭关系仍有着重大的影响。维吾尔族婚姻习惯法的内容主要来源于伊斯兰教法，是伊斯兰教法在中国的本土化，但是伊斯兰教法关于维吾尔族婚姻的规定并不是维吾尔族婚姻习惯法的全部内容。和其他信仰伊斯兰教的民族截然不同，对维吾尔族而言，随着时间的推移，他们固守的伊斯兰教法实际上已经转化为本民族的习惯法，但是又有别于传统意义上的伊斯兰教法，也有别于当代意义上的伊斯兰教法。所以，维吾尔族的婚姻习惯法值得我们研究。由于地域差异，生活在不同地区的维吾尔族，其婚姻习俗惯例在表现形式和所涉领域等方面有所差异，但究其本质基本相同，没有根本差异。此外，居住在城镇里的维吾尔族，由于受外来文化和城市生活的影响，已经将传统的婚姻程序逐渐简单化，但它也只是在形式上和时间上有所压缩，而基本内容都没有太大的改变。

（一）婚姻缔结的程序

1. 自由恋爱

近年来，在新疆维吾尔族地区，随着社会的发展和外来文化的影响，妇女的社会地位逐渐提高，逐步具有与男子同等的权利，在学校教育和各种社会活动中，妇女逐渐融入。这不仅为男女青年互相认识，沟通思想与感情提供了条件，更为重要的是它改变了人们传统的思想观念和行为模式。但是在农村地区，为他人介绍对象的习俗仍然保留至今。一般情况下，现阶段通过媒人介绍来寻找对象的多为大龄青年，以女子为主。同时，经媒人介绍择偶的青年男女有比较充分的自主权，可以根据被介绍人的各方条件自主决定是否与其结婚组建家庭。当青年男女互相谈得来，认为可以组建家庭时，无论是自由恋爱还是经媒人介绍，只要双方觉得合适，男方可先告诉其父母，然后由男方父母托人向女方家提亲。另外，虽然目前父母包办婚姻大为减少，但也时有发生。

2. 提亲

提亲在维吾尔语种称作“拜西嚷塔西拉西”，它是维吾尔族社会

婚姻缔结过程中必须首先进行的一步。“拜西嚷塔西拉西”在维吾尔语中是“试探”的意思，表示在经媒人介绍或自由恋爱一段时间后，青年男女双方如果觉得合适，男方家聘请媒人到女方家提亲，有时候是由男方母亲亲自出面，同时请一位双方家庭都认识的长者陪同一起去女方家提亲。提亲时男方家会准备一些礼物，例如衣料、馕、糖果等，女方家如果表示同意这门亲事，后双方家庭会敲定男方家到女方家认亲或定亲的时间。现阶段，维吾尔族男女都自由恋爱，基本上都没有父母不同意的婚事，所以，提亲就变成了一种形式。当然，在农村生活的维吾尔族一般都遵循这种提亲仪式，而生活在城市的维吾尔族，只有少数人遵行这种仪式，大多数人已经不再遵行这种仪式了。

3. 认亲

女方家如果同意这门婚事后，男方家就开始准备彩礼和认亲了，这即是正式认亲，这一程序在维吾尔语中叫克齐克恰依，又叫小茶，其只限于双方的女性亲友参加。在这一婚姻程序中，男方家在去女方家之前，会聘请一位女方认可的、德高望重的中间人到女方家听取意见，这位中间人在维吾尔语中被称作艾尔齐。艾尔齐来到女方家后首先对其同意这门婚事代表男方家表示感谢，同时听取、征求女方家对婚礼彩礼多少的要求。同时，如果男女双方家庭发生一些矛盾，艾尔齐就通过来回商谈居中进行调解，直到双方达成共识为止。通过艾尔齐的沟通了解，双方父母基本有了关于这门婚事的共识，这时，男方的母亲亲自登门到女方家，正式把这门亲事定下来。随后男女双方家就会商定结婚的日子，在商定的日子那天，几位女性亲友陪同男方的母亲，带上衣料、馕、糖、砖茶等礼物来到女方家，女方家会给予热情接待，这时双方一起商量订婚的日期和彩礼。双方母亲的这次见面，在维吾尔民族中才算正式的认亲。

4. 定亲、彩礼与嫁妆

定亲在维吾尔语中叫“琼恰依”，它一般由双方家庭中已婚妇女和少量男性亲属参加。但是，男女双方的父母和主要亲属必须参加，而男女青年都回避。展示彩礼和嫁妆是维吾尔族定亲过程中一个比较重要的环节，在这一仪式中男女双方的亲属相应坐在一个长条桌的两边。双方各自排一个人介绍彩礼或嫁妆的名称、质量、数量及送礼人的名字。按传统习惯，双方的彩礼和嫁妆都是事先两家商议过的。在男方给女方准备衣服和首饰的基础上，男方同时还要给女方的父母、兄弟姐妹准备衣服或衣料以及家庭用的主要家具。而女方陪嫁的东西主要是皮箱、床上用品、地毯、窗帘等。由于双方家庭情况不同，送出的彩礼和嫁妆只要相互满意就行。在一些地区，按传统习惯，男方在定亲时要准备一只或两只羊角上系上红色绸带的活羊，委托专人牵到女方家，女方家要给这个牵羊的人赠送衬衣或其他礼品一表谢意。这只羊则在定亲当天宰杀招待来宾，但是女方招待客人的食品基本上都要由男方准备，比如大米、清油、面粉、馕、糖块等。但是，随着社会的发展和不同民族文化的交流影响，这些惯例现阶段发生了一些变化，尤其是城市和农村在这些方面做法逐渐不太一样。如在城市，男方只是给女方家送现成的羊肉，而不是活羊。还有就是送大米、清油、面粉、馕、糖块等实物逐渐减少了，取而代之的一般是送现金，这样方便女方自由选购物品。订婚后男女双方在民族习惯上就已经具有了婚姻义务，一般是不容许反悔的。如果一方反悔，他就要把彩礼或是嫁妆如数退还给对方，这时先前的艾尔齐就会进行协调，保证双方的权利不受损害。

5. 念“尼卡”

在维吾尔族婚礼仪式中，定亲后紧接着的仪式就是“尼卡”。所谓“尼卡”就是伊斯兰教法在婚礼仪式中所进行的证婚仪式，主要内容是赞美真主的祈祷词，以证明婚姻是经过真主准许的。维吾尔族社会的“尼卡”仪式相当于过去进行的宗教上的婚礼，根据伊斯兰教法的规定，一个有效的婚姻，必须经过“尼卡”仪式，只要举行过“尼卡”仪式，阿訇念过经就算是合法夫妻了，未经“尼卡”仪式的婚姻关系在维吾尔社会是不被人们所承认的，在一定意义上可以说“尼卡”就是穆斯林的“准婚姻法”。“尼卡”仪式在婚礼的第一天早晨，由新郎的父亲带着阿訇、男方亲戚、新郎和伴郎到女方家举行，一般不邀请亲友和外人参加，只有少数直系亲属参加。“尼卡”仪式上，阿訇先看结婚证，接着念尼卡经，随后阿訇会先问新郎是否愿意娶这一女子为妻，新郎回答完后，阿訇接着问新娘是否接受该男子做自己的丈夫，新娘回答后，双方新人就把馕泡在盐水里吃，寓意着两个人从此就像馕和盐一样永不分离，也意注两人从此同甘共苦，成为永久的伴侣永不分离。待阿訇念完经，“尼卡”仪式才算结束。“尼卡”仪式结束后，男方人马返回，准备当天下午的迎亲。

6. 娶亲与送亲

等到下午，在其亲友和迎亲队伍的陪同下新郎就来到女方家迎娶新娘。当迎亲队伍来到女方家时，女方亲友会把门锁上，要求只有给羊肉才开门，这相当于汉族娶亲时的红包。这时，男方在两个馕中间夹上羊肉，递给锁门的人，这时男方才能进得了门。近年来，随着维吾尔族经济社会的发展和与汉文化的交流，取代羊肉的一般就是红包了。随后，在一群姑娘们的拥簇下，新娘穿上漂亮的婚纱或鲜艳的裙子走出家门，迎亲队伍就带着新娘跟其父母告别。这时女方家聘请的歌手会以新娘母亲的口吻唱起《劝嫁歌》，歌词的大致含义为：年青无知的小羊羔啊，我的孩子！说话比蜜还甜的女儿啊，我的孩子！你还不到十五岁啊……这时人们会向新人撒花瓣和糖表示祝福，这不像以前撒的是红枣、糖果、沙枣等。当迎亲队伍离开新娘家时，村上的许多年轻人就会出来拦路，这时男方会给拦路的人糖果、红包等物品。按维吾尔族的习俗，新娘来到新郎家后就会有两个陪夜娘（维吾尔族称为“焉盖”）把新娘搀扶到新房。“焉盖”的主要任务是验证新娘的贞洁，如果新娘不能证明自己是处女，那么第二天新娘的父母来新郎家时，展现在他们面前的“多斯提汗”（意为“台布”）上面必有一个较小、较厚的馕中间掏了一个洞，洞孔里还穿着一根胡萝卜或羊腿骨之类的东西。这样女方家就要退还彩礼的一部分或男方不再贴补彩礼不足的部分。男方甚至会因此而退婚，被退回娘家的女子身价将会一落千丈，只能远嫁他乡。

7. “揭面纱”仪式

新娘来到新郎家后，就举行宴席，喜筵开始之前，男女双方的亲朋好友必须首先用冲壶洗手，然后依次围坐在毡子或地毯上。每个客人面前都摆满了喜糖、大枣、葡萄干、杏干、花生和糕点等，主人就会用具有民族特色的抓饭、烤馕和羊肉款待来宾。饭后，年龄大的客人大多会离去，只有青年男女们留下，等待为新娘揭面纱。“揭面纱”是把新娘接到男方家之后婚礼要进行的第一个仪式，揭面纱时，男女双方的主要客人必须在场。男方客人在右，女方客人在左，一起做“都瓦”即祈祷。这时男方会派一位未嫁女青年，突然从人群中跑出来将新娘头上的面纱揭去，此时人们都会欢快地跳起传统的“刀郎舞”直至夜深。

8. 麦西来甫

维吾尔族在结婚仪式上都会举行麦西来甫，它是维吾尔族社会自发的一种歌舞聚会，一般在佳节喜庆之日举行。麦西来甫有两种形式：一种是整个村子男女老少都参加的歌舞聚会，另一种是只限于男子才能参加的歌舞聚会。在维吾尔族婚礼上麦西来甫的举行方式很独特，现场伴随着一位电子琴乐师的伴奏并独唱，任何人都可以上场跳舞，气氛比较热烈，在这期间会有摄像师拍摄。在麦西来甫上，参加婚礼的维吾尔族小伙子往往以粗犷、潇洒的舞姿拉开序幕，有时也会请专门的舞蹈演员进行维吾尔族舞蹈表演。但是，年轻人更倾向于跳交谊舞，对此，老人们大多不赞同。现阶段维吾尔族婚礼基本上是交谊舞与维吾尔族舞蹈交替进行。在现场，主持人会安排小伙子、小姑娘和少妇、新人专场，新人的亲朋好友和小孩子们轮流上场。新郎新娘在大家的邀请下也会参加，并被众人用红绸子缠住腰部绑在一起跳交谊舞，其他人围绕着他们喷洒花瓣和彩带，以此增加热闹气氛。

9. 行礼问安与汇亲

在维吾尔社会，行礼问安与汇亲基本就是婚礼的尾声，但它是一个完整的结婚仪式中必不可少的部分。在婚礼后的第二天早上，新娘由伴娘陪同到公婆房里行礼问安，这时公公婆婆就会给儿媳赠送礼品。同时，这天早晨女方家也要派人送来抓饭、包子作为早餐，表示对女婿的关爱。随后，新郎在伴郎的陪同下前往女方家看望岳父岳母行礼问安。岳父岳母热情款待并给女婿赠送礼品。婚后一周内新娘要在新郎的陪同下“回门”看望自己的父母和兄弟姐妹，之后双方还要举行“其拉克”仪式，即彼此邀请亲友相聚、互相认识，以便于日后生活中互相帮衬，这时，婚礼就算圆满结束。

（二）婚姻形式

自古以来维吾尔族社会一直提倡一夫一妻制，虽然伊斯兰教义明确规定一个男子可以拥有一至四位妻子，但这种一夫多妻的情况一般只限于上流社会及富有家庭当中，对普通维吾尔族群众而言并不普遍存在，只有在妻子生育有障碍时，如长期不育或各种原因长期在外时可以再娶一妻，在其他情况下基本都是遵循一夫一妻。

（三）通婚限制

在维吾尔族社会，所有的婚姻问题一般都根据《古兰经》的教义进行。按照《古兰经》的教义，维吾尔族在通婚方面还是存在一些限制，如不得与非伊斯兰教的男子通婚，如维吾尔男子要娶非伊斯兰教女子为妻，就必须使其改信伊斯兰教；门不当、户不对者很少通婚；父母与亲生子孙之间及同父或同母姐妹兄弟之间不得通婚等。

1. 内婚制

伊斯兰社会实行比较严格的内婚制，这主要表现在以下三个方面：一是教内婚。不同信仰的民族通婚面临的最难问题就是宗教信仰不同，在维吾尔族社会，宗教教义规定穆斯林严禁与非穆斯林之间结婚。如果想与非伊斯兰教的人结婚，只有先让对方皈依伊斯兰教。在维吾尔社会，不同信仰的民族间通婚已经不是单纯的个人事情，它必然与宗教、家庭、社区舆论联系在一起，如果不当，就会招致社区的谴责或邻里的非议。二是族内婚，即虽然双方同是穆斯林，但不同民族之间的通婚也存在一些禁止，如不与回族、东乡、保安等其他民族通婚。三是亲邻内婚制，这种情况在农村表现得比较多见，由于农村社会人际交往范围有限，社区活动边界狭小，从而导致成员的择偶空间相对有限，其成员更倾向于在自己比较熟悉的文化圈子中寻偶、结婚和组建家庭，近亲或近邻结婚的现象较为普遍。如在新疆的南疆地区，沙漠绿洲相距较远，各个绿洲必然自成一个沙漠孤岛。这种居住的相对分散和生存环境的相对封闭，加上族际交往的有限性，在交通不便的影响下，使得社区群众的活动范围局限于家庭、邻里及朋友，择偶空间也必然十分狭窄，近亲结合的出现也在所难免。维吾尔族人认为，若子女嫁到远方，必然很难经常见面，甚至可能造成终生离别之苦，因此，受这种自然环境的影响，维吾尔族人非常不愿意把自己的女儿嫁给远方的人。此外，维吾尔族先民往往比较忌讳从自己家族以外的人群中选择婚姻配偶，试图通过近亲结婚来巩固自己的家族地位。

2. 门第规定

在维吾尔族的婚姻制度中，受封建等级制度的影响，存在非常严格的门第规定，在这一规定下，不同地位之间、贫富之间很少通婚，尤其是地位低的一方娶地位高的一方之女的情况十分少见，但地位高的富有者如果愿意，可以娶穷人的姑娘为妾，甚至可以将她们随意抛弃。此外，等级观念对不同职业之间的通婚影响也很大，在以前的社会里，某些行业被视为“贱业”，人们一般不大愿意与从事“贱业”的人联姻，认为这是违背门当户对的表现。维吾尔族著名思想家优素福也主张娶妻应和自己身份相宜，最好迎自较低门第，攀龙附凤会让人沦为奴隶。

（四）离婚制度

离婚是婚姻解除的一种手段。不同的民族、不同的文化、不同的地域对离婚这一社会现象所持有的看法都不一样。在维吾尔社会关于离婚也遵循伊斯兰教的规定，从教规方面讲，伊斯兰教对离婚并不持反对态度。《古兰经》规定：“如果你们恐怕他们俩不能遵守真主的法度，那么，她以财产赎身，对于他俩是毫无罪过的。这是真主的法度，你们不要违犯它。谁违犯真主的法度，谁是不义的人。”在维吾尔族社会，丈夫是传统家庭的核心，伊斯兰教也有“男女有别”的规定，它主张只有男人才有权提出离婚，妻子一般没有提出离婚的权利。伊斯兰教义规定，如果男的连说三次塔拉格，那么婚姻关系就解除。但是，伊斯兰教义对男子解除离婚也有限制，如妻子处于守制期或怀孕期就不能提出离婚。在维吾尔社会，虽然妇女一般没有单方提出离婚的权利，但如果丈夫外出多年，没有音信或半年之内双方没有同居，或丈夫不管妻子衣食的情况下，妻子也有提出离婚的权利。与其他民族相比，维吾尔族对离婚和再婚的态度比较宽容，一般不把离婚看作是不道德的。同时，在维吾尔族社会，丈夫死后妻子有权回娘家居住或改嫁他人，公婆对此无权干涉。离婚后无论是丈夫还是妻子一般只有在一年后才能复婚，特别是妻子一方若已有身孕，那么等孩子出生并过满月后才能复婚，孩子的监护权归男方家所有。

（五）继承制度

维吾尔族在继承方面遵循《古兰经》的规定，在维吾尔社会继承人一般包括：父母双亲、丈夫、妻子、儿子、女儿；如果死者的儿子死了，继承人还应包括孙子；如果死者的女儿死了，继承人应包括孙女；父亲死了应包括祖父；母亲死了应包括祖母。在有些情况下，《古兰经》还规定继承人包括兄弟、姐妹、叔叔、姑母等其他人。可见在维吾尔社会，继承权男女平等，继承遗产的资格平等，无论是男人，还是妇女都享有继承。但是《古兰经》没有规定继承顺序，各继承人能够继承的遗产份额大多不等。如规定一个女子继承的财产份额只有一个男子的一半。同时，《古兰经》第 4 章第 12 节规定，男女双方只要结为夫妻，就有相互继承遗产的权利。所以，如果丈夫去世，妻子无论在何种情况下都有继承遗产的权利。伊斯兰教法规定：丈夫去世，如果妻子没有子女，便可得到 1/4 的遗产，如果妻子有子女，便可得到 1/8 的遗产。但在维吾尔族的实际生活中，较为流行的是幼子继承权，即家庭财产继承方面，女儿一般没有继承权，大多是由幼子继承。因为在维吾尔族一般家庭，子女在结婚后都会分家别居，而只有最小的儿子留在父母身边承担照顾父母的义务。所以父母去世后，由小儿子继承全部家业具有一定的合理性。尽管，女儿在精神上有关心父母的义务，但在物质上一般不尽赡养义务，因此，其继承权也非常有限。

四、西北其他少数民族的婚姻家庭习惯法

除藏族、回族、维吾尔族这三大主要少数民族外，在西北民族地区还有蒙古族、哈萨克族、土族、撒拉族、东乡族、裕固族等少数民族，这些民族在长期的历史传承发展过程中也形成了自己各具特色的婚姻家庭习惯法，这些习惯法在今天的民族地区生产生活过程中仍发挥着重要的影响作用。下面，我们主要选择几个有代表性的少数民族，就其婚姻家庭习惯法做一介绍。

（一）蒙古族的婚姻家庭习惯法

在西北少数民族地区，蒙古族主要分布在新疆维吾尔自治区、青海省和甘肃省。蒙古族践行男子不娶妾，同姓不通婚，姑表、姨表兄妹之间不通婚等原则，虽然过去也有一夫多妻的现象，但现今基本实行一夫一妻制的婚配制度。在蒙古族的历史上，曾有抢婚、入赘婚、收继婚、指腹婚、聘婚等婚姻形式，但现在主要的婚姻形式还是聘婚。聘婚一般要经过提亲、定亲、送聘礼、搭新房、姑娘宴、婚礼、揭围帐和回门等程序。

1. 提亲

提亲是青年男女在定亲之前，男方要向女方求亲，如果女方家同意，就可以定亲。当一个小伙看中某家的姑娘后，先要涉法打听女孩的生辰八字，然后去寺庙请喇嘛占卜。如果命相相合就托一媒婆带着酒和食品代表男方家长到姑娘家去提亲。这次提亲被叫作“爱日合戈恩吉勒呼”，即“带酒提亲”。一般女方家长都要说些推辞的话。过段时间后，媒人与男方亲戚若干人带着酒、哈达、食品到女方家正式提亲。男方代表向女方家长献哈达，敬上美酒，说明来意。如果女方家长接受了对方的敬意，就算答应了这门亲事。这次提亲被称为“玉格阿布呼”，即“得到回音”之意。

2. 定亲

定亲在蒙古语称“祖苏哈德格”（意为木胶哈达）或“哈德格太布呼”（献哈达之意）。定亲这天，男方的代表带着哈达和黄胶水、酒、半熟的羊尾骨肉去女方家定亲，女方家也将亲友及邻居请来参加定亲宴会。男方代表在施礼问候完毕，给女方家送上礼物后，由男方一位长者把涂有黄胶水（表示两家的关系似胶水永不分离）的哈达双手捧在胸前，口诵祝词后将哈达双手献给女方的长辈，然后一一敬酒。其间，女方家长还要向男方指定男方需要拜访的自己家亲戚的名单，双方还要商定聘礼的数额。礼毕，大家喝酒跳舞，娱乐一天，以示庆贺。

3. 送聘礼

新疆蒙古人俗称“奥日德布思格尔”（意为“床被褥”）。聘礼的多少根据男方家的经济状况而定。牧区常以牛、马、羊等畜牧为聘礼过去以马牛羊为主，以 9 为吉数。现在多以金银首饰、钱、姑娘四季穿的衣服、鞋帽及家电为主。当男方将聘礼准备妥当后，就在举行婚礼前的一到二个月内，派人将聘礼送到女方家。届时，女方家长邀请姑、舅等近亲在家中设宴，款待男方来宾，并点验聘礼。然后，请喇嘛根据两个年轻人的生辰八字，择定举行婚礼的良辰吉日和迎亲者到达的时辰。婚礼时间不能定在阴历九月与姑娘整 18 岁这一年。此后，双方就开始做婚礼前的准备工作。

4. 搭新房及姑娘宴

婚礼前夕，男方要设宴招待男女双方的近亲，举行搭房仪式。届时，来宾们都带上酒、哈达、毡子、毛绳、牛、羊等礼物，先由祝颂人将一条丝绢哈达（内包麦子或金、银、钱以示将来富贵）挂在天窗正中，并用奶子涂在包内侧壁等处以示吉祥。在用酒祭完天、地、火灶之后，祝颂人用意含吉祥美好的诗句向未来的新婚夫妻表示祝福，然后大家一同将新房布置好。婚礼前一天，姑娘的父母要为即将出嫁的姑娘举行宴会，邀请姑娘的朋友及亲朋好友的女儿一同入席。姑娘们唱着《姑娘宴歌》，嘱咐将要出嫁的姑娘。接着，隆重的婚礼就要开始了。

5. 娶亲

娶亲时新郎在欢乐的气氛中，穿上艳丽的蒙古长袍，腰扎彩带，头戴圆顶红缨帽，脚蹬高筒皮靴，佩带弓箭。到女方家后新郎和伴郎手捧哈达、美酒，向新娘的父母、长亲逐一敬酒，行跪拜礼。礼毕，娶亲者入席就餐。次日清晨，娶亲者启程时，新娘由父或姑父抱上彩车。新郎要骑马绕新娘乘坐的彩车三遭。然后，娶亲者和送亲者一同启程离去。

6. 拜火

拜火是蒙古族婚礼中的重要仪式。各地蒙古族尽管拜火的形式有所不同，但在婚礼上是不可缺少的内容。新娘、新郎从两堆旺火之间双双穿过。接受火的洗礼，使他们的爱情更加纯洁，坚贞不渝，生活美满幸福，白头偕老。尽管地区不同，形式各有差异，但都非常隆重热闹。

蒙古族一般不允许离婚，蒙古地区离婚现象很少，婚姻关系比较稳定，俗话说：“只有死别的，没有生离的”，一但要离婚，就要受到惩罚。

（二）土族的婚姻家庭习惯法

在西北少数民族地区，土族主要生活在青海省和甘肃省。土族在长期的生活过程中保留并传承下来了一些古老的婚姻习俗，这些习俗对土族社会有着深远的影响。

土族实行一夫一妻制，并遵守外婚制和同姓不婚制，在土族中，同姓的阿寅勒（同一村庄的人）一般都是同一祖先的后嗣。他们之间的关系是兄弟姐妹的关系，绝对禁止发生婚姻行为。在土族社会，近亲间结婚是被严格禁止的，即兄弟姐妹以及堂兄弟姐妹之间不能通婚。在汉族社会中近亲通婚的禁制，常包含着外姻近亲，但在土族社会中并无此种禁制，土族认为一切亲上加亲都是良好的婚配，尤其姑舅表姊妹之间通婚，无论是外甥娶舅父之女，或内侄娶姑母之女，都是理想的婚配。两姨表姊妹通婚也是被称赞的。在今天的青海等地区，土族社会的婚姻关系常表现为以下两种：一是部族内婚，即土族人喜欢同族之间缔结婚姻，究其原因，概因同族之间结婚可以保持本民族的血统与习俗；二位近邻不婚，即同一村庄的人基本不相互结婚，究其原因，概因同村人有近亲同姓之嫌。

土族的婚姻方式有相奔婚、买卖婚、掠夺婚与服役婚等，现阶段其基本方式是媒妁婚。在土族社会婚姻的决定权普遍不在于男女青年之间，而是由其父母主持，基本情况是首先由男方父母请媒人，向女方家提出请求。如果女方家把礼物留下来，尤其是接了媒人的酒，一饮而尽，即表示同意这门亲事，然后讨论财礼等事，若不收礼则表示拒绝。接受请求后双方家庭互换八字合婚，合婚由专门的人进行，如阴阳先生或喇嘛。合八字后如果婚配相和则由媒人同男方家长至女方家亲自提出求婚的要求，女方家如果接受，男方之母随即亲自携带礼物到女方家看亲，即代替其子去相看媳妇，女方家这时如果表示欢迎，并令其女出来相见，同时接受男家的礼物，则此件婚事即算决定，如果不收礼物不令其女儿出见，即表示中途变卦，婚事不成。

看定以后就是由媒人出面到女方家讨论彩礼，彩礼的多少由两家身份与家境而定。若男方年龄较大则彩礼必特别大。女方家越贫则索要越多。此种彩礼争论，讨价还价可相去甚远。女方家常提出过分要求，而男方家则表现过分吝啬，全赖媒人之口才，最后讲定为一般标准。彩礼议论以后，最大的仪式就是过礼，过礼时男女两家都得请亲戚邻居来参观吃酒做见证。

送彩礼之后就是合日子。合日子对土族人民来说，合一个好日子是结婚的首要前提，好日子会使新郎新娘的婚后生活幸福美满。结婚的具体日子要由双方的父亲找老师傅合算。之后，两家将这个喜庆的日子告知各自的亲朋好友。

娶亲是土族婚礼中最隆重、最热闹的场面。娶亲的那天中午，男方家要把浑身装（包括整套红色的内衣和一件用蓝布做的长衫）、麻泽（是男方送到女方家，要女方用来招待客人的肉）等送到女方家。大约在下午五六点钟，车户、纳什金（娶亲人，此人必须能歌善舞，否则会在女方家受到阿姑们的百般戏弄）、媒人、新郎 4 人带 5 瓶酒（2 大瓶 3 小瓶，分别被称为大牦牛、小牦牛），另外，媒人和纳什金还要带羊胸腔肉，前往女方家娶亲。

（三）哈萨克族的婚姻家庭习惯法

在西北少数民族地区，哈萨克族主要分布在新疆的伊犁、阿勒泰、塔城等地区，还有少量在甘肃省和青海省。哈萨克族在漫长的历史发展过程中，形成了一些婚姻习惯法，这些习惯法对今天的哈萨克族人民生活仍发挥着深远的影响。

哈萨克族的传统婚姻实行部落外婚制，这种习俗规定同一个部落之人禁止通婚，如果要结婚，也必须要相隔七代以外，而且必须要经过部落的头目的同意。在叶斯木汗制定的《哈萨克草原法》中规定："同部落青年七代之内禁止婚配，违者杀。"〔1〕

哈萨克族对于婚姻缔结有一套完整的程序，被称为"哈凌玛勒"。总体来讲，在哈萨克族，一个婚姻的缔结要经历六个过程："说亲，哈萨克人称之为'托依'、定亲、约定彩礼（'吉勒提

〔1〕 卡木那·江波孜："哈萨克族传统婚姻习俗探析"，载《中央民族大学学报（哲学社会科学版）》2006 年第 5 期。

斯’）、送彩礼（‘吉尔提斯阿帕鲁乌托依’）、出嫁仪式（‘科孜乌扎塔亭托依’）和迎亲仪式（‘克尔灵托斯如托依’）”。[1]

过去在哈萨克族盛行“安明格尔”制度。在这一制度规制下，如果妇女丈夫去世要求改嫁，必须首先要嫁给亡夫的兄弟，如果亡夫没有兄弟，则必须首先嫁给亡夫的叔伯兄弟。当本家族无人娶时，该寡妇只能嫁给本氏族的其他成员。如果本氏族内有人愿娶，而该寡妇坚决不嫁，非要嫁给外氏族之人，则不仅受到社会的谴责，而且不能带走儿女，更不能带走前夫的财产，有时还会引起氏族间的纠纷。

受传统观念的影响，哈萨克族人对待离婚问题很谨慎，在哈萨克族每一个人基本把离婚看作是一件羞于启齿的事情。在他们看来，婚姻的成立意味着女性要完全服从于丈夫，如果一个家庭出现离婚的事情，对整个家族都是很不光彩的。同时，哈萨克族的婚姻制度一般也不容许离婚，因为哈萨克族认为男方付出许多彩礼取来的新娘，从过门之后就应该成为男方全家的私有财产。婚姻实行终身制，主张双方从一而终，一经缔结便不能随意解除。尤其是女方，生活在男权主导的家庭中，由于社会地位低下，一般没有毁婚和离婚的权利。一旦夫妻离婚，子女则全部归丈夫。如果丈夫主动提出离婚，妻子可以带走自己的嫁妆，如果妻子提出离婚，就不允许带走任何东西。

---

〔1〕 阿依古丽：“中国古代婚姻制度与中国少数民族婚礼之比较——以哈萨克族为例”，载《湖北民族学院学报（哲学社科版）》2008年第6期。

6

清真寺的管理制度

——以青海省民和县川口北大寺为对象

高其才

一、引言

民和回族土族自治县是青海省海东市下辖县，位于青海省东部边缘，县境南北长约96公里，东西宽约32公里，总面积1890.82平方公里。民和回族土族自治县辖8镇14乡，共有312村，2017年末全县总人口36.82万人；聚居着汉族、回族、土族、藏族等20个民族，少数民族占总人口的61.18%。[1] 民和历史悠久、交通便利，气候宜人，是青海省重要的粮食、蔬菜、瓜果主产区，在全省享有"瓜果之乡"的美誉。

民和县的许多少数民族信仰伊斯兰教，主要通过清真寺进行宗教活动。[2]民和县总共有360座左右的清真寺，为青海省清真寺积

---

〔1〕 按照学术惯例，文中的人名进行了化名处理，特此说明。

"民和县2017年国民经济和社会发展统计公报"，载民和县人民政府网，http://www.minhe.gov.cn/html/445/285349.html，2018年5月3日，2018年8月28日最后访问。

〔2〕 在当代中国，伊斯兰教历经唐代入华以来的千余年发展，现已成为与佛教、道教、基督教和天主教并列的五大宗教之一。据统计，中国目前的穆斯林约2200万人，主要由基本全民信教的回族、维吾尔族、哈萨克族、东乡族、柯尔克孜族、撒拉族、塔吉克族、乌孜别克族、保安族、塔塔尔族等10个少数民族的人口组成，而被用于进行宗教活动的大小清真寺也有3.5万余座。参见国家宗教事务局："我国宗教的基本情况"，载http://www.sara.gov.cn/zjbk/llyj20170904195404515538/457282.htm，发表时间：2014年4月1日，2017年11月22日最后访问。

聚最多的地方。清真寺是我国回族等穆斯林举行宗教活动的中心场所，也是伊斯兰教在我国传播与分布的象征，同时还承载着伊斯兰文化传承与文物保护的主要功能。[1]郭承真在《加强规章制度建设指导清真寺提高管理水平》（《中国穆斯林》2012 年第 4 期）中提出，“目前，我国共有清真寺 36 000 多座，中国伊斯兰教协会历来都把清真寺的管理作为重要的工作内容，把指导清真寺的全面建设作为主要工作职责。多年来，我们从建立健全规章制度入手，出台相应的管理办法，探讨规范的管理模式，交流有效的管理方法，推广先进的管理经验，对提高清真寺的管理水平起到了一定的促进作用”。

关于清真寺的管理制度，丁明俊的《论我国清真寺管理模式的历史变迁》（《回族研究》2012 年第 2 期）一文认为随着历代统治者对伊斯兰教内部组织制度的干预，清真寺的管理制度也在不断进行更新和调整。在从唐代“蕃坊”制到元代“哈的司”再向“教坊制”的转变过程中，清真寺管理也经历了“三掌教制—掌教世袭制—阿訇聘任制—董事会制—民主管理制”的发展过程，反映了伊斯兰教与我国社会发展相适应的历史轨迹。而马海云的《规则与教化：当代城市清真寺功能研究——以昆明中心城区两所清真寺为例》（云南大学 2016 年法学博士学位论文）一文以当代城市中的清真寺作为研究对象，根据在昆明市顺城清真寺和南城清真寺收集的田野调查材料，展示了在清真寺的宗教活动和社会活动中，国家法律、宗教规则以及自治寺规如何和谐地共同约束清真寺和穆斯林的行为，并着重对清真寺的功能定位和宗教实践参与社会主义建设的途径进行了探讨。作者在第三章指出，在清真寺的内部有一套相对完善的内部规则和运行机制，却也时时受到外部力量的约束和导控。清真寺的半自治性为它的日常运作提供了运行逻辑，也为国家内部管理的多样性提供了一个良好的范本。

为具体了解清真寺的管理制度，我们于 2018 年 8 月 13 日、14 日到青海省民和县川口北大寺进行了调查。民和川口清真北大寺位

〔1〕 对中国社会而言，“穆斯林既是熟悉的，但同时又是陌生的”。参见马海云：“熟悉的陌生人——读一部西北穆斯林史”，载《回族研究》2000 年第 4 期。

于川口镇北大街向东的沙坡子处，大概已有120年的历史；大殿重建完工于2011年11月，上下两层，可同时容纳约1600名穆斯林进行礼拜活动。[1]

在川口北大寺办公室一楼过道的两面墙壁上，张贴着清真寺的规章制度和寺管委会成员的岗位责任制，[2]川口北大寺通过健全规章制度、发挥班子作用，以规范寺院运行、全面创建平安寺院。本文以民和县川口北大寺为对象，对清真寺的管理制度做一初步总结，以引起学界对此的进一步关注。

二、清真寺的规章制度

川口北大寺重视清真寺的规章制度建设，以国家法律、政策等为依据，张贴了"'平安寺院'建设标准"，制定了"寺院民主管理制度""阿訇任职条件及渎职管理制度""阿訇聘任制度""财务管理制度""寺院学习制度""满拉招收制度""寺院消防安全管理制度""寺院安全防范管理制度"等规章制度。

（一）"平安寺院"建设标准

"平安寺院"建设标准共有七条，具体包括：①爱国爱教。即拥护中国共产党的领导，拥护社会主义制度，独立自主自办教务，维护祖国统一和民族团结，坚决抵御国内外敌对势力的分裂、渗透活动。②遵纪守法。即遵守国家宪法、法律法规和政策，在宪法、法律法规和政策允许的范围内开展宗教活动。③制度健全。即健全民主管理组织机构，建立寺院内部管理制度并认真落实，自觉接受政府的管理和群众的监督。④勤学精修。即认真学习有关法律法规、政策规定和文化知识，潜心研修宗教，遵守教义教规，专心操持宗教事业。⑤宗教和睦。即宗教内部、各宗教、教派之间、寺院之间、信教群众之间以及其他社会组织之间友好团结、和睦相处。⑥自养自富。即积极开展多种形式的自养业务，勤俭办寺，减轻信教群众

---

〔1〕 川口北大寺大殿一层悬挂着民和县宗教局、伊斯兰教协会送的"爱国爱教"、西宁杨家庄清真大寺送的"万里无云 受喜端庄"、川口南大寺送的"吸呼二气赞真言"等匾额。

〔2〕 墙壁上还贴着寺管委会主任和八位成员的彩色照片。

经济负担，积极帮扶济贫。⑦寺容整洁。即保持宗教人员个人、寺院内部和周边环境干净整洁。

（二）寺院民主管理制度

寺院民主管理制度

第一条 寺管会是寺坊穆斯林的群众组织，其成员需经寺坊穆斯林群众民主协商、选举产生，由爱国爱教、遵纪守法、办事公道、具有一定宗教知识和工作能力的本坊穆斯林组成。寺管会设主任一人，副主任若干人，委员若干人，须报请本地伊斯兰教协会（以下简称“伊协”）审核同意。寺管会成员任期三年，可连选连任。

第二条 寺管会要实行集体领导，其职责是：安排好教务活动；管理、培训好经堂学员（满拉）；搞好民族团结和教派之间的团结；民主理财，健全账目，定期公布收支；组织在寺人员学习时事政治，协助政府搞好司法、教育、婚姻和计划生育等法律、政策的宣传实施；引导、鼓励本寺坊穆斯林群众积极参加社会主义两个文明建设，积极兴办清真寺自养的生产、服务和公益事业；做好清真寺的安全、保卫工作，保护文物，美化环境；维护本寺坊穆斯林群众的合法权益；制止利用清真寺进行的非法、违法活动。

第三条 寺管会要拥护党的领导和社会主义制度，遵守国家宪法、法律和法令。接受当地政府宗教或民族事务部门的行政领导，在伊协的指导帮助下进行教务活动。

第四条 寺管会接受当地地区乡（镇）、街道基层组织的行政管理，同邻里单位搞好团结，和睦相处，遵守公共秩序，遇事向有关部门反映，求得公正合理的解决。〔1〕

第五条 清真寺的宗教功课和宗教活动主要是：礼拜、诵经、

〔1〕 2012年5月，有民和县民众反映有清真寺用高音喇叭念经，严重影响正常的休息和工作。民和县有关部门调查后发现川口清真北大寺内教学楼挂有两个音柱，音量较大，影响了周边居民的正常休息。调查人员召集清真北大寺民管会成员进行了座谈，要求立即拆除音柱。川口北大寺表示积极配合，安排人员拆除音柱，不影响周边居民的正常生活。参见青海省人民政府网/互动交流/省长信箱，发布时间：2012年9月14日，载http://www.qh.gov.cn/zmhd/system/2012/09/14/000083564.shtml，2018年8月25日最后访问。

讲经、宣教、劝善、斋月功课以及宗教节日的庆典活动，应邀料理群众的婚丧等事宜。清真寺和阿訇（毛拉）可以接受穆斯林施散的“乜帖”，但不能摊派。

第六条　清真寺的宗教功课和宗教活动，由本坊寺管会安排，本寺阿訇（毛拉）主持。一切宗教活动要避免妨碍社会秩序、生产秩序和工作秩序。防止发生教派纠纷和其他事端。他坊阿訇（毛拉）和穆斯林应尊重和服从本坊寺管会的安排。

第七条　较大型或跨省、市、区的宗教活动，需征得当地伊协同意，并报政府宗教事务部门核准。对超出正常范围的宗教活动，寺管会和阿訇要劝阻或阻止。

（三）阿訇任职条件及读职管理制度

为了规范伊斯兰教职人员的管理，保障正常的伊斯兰教务活动，确保阿訇依法任职履职，根据《青海省宗教事务条例》等有关规定和伊斯兰教教义、教规及传统，川口北大寺制定了《阿訇任职条件及读职管理制度》。[1]

在任职条件方面，《阿訇任职条件及读职管理制度》具体规定有五条：①热爱祖国，拥护社会主义制度和中国共产党的领导，遵守国家法律，维护国家统一、民族团结和社会稳定，在县、乡、村、寺管会的有序管理下开展教务活动。②信仰虔诚，遵守教义教规，品行端正，具有较高的伊斯兰教道德修养，热爱伊斯兰教义、教规，做到不利于团结的话不讲，不利于团结的事不做，切实履行职责。③有青海省伊斯兰教协会颁发的《阿訇证书》，伊斯兰教经学院毕业或者受过正规经堂教育，能流利地按照诵读规则诵读《古兰经》，能够深入准确理解并能讲解《古兰经》《圣训》，熟悉伊斯兰教教义、教务活动和穆斯林群众日常的宗教生活、礼仪。④初中以上文化程

［1］“阿訇”，是波斯语音译，意为“老师”或“学者”，是回族穆斯林对主持清真寺宗教事务人员的称呼。其一般分为“开学阿訇和散班阿訇”两种，前者是指全面执掌清真寺教务工作的穆斯林，亦称为正任阿訇。后者是指只具备阿訇职称，而未被聘请为正任阿訇的穆斯林。阿訇是经数年伊斯兰教育与培训，通熟《古兰经》与圣训，精通伊斯兰的种种法律与法规，并具备《古兰经》与圣训的真精神——做人的完美品德、以身作则、为人师表、劝善戒恶、品德高尚——的穆斯林。

度，有一定的阿拉伯语水平，了解国家有关民族、宗教的法律法规、规章和政策。⑤年龄在22周岁以上，身体健康，心智健全。

在渎职管理方面，《阿訇任职条件及渎职管理制度》规定阿訇有下列行为之一的，视情节轻重，由认定其资格的伊斯兰教协会分别给予劝诫、暂扣教职人员资格证书、吊销教职人员资格证书的惩处。①违背或亵渎教义、教规、在穆斯林群众中造成恶劣影响的。②因阿訇在没有特殊情况、没有告知寺管会的情况下，礼让他人领拜、讲“瓦尔兹”而引发的矛盾由阿訇本人负责。③制造纠纷和发生其他情况，影响宗教和睦社会稳定的。④品行不端的。⑤违反日常法律、法规、规章和政策的。

（四）阿訇聘任制度

为全面、正确地贯彻执行党的宗教政策，依法加强宗教事务的管理，积极引导伊斯兰教与构建社会主义和谐社会相适应，根据国家有关法律法规和政策，结合寺院实际情况，川口北大寺制定了《阿訇聘任制度》。

《阿訇聘任制度》规定：①清真寺寺管会召开群众大会，按照少数服从多数的原则初步确定拟定人员。②寺管会向村委会提出聘请阿訇申请。③经村两委研究同意后报请镇人民政府审核。④镇党委、人民政府研究同意后报宗教事务部门批准。⑤开学阿訇原则上从本县范围内聘请。⑥本县确无合适人选，必须从外县聘请阿訇的，除具备上述条件外，还需征求当地（出生地或所开学地寺管会）村两委、镇党委、人民政府、宗教主管部门的意见。

2017年9月，川口北大寺按照《阿訇聘任制度》聘任青海省循化县上北庄的马国强为新教长。川口北大寺现有三位阿訇。

（五）财务管理制度

为了规范和加强寺院财务管理，根据《社团财务管理》等有关规定，结合寺院实际情况，川口北大寺制定了《财务管理制度》。

在资产管理方面，《财务管理制度》规定：①凡寺院合法所有和所得的经堂、使用的房屋、构筑物、壁画、版刻；经卷、经典、法器和捐赠物以及耕地、草场、林地、牲畜等均属寺院资产。②价值在300元（包括300元）以上，使用年限在1年以上的均属寺院固定资产；价值在300元以下，使用年限不足1年的为寺院的低值易耗品。③寺院资产及文物建立固定账目，固定资产实行专人管护制。④寺院资产不得转让、抵押或者作为实物投资。⑤寺院资产的增减由民管会研究决定，并报上级主管部门备案。文物的保护、修缮按照《文物保护法》的有关规定执行。

在财务管理方面，《财务管理制度》规定：①收入。按宗教习惯公民自愿捐款和合法捐赠的钱物以及草山、耕地、林地、牲畜等方面的收入为寺院收入。②支出。支出范围为寺院固定资产投入、维修、购置、寺院教务活动费用、教职人员生活补贴等方面。③寺院设定会计、出纳各一名，设置财务账目，做到账账、账物、账证、账卡相符。④寺院200元以下的开支，由民管会主任决定审批，200元以上的支出有民管会集体研究决定。支出实行民管会主任一支笔审批制。民管会年终要公布财务账目，接受信教群众的监督。⑤寺内经堂的修缮、收入等实行承包制。民管会统一委派负责人并与其签订承包合同书。

（六）寺院学习制度

为了切实加强教职人员的法律、文化和科技知识学习，提高广大教职人员的法律、科技文化素质，川口北大寺制定了《寺院学习制度》。

在日常学习方面，《寺院学习制度》规定每月集中学习法律法规、政策及省、地、县、乡民族宗教方面的有关精神不少于1次；每月集中学习文化知识及技能不少于2次。

在外出学习方面，《寺院学习制度》规定：①教职人员外出学习，必须由本人提出书面申请，经民管会同意，由县宗部门审批，方可外出学习；②教职人员外出学习费用自理；③教职人员外出学习，必须严格遵守所在寺院或学习地区的各项制度；④学习结束后，将学习成绩、学习所在地的评议交寺院存入本人档案。

在保障措施方面，《寺院学习制度》规定民管会指定一名民管会成员专门负责组织学习工作；建立以兼职人员集体学习记录、个人学习记录、平时学习记录、平时测试为主要内容的教职人员学法、学政策、学科技文化的学习档案。

（七）满拉招收制度

为了保障信仰自由，维护信教群众的合法权益，根据《中华人民共和国宪法》《宗教事务条例》等有关规定，川口北大寺制定了《满拉招收制度》。[1]

《满拉招收制度》规定：①入寺满拉必须遵守国家宪法、法律、法规和本寺各项制度。②入寺满拉必须是年满18周岁，取得初中以上毕业证书的公民。③本地区满拉入寺实行“四证”，满拉入寺由本人提出书面申请，持初中以上的毕业证书和所在地村乡证明、本人户口及身份证复印件，经民管会研究同意并报上级主管部门审批认定后，方可入寺。④对入寺满拉实行师徒管理责任制。民管会与该寺师傅签订长期管理责任书。新入寺满拉表现不好或发现有违法违规问题的予以辞退。⑤外寺人员在本寺学习及从事教务活动的必须具备“三证”（身份证、暂住证、所在地县级以上宗教部门备案）。川口北大寺现有四位满拉。

（八）寺院消防安全管理制度

为加强寺院消防安全仪式，做好寺院消防安全工作，确保人员和寺院财产安全，川口北大寺制定了《寺院消防安全管理制度》。

《寺院消防安全管理制度》规定：①寺院要成立消防安全责任小组，配置消防设备材料，设立安全监督员和消防义务员，每天进行安全检查和防火检查，发现问题及时上报。②对宗教教职人员、信教群众经常进行消防安全常识教育，增强安全意识。③对房屋破损、漏雨、电线漏电等不安全因素，应及时检修，杜绝意外事故的发生。④防止大型活动拥挤、踩踏和交通事件发生，确保广大信教群众的生命财产安全。⑤自觉接受消防安全部门的监督、检查、指导。

（九）寺院安全防范管理制度

为进一步做好寺院安全防范工作，根据《宗教事务条例》等规定，川口北大寺制定了《寺院安全防范管理制度》。

---

〔1〕“满拉”是中国伊斯兰教清真寺经堂学校学生的称谓，旧译“满喇”“曼拉”。一说系阿拉伯语“毛拉”的变化，一说为突厥语“蒙拉”的转音，原意均为“伊斯兰学者”，在中国专意为“求学的人”，专指清真寺经堂学校的学生。“满拉”称谓，主要流行于陕、甘、宁、青等省区，其他地区则称“海里凡”。

《寺院安全防范管理制度》规定：①民管会主任为安全防范责任人，对寺院的安全防范工作全面负责。②在寺院内建立治安队伍，制订治安工作方案，落实治安任务，配置安全防范措施，确保参加宗教活动的群众安全，防止破坏和被盗等违法犯罪活动的发生。③实行24小时值班制度，值班人员要坚守岗位，做好寺院治安监控工作。定期或不定期进行防火安全检查，经常检查电路安全情况，及时消除火灾隐患。寺内严禁使用电炉、电褥。④留宿非本寺保山，必须经寺院民管会主任同意并进行登记。⑤满拉负责把自己区域内的卫生搞好，养成良好的卫生习惯，宿舍内做到整洁、卫生，团结、尊重他人、待人真诚、礼貌，严禁发生吵架、打架等行为。外出请假需经教长同意，方可外出。⑥举行大型宗教活动，必须制定安全保卫工作方案，经主管宗教事务部门和公安部门批准后实施。⑦如有被盗及重大治安事故发生，立即向公安机关报案，并积极配合公安机关侦破案件，事后认真检查原因，总结教训，及时整改。⑧严密防范非法组织的传教宣传渗透，若有发现立即报告国家安全部门。严禁任何人在院仙制造谣言、蛊惑人心，扰乱社会治安，情节严重者，送公安部门查处。⑨寺院的安全防范管理工作接受主管宗教事务部门和公安部门、镇政府的指导和监督。

这些规章制度涉及民主管理、财务管理、消防安全、教职人员、安全防范等方面，使清真寺的日常运行有章可循、有规可依。

三、寺管会的岗位责任制

为保障清真寺顺利开展活动，川口北大寺还成立了民管会、矛盾纠纷解决领导小组、调解委员会、“平安寺院”建设领导小组、财务公开民主监督小组、消防安全领导小组等组织，并建立寺管会的岗位责任制，明确寺管会成员所承担的职责。

（一）健全组织机构

按照宗教活动需要和有关方面要求，川口北大寺成立了民主管理委员会，民管会主任为马良贵，委员共有6人，分别为郭万力、韩明春、白先治、马再忠、马归本、马来泉。

川口北大寺矛盾纠纷解决领导小组由红卫村党支部书记谢翔飞

担任组长，副组长为白先治，组员有韩明春、马归本等。

川口北大寺调解委员会主任也由红卫村党支部书记谢翔飞担任，委员为马良贵、白先治。

川口北大寺“平安寺院”建设领导小组的组长为民管会主任马良贵，副组长为郭万力，组员包括韩明春、白先治、马再忠、马归本等人。

川口北大寺财务公开民主监督小组的组长为马良贵，副组长也为郭万力，组员有韩明春、马再忠等两人。

川口北大寺还成立了消防安全领导小组，组长由马良贵担任，两位组员为马归本、马来泉。

川口北大寺建立的这些组织以寺民管会为核心，涉及纠纷调解、财务监督、消防安全等方面，保障了清真寺日常教务活动的顺利进行。

（二）明确岗位职责

为把川口北大寺建设成文明、和谐、团结的先进寺院，川口北大寺本届委员会发扬爱国爱教并热爱者麻提的精神，明确自己承担的工作任务，切实做到责任到人，相互协调，团结合作，凡事有人抓，个个有责任。川口北大寺建立了《川口清真北大寺管委会岗位责任制》，将管委会成员所承担职责和任务明确下来，落实到人。

1. 主任岗位职责

川口北大寺管委会的主任马良贵主持北大寺全面工作，其职责为：①贯彻上级单位的各项宗教法规政策，使我寺的宗教活动在政策允许的范围之内进行。②抓好本者麻提及广大穆斯林教友举来的乜提、索德格和海地耶，[1]做到及时入账，并做到严格审批制度，

---

〔1〕“者麻提”，为阿拉伯语音译，意为“集体”“团体”。过去，中国穆斯林将“者麻提”一词引申为“方”或“寺”，如我们这里有“者麻提”，即清真寺。同时，把大家聚集在清真寺一起成班礼拜叫做成“者麻提”。“乜提”，为阿拉伯语音译，意为“心愿”“心意”“决心”“决意”“意图”“意念”“意旨”“动机”等。在中国，许多穆斯林习惯地把施舍钱财叫作“散乜提”“出乜提”。“索德格”，为阿拉伯语音译，广义上是指包括法定义务施舍、完全自愿施舍和一切有善意的举动的总称。“海地耶”，为阿拉伯语的音译，意为礼物、赠形，中国穆斯林将“哈万德”对阿訇的馈赠命名为“海蒂耶”，不叫“索德格”，这是出于对阿訇的尊重和亲近。“哈万德”，中国伊斯兰教称谓用语。系波斯

对每一分钱都要用到发展伊斯兰教门上。③严格审批制度，每一项开支事先做好计划，未经主任审批（以主任签字为准）一律不能报销。④协调好本者麻提各教派的团结、和睦相处，听取各方的意见和要求。⑤抓好阿訇和满拉的生活，使他们工作安心，生活无后顾之忧。⑥重点抓好阿文学习班的常态化，从人员到教师落实一抓到底，抓出成效。

2. 会计岗位职责

川口北大寺管委会的会计为郭万力，主要协助管委会主任的各项工作，其职责为：①严格执行上级规定的各项财务管理制度，抓好本者麻提各项收入并及时入账，做到账据、账目、账实相符。②抓好每年三大节（开斋节、古尔邦节、圣纪节）的财务，组织人员落实，调配等工作，所有收入及时入账并专榜公布。③对者麻提的各项收入要及时张榜公布，全部者麻提教友对财务收支明明白白。

3. 办公室主任职责

川口北大寺管委会的办公室主任马再忠，主要协助管委会主任的一切工作，其职责为：①处理好本者麻提的各项日常工作。②对来自各方面的乜提、海地耶、索德格及时开具三联单并交于会计及时公布。③每个主麻日要向者麻提公布一周的各项收入，[1]并请阿訇做嘟哇。[2]④处理好与周边各清真寺的关系，尤其是抓好相互交往的工作。⑤抓好本者麻提教友的婚丧喜事，提供丧葬服务设备，抓好阿文学习班的日常工作。[3]

（接上页）语音译，原意是“为公共事务操劳的人”。中国西北演变为两种意思：①指清真寺寺坊管理人员，义同“乡老”，即现今清真寺民主管理委员会成员。②泛指寺坊的穆斯林大众，义同高目。

〔1〕“主麻”为阿拉伯语“聚礼”的音译，“主麻日”是伊斯兰教聚礼日。穆斯林于每周星期五（金曜日）下午在清真寺举行的宗教仪式，包括礼拜、听念“呼图白”（教义演说词）和听讲“窝尔兹”（劝善讲演）等。

〔2〕“嘟哇”是祈祷的念词。

〔3〕川口北大寺管委会办公室于 2018 年 8 月 5 日在寺内的黑板发通知称，今年本者麻提朝觐人员为马新桑等三对夫妇，“凡给新哈智（去朝觐回来的人）贺喜的请来办公室登记，礼金每人 50 元”。

4. 委员职责

川口北大寺管委会委员都协助管委会主任的工作，但各有分工。

委员韩明春的主要职责为：①重点抓好北大寺来自各处的乜提、索德格、海地耶，出纳账和会计经常核对库存现金，做好账据、账账、账实相符。②做好每一笔开支，要有原始单据并有经办人签字，最后由主任签字方可有效。不经主任批准的任何现金支出不得入账。③做好本寺电、气的费用，及时购进不能影响本寺各项宗教活动。④做好本者麻提教友的婚丧喜事，并解决他们的后顾之忧，协助好学习班的日常工作。

委员白先治的主要职责为：①重点抓好寺内、固定财产的维修购置，出现财产、设备、设施问题，要及时报告主任，并进行维修和购置。②抓好本寺的调解和安全工作，两大节日期间水、电、暖不出任何问题，并组织两节、圣纪节的场面安排。③积极组织好邻居寺的各项宗教活动，并根据实际情况确定参加的人员和所有礼金。

委员马再忠的主要职责为：①重点抓好本寺的各种财产，对财产要造册登记，对外借出必须要打借条，留手机号码，还来的东西要严格检查后入库。②重点抓好者麻提的婚丧喜事的安排，及时派车提供给各方面方便，解除他们的后顾之忧。③抓好院内的环境卫生，对花卉的搬进搬出负责。

委员马归本的主要职责为：①对本寺的水电暖供应负责，出现故障及时排查维修。②对大殿的大屏和院子的电子屏保证正常工作，给者麻提提供清晰的图像，事前早上检查一次，对院子的电子屏，从技术上学会、学懂并要求每星期更换内容。③日常协助办公室收好各项乜提、海地耶，尤其是本者麻提各种喜事，及时登记入款。

此外，委员马来泉的主要职责没有具体明确。

川口北大寺民主管理委员会的各位成员分工明确，既相互配合、精诚合作，又各有本职、独立负责。健全的组织、明确的职责，使川口北大寺运行有序，保障了宗教活动依法遵规顺利进行。

四、结语

川口北大寺践行爱国爱教宗旨，遵循法治国家、法治社会的理

念，根据国家法律、政策积极制定各项管理制度，调整清真寺与穆斯林、清真寺与阿訇和满拉的关系，保障宗教活动的有序进行。

川口北大寺的这些规章制度涉及人、财、物的具体管理、使用，秉承民主管理、共同参与、民主监督原则，以保障宗教活动顺利进行为中心，体现了清真寺在政府指导下依法自我管理的特点。

川口北大寺的实践表明，健全和完善的清真寺管理制度对于规范穆斯林个体行为、维护清真寺利益、维护正常的宗教活动秩序，对于伊斯兰文化的弘扬和保护、穆斯林聚居区的精神文明建设、民族地区凝聚力的形成和经济社会文化发展，实现对穆斯林个体和社会的教化功能，帮助穆斯林正确认知和自觉遵守国家法律和宗教教律等各类社会规范，具有积极的意义。

7 乡村社会的维权习惯及规范世界

——从一起学生溺水事故谈起

李虹奕*

我的父亲是一名普通的高中化学教师，长期担任班主任。在他任教的二十多年里，曾经遭遇过一次学生溺水意外事故。小城市的生活风平浪静，少有波澜，所以一个生命的逝去和由此引发的纠纷给他带来了很深的印象。他时常向我谈起此事，当时我只是听个热闹，而在我学习法律以后再回想起来此事，无论是学生家长，还是学校的态度都给我带来了看待法律在普通百姓生活里所起的作用的不同视角，也让我又一次开始思考“法律是什么”。

一、溺水事故的发生

我的家乡在四川省宜宾市，我的父亲是宜宾市四中的一名高中教师，担任当时高一10班的班主任。2009年的7月，那天是学校放暑假的日子。由于近年来学生意外事故频发，学校在安全教育方面都非常重视和谨慎。学校向班主任下发了安全教育告知书，要求每个班的班主任在放假前一周发安全教育告知书给学生阅读，并带回家给家长签字然后上交回来存档。我想，近十几年来接受过小学、中学教育的人对这种放假前的“仪式”都不会感到陌生。

---

* 作者简介：李虹奕，清华大学法学院硕士研究生。

可是那天中午放学后，傍晚我父亲就接到班里一个学生的电话，一名学生焦急地说班里另一个同学王宇出事了！原来当天下午，王宇等三名同学离开学校所在的宜宾市区准备回到他们家乡所在地思坡镇，一个宜宾县里的小镇。但是由于放假的兴奋交织着酷暑的燥热，王宇便提议大家先别回家，一起去离家相反方向的会诗沟洗冷水澡。另外两个男孩同意了，于是便骑自行车前往会诗沟——宜宾一个有名的游野泳的小河沟。意外在两个小时后发生，游泳时王宇腿抽筋，等另外两个同学和行人发现的时候再进行营救和拨打120，为时已晚，悲剧已经酿成。

我们从小到大都听说过不少这样的事故，但当它真实地发生在我父亲的班上，让我能近距离地听到相关的细节时，我发现家长、老师和学校的态度都很能反映我们普通百姓对待法律，对待打官司的态度。

我父亲当时接到电话后，赶紧通知了学校的领导，然后他们一行人赶紧前往医院。在医院他们见到了王宇的家长和一大家子的亲戚。王宇的家长是镇上的普通居民，父亲是个做简易的农家家具的，母亲除了帮着看看店，就是在家后面的农田上种一些蔬菜补贴一下家里。爸爸说，“一看就是老实人”。

学校的态度很强硬，因为觉得自己不仅多次做了安全教育宣传，也将安全告知书交与了学生家长签字，这些证据都已经留存下来了，所以学校认为自己很有不承担责任的底气。于是，基于双方的算盘，校方和家长还算和气地坐下来谈这件事的协商办法。

家长说：“我们也都是普通农民，没读过好多书，懂不起好多。娃儿出事了我们也不晓得咋个办了……我们都是老实巴交的农民，法律知识也不懂，不懂请律师，上法庭打官司那一套，听说打官司也很折腾。娃儿已经出事了，我们还打官司为了钱扯不清楚，人家还觉得我们是在卖娃儿，说出去难听。所以我们希望学校也能适当补偿我们一些损失，毕竟我们失去了我们的娃……”

学校一听对方父母的话就更放心了，对方还是很理智很讲道理的，并非胡搅蛮缠之人，于是带队的副校长当即表示愿意出五万元作为补偿，并且着重强调了这是学校的“人道主义补偿”，学校已经尽到了责任。因为学校方面尽管比较有底气，如果打官司可能并不会判赔或者补偿很多钱，但是校方领导不愿意因为这种事闹上法庭打官司。当时与宜宾市四中竞争的还有另外一所学校，每年因为招生抢生源使出了浑身解数，校领导担心一旦打官司，可能影响学校的声誉，给家长和社会带来不好的感观，影响学校来年的招生情况。另一方面，可能校领导也觉得多一事不如少一事，毕竟没人想在自己任上摊上官司。基于这一考虑，宁愿多出点钱息事宁人。

眼看着事情就这样解决了，但是当天他们并没有签补偿协议，而是商量第二天正式签署补偿协议并交付现金。谁承想，第二天，王宇家长的态度来了一个一百八十度的大转弯。

二、闹得越凶钱越多

据说是王宇的舅舅从外地回来了。这位舅舅大概是读过一些书，是个在外“跑社会”的人，比较有主意，跟王宇的父母建议——“闹，你们就狠狠地闹！闹得越凶得的钱就越多！”于是签协议的当天，令人意想不到的一幕出现了。王宇舅舅为首的一群人直接将尸体抬到了学校大门口，还像社会新闻常见的那样聚集了一大批人拿着横幅示威。见此情形，学校赶紧报警。值得注意的是，当时学校领导直接动用了自己的社会关系，给公安局的某领导打招呼让“吓一吓”对方，让对方家长不要动闹事的念头，否则对他们没好处。打点好了，警察自然是快速赶到，将闹事的人带回了派出所。在派出所里，警察告诉王宇的家长他们这么做是触犯法律的违法行为，有可能被处以拘留甚至被“关监狱”。在派出所里被凶神恶煞的警察吼一顿自然是让老实巴交，闹事态度本来就不够坚定的王宇父母更加动摇了，但他们依然还未松口。

听爸爸说，当时学校的领导和老师还专门就这个事情开了会。学校的态度是千万不能打官司，要息事宁人，有迅速解决的可能就一定要抓住，因为闹大了对学校的声誉和未来的招生都没有好处。一方面，学校加强了保安的巡逻和看管，对校门口的闹事者严防死守，维持好表面的平静。另一方面，学校领导也四处打电话动用人情关系，找到了王宇家乡的乡长和村主任，给了他们某些“好处”，鼓动他们去王家连哄带骗地说说情。王宇大伯的儿子是镇上的一个办事员，据父亲说，镇上的领导也找大伯儿子谈了话，暗示了干部家里应该带头守规矩，“遵纪守法”，用合理渠道表达自己的诉求。

多管齐下，王家终于松口，愿意坐下来和学校谈谈。一听说王宇家长愿意协商，学校第一时间找了殡仪馆的车把学生尸体拖到了殡仪馆，还请了人看管起来，生怕王家再把尸体当武器，一言不合就把尸体抬到学校门口去闹事。对方家长表示，“不打官司可以，再拿五万，少一分免谈！”本来学校预计再给两三万足够，没想到又要五万。千磨万磨，王宇的舅舅和父亲怎么都不愿意松口，反正前后咬准一句话：“不给钱休想安生，我要去闹，我要和你们打官司！”磨了好几天，最终学校松口，同意以再补偿五万元，共计十万元人民币的数额暂时平息了这场不大不小的纠纷。

在这件事中，让我没有想到的是，比老百姓更不愿意打官司的竟然是单位。单位涉及官司，一方面是主事的领导担心影响自己的“仕途”；另一方面，在四川宜宾那种四线小城市，打官司始终被视作一种不太体面的问题解决方式。并且，由于法院诉讼程序十分复杂，涉及举证、辩护等各个流程，请律师、找法官托关系的费用和耗在诉讼中的时间都是无法忽视的巨大成本——一般人真的耗不起。

我不知道王宇的家长拿到这十万块钱后是否感到满意，但我有些担心周围邻居对他们的看法。这种担心源自另一件我家里发生的事。

大概十年前，我的二姨出租了一套门面加住房给我的小舅舅（舅舅是外婆二婚找的丈夫的儿子，所以不算很亲近）。租期一年届满后，由于二姨做生意急需用钱便计划将该处房屋卖掉。他们首先电话询问了小舅舅想不想买，价格是 12 万元。小舅舅拒绝了。第二天，二姨便和街上另一个人以 12.5 万元的价格签订了房屋买卖合同。谁承想我这位小舅舅反悔了，找到二姨说他改变主意了，他要买这个门面做电视机零售的生意。但说出去的话泼出去的水哪有收回的道理，更何况二姨已经和别人签订了合同。小舅舅很生气，直接跟二姨说他听人说了，他是租房子的人，他对这个房屋有优先购买权，他可以去打官司告二姨！

当然，按照法律规定，二姨在询问小舅舅是否买房时已经尽到了告知的义务，是小舅舅自己放弃了优先购买的权利，这是没有争议的。但是即使不知道相关法律规定，凭借自己最原始的道德感情，难道我这位小舅舅感受不到自己做的事情很“缺德”，很不讲道理吗？那他为什么还是不顾及亲属之间的亲情，讲出这种严重伤害家人感情的话呢？恐怕和他自以为自己掌握了一些法律知识（却又未将其吃透），恰好这些法律知识又迎合了人的贪婪之心不无关系吧。若是凭借自己朴素的道德观，我不相信他能认为自己的所作所为是正确的。好事不出门，坏事传千里。这件事经由二姨之口传播给了邻里街坊，大家对小舅舅的社会评价有了巨大的下降。大家都认为他是个没良心的唯利是图的人，动不动还要想打官司，肯定不是什么好人。而在家里，十年过去了，至今我都极少看见他们两家人同时出现在外婆家的餐桌上。一提起这件事，家里人都对小舅舅直摇头。

三、乡村社会的法律

这件事便引发了我的一些思考：现行法律对生活在乡村、在社会底层的，不常参与商事活动的普通老百姓来说真的有用吗？首先，他们的知识文化水平有限，并不足以支持他们去学习专业的法律知识，真正按照法律行事。但另一方面，法律的渗透似乎又破坏了流传数百年的传统的道德观，人们为了自己的利益越来越敢于冲破道德的束缚，扛起“法律”这面大旗捍卫自己的利益。这两点之间巨大的鸿沟造成了他们原有的日常生活秩序既遭到了破坏，又没有真正的法律规范来填补这个鸿沟的尴尬局面。

所以，我才发出担忧王宇父母闹完事回乡下会收到邻里之间闲话的感慨。

在我们学习法理学时，老师在上课过程中多次问过我们“你认为法律是什么”“你对法理学这门课有什么问题”最开始，我只会照搬考研时指定教材上的原话：“法是国家制定或认可的，以国家强制力保证实施的，以行为和社会关系为调整对象的，以权利和义务为内容的，具有普遍约束力的，反映、维护一定社会历史时期掌握国家政权的阶级的意志和利益的社会规范体系。”但随着学习的深入，我在法理学、民法和宪法课上都在不停地琢磨这个问题，越想越觉得这个答案是很标准很宏观，但是过于官方，说服不了自己。宪法课上，老师说：“法律一定是当权者制定的，若不是权威机构制定的就不是法律了”。也许站在行政法的学科特点上确实是那么一回事，但民事交往中能给百姓生活带来一定的规范作用的行之有效的法律，所谓真正的“活法”（living law）或是规则必须是由政府制定，由上到下推而广之的吗？那些写在封面印有红色国徽里的法条一定比人们朴素的正义观，道德感或是当地权威人士的观点管用吗？制定法在我们的日常生活里真有那么大的威力吗？另一方面，我的身边并没有几位学过法律的专业人士。我想，即使以切实有效的实行制定法为目标，现阶段也只是停留在普法的层面上。毫无疑问，无数个像我的家乡这样的小地方极度缺乏专业的法律人才。民众们出了事坐下来协商或是找当地权威的老人调解肯定比找专业律师方便快捷，也经济实惠得多吧。

所以，我想试着以我自己的观察对“法律是什么”的问题重新做一个回答。

首先，法律是规则，具有规范性。法律为人们的行为提供了一个模式、标准和方向。无论是授权给政府机关，指令政府部门如何行事的公法，抑或是规范人民日常交往活动的私法，又或是虽未写在纸上，以法条的形式呈现，但却是人们遇事首先想到的行为准则的习惯法，它们都是行为规则，规范人们的行为，告诉人们在遇到法律问题，遭遇纠纷时应该如何行事。

其次，法律具有权威性和强制性。一切法律规范都具有强制性，都有其保证实施的社会力量。所谓强制性，就是指各种社会规范所具有的、借助一定的社会力量强迫人们遵守的社会性质。记得老师的教材里也介绍道，日本法学家高柳贤三认为法律以“强制可能性”为其本质，他认为法律规范“被破坏之可能性的同时，常有外部强制可能性”。国家制定的法律以国家暴力机器作为后盾以支持制定法的施行，若是有谁胆敢以身试法，公安机关或是相关部门便会“找你的麻烦”。而对于习惯法，社会舆论的压力，邻里的评价，家族的干涉等都是强制人们按照长久积淀下来的神圣不可侵犯，具有高度权威的规则行事的“强制机关”。谁若触碰了这些规则，就会冒着被生活的小圈子边缘化的危险。

最后，法律具有社会性。我们总说艺术源于生活而高于生活，我想法律亦如是。法律是社会的组成部分，是社会关系的反映；是社会生活的产物，是人们共同生产、集体活动的结果，是人们在社会生活中形成的一种共识。也就是说，法律应该具有社会基础，是经由百姓数百年来的社会生活实践形成的一种合理的经验和习惯，它在百姓生活中的应用应该是合理的。而糟糕的“伪法律”是执政者坐在办公室或者会议桌前一拍脑袋想当然制定出来的东西，悬浮在空中，看起来很美却根本没有基于社会现实，不可能渗透进真正的民事活动。

尽管以上关于“法律是什么”的回答有些浅薄和稚嫩，但却是我自己观察生活中的纠纷、案例得出来的答案。我知道，我们学习法律的脚步并不会就此停滞，“法律是什么”这个问题也会随着学习的深入常问常新。我想就以此作为一个全新的开端，在这一辈子的职业生涯里不断地问下去吧！

8

网络社群中的组织规范及秩序需求

——基于微信群勾连的社会关系考察

任志军*

微信，是一种生活方式。

——腾讯网

一、引言

作为微信APP的开发者腾讯公司，在官方网站上推广微信手机应用时这样描述："微信，是一种生活方式，超过十亿人使用的手机应用支持发送语音短信、视频、图片和文字，可以群聊，仅耗少量流量，适合大部分智能手机"。实际上作为当前最常用也最实用的即时通信工具，微信早已作为一种新的生活方式渗透到生活的方方面面。微信从2011年推出至2018年，根据腾讯18年5月公布的一季度财报，微信用户首次突破10亿，达10.4亿。[1]如今微信已经不是作为一个简单的手机应用存在，而是作为一种文化形态和生活常态塑造人际交往中的地缘、亲缘、业缘关系。微信群是微信手机应

---

* 作者简介：任志军，清华大学法学院博士研究生。

〔1〕"腾讯一季度财报：微信用户首破10亿，QQ用户活跃度继续下降"，载 https：//mp. weixin. qq. com/s? biz = MjM5MzI5NTU3MQ%3D%3D&idx = 8&mid = 2651478044&sn = e4790f881a295cd51aff5c0d0b0ddb6b，2018年9月5日最后访问。

用的子功能，用于多人聊天交流服务，作为网络社群“微文化”和“微生活”重要组成，微信群从出现开始就在即时通讯、交际拓展、信息传播、群体认同等方面显示了优势作用。但无论如何，微信作为一种文化生活现象，勾连了城市和乡村，构建了现代化背景下人与人之间的差序格局，微信群作为群体生活的载体，从建群开始就回应了秩序需求，本文拟对微信群带来的文化现象，从对差序格局的秩序回应和秩序管理的需求切入进行考察。

二、建群规范

“以己为中心，像石子一般投入水中，和别人所联系成的社会关系不像团体中的分子一般大家立在一个平面上的，而是像水的波纹一样，一圈圈推出去，愈推愈远，也愈推愈薄。”[1]这是费孝通先生在《乡土中国》中对差序格局的生动描述，他将传统中国社会的每个人作为自己圈子的中心，拓展每个人在社会中的关系网络和不同层级。如今的移动互联网时代，散落在城乡角落的个人，看似是孤立的个体，现实却告诉我们，即便是一个也是一个媒体，一个人也就是一支队伍。微信群的增加是伴随着“朋友圈”扩大的一个必然结果。总的来看，基于人际交往和管理需要两个方面的原因，人际交往主要涉及私人领域。管理需要从属于公共生活领域，实际上公共领域和私人领域两个方面的原因也并不孤立存在，而是互相渗透和交织，你中有我，我中有你，这既是一种自生自发的交流愿望的实现，同时也渗透着权力关系形成的组织和管理。

（一）人际交往

实现人际交往功能的微信群多出于维系亲情、友情、同学情、同乡情、战友情的现实需要而组建，属于个人私领域生活的范围。家族群、同学群、老乡群、战友群的组建就是为了联络感情，互帮互助。通常情况下由家族的家长，班级的班长，战友中的首长发起建群的动议，通过亲人、朋友、战友关系相互联络入群。

---

〔1〕费孝通：《乡土中国·生育制度·乡土重建》，商务印书馆 2011 年版，第 28 页。

（二）管理需要

行业管理类微信群涉及人们公共领域生活，主要是机关、企事业单位、公司等集体组织出于方便内部成员通知交流而建立的微信群。通常情况下，由负责专项工作或某一具体工作的责任人召集组建，以通知、公告的形式要求从属某个群体或从事某项工作的个人加入微信群。

三、微信群中的社会关系

（一）“合众为一”中的差序格局

社交网络是新生事物，把众人聚合在一起的功能实现了群体的归属，“合众为一”的现实效果也使得网络社会的人群聚合有其特殊的一面，但是在聚合众人在一个微信群的实践操作中，依然没有跳出传统乡土社会的差序格局。微信群作为网络中的群体，是现实社会在网络社会真实映射，实际上勾连的是现实社会中的关系。由于互联网的便捷因素，勾连的范围可以实现出村、出乡、出县市、出省，甚至出国，微信群聚合的关系超越了物理距离而把差序格局中的分散个体聚合在同一个屋檐下。血缘关系是社会身份识别的基础性关系，把基于血缘关系的私人关系映射在微信群中，以亲属关系为代表，通过微信连接组成的群体里，传统社会中的长幼尊卑，男女有别依然是既定的规则，继续发挥着调整秩序的作用。

（二）“一人多群”的多元共存

“一人多群”就是一个人在微信中加入了很多个不同的微信群组，现实中每一个人都从属于多个群体，现实社会中不同的身份标签几乎都可以在微信群中找到，比如一个人以单位职工的身份存在单位群内，以同学身份存在于同学群内，以亲属身份存在于家族群内，以业主的身份存在小区业主群内，以村民身份存在于村委会群内。不同的微信群代表一种不同的生活文化，每一个人都在微信群中扮演不同的角色，遵循不同的规则。

四、多样化的群组织规范

（一）立规矩

1. 事务组织类规范

行政事务类微信群主要是处理公务的目的而组建，建立时就已明确了工作的内容和需要遵守的规矩，如宁波奉化区在组建工作群时，专门发布了《关于开展“百村（社区）微网”微信群组建活动的通知》[1]，通知中明确了活动的内容和相关的规定，如下：

活动内容

※村（社区）层面：要求每个村（社区）组建由本村（社区）妇女骨干、妇女代表、巾帼志愿者等群体组成的微信交流群，建群工作截止时间为7月16日。

※镇（街道）层面：要求每个镇（街道）组建由妇联主席、专职副主席、执委以及辖区所有村（社区）妇联主席组成的微信工作群，并将成员的群名片统一改为“村（社区）名+姓名”的形式。建群工作截止时间为7月31日。

※区级层面：由区妇联组建奉化区妇女干部工作大群，要求各镇（街道）妇联主席、专职副主席以及所有村（社区）妇联主席加入到该群中，并将成员的群名片统一改为“镇（街道）名+村（社区）名+姓名”的形式，为开展线上妇联工作打好基础。该项工作截止时间为8月16日。

注意事项

微信群的建立旨在为全区妇女群众和妇女干部提供一个经验交流、信息共享、提升工作效率的平台，为创造干净舒适的群环境，群成员必须遵守群规，相互提醒、相互监督：

※不得发表、传播违反《中华人民共和国宪法》和法律，违反

[1] 宁波市奉化区政府信息公开网站：http://zfxxgk.fh.gov.cn/auto80/auto131/201707/t20170704_270627.html，2018年9月7日最后访问。

改革开放和四项基本原则的言论。

※不得发表、传播造谣、诽谤、侮辱他人、煽动颠覆国家政权的言论；不得泄露国家机密。

※不得发表、传播暴力、色情、迷信的言论。

※不得发表、传播宣扬种族歧视、破坏民族团结的言论和消息。

根据国家互联网信息办公室制定的《互联网群组信息服务管理规定》，互联网群组建立者、管理者应履行群组管理责任，即“谁建群谁负责”“谁管理谁负责”，依据法律法规、用户协议和平台公约，规范群组网络行为和信息发布。在此之外，在建群前以通知的形式，确立了用户的“入群协议”规定，对用户群体的行为进一步限制和规范，形成了微信群的自治规范。

2. 公司管理类规范

如江苏同科集团在集团官方网站主页发布的《关于建立集团及下属公司微信群的通知》[1]管理层面建立了详细的规章制度。

各公司、各部门：

根据集团事业发展和项目开发的需要，为进一步加强集团企业文化建设，促进员工之间的工作交流，提高工作效率，现就建立集团及下属公司微信群的相关事宜通知如下：

一、微信群添加对象及主要功能

（一）微信群添加对象

1. 集团微信群：

群　　名：同科投资集团

主要对象：集团总部全体干部员工

2. 江苏两淮盐化有限公司微信群：

群　　名：江苏两淮盐化有限公司

主要对象：江苏两淮盐化有限公司全体员工

〔1〕江苏同科集团官方网站：http://www.tkjt.com.cn/zh-cn/tkfw/135234.html，2018年9月7日最后访问。

3. 同科金钥匙物业服务有限公司微信群：

群　　名：同科金钥匙物业

主要对象：同科金钥匙物业服务有限公司全体员工

（二）主要功能

建立集团及下属公司内部沟通渠道，提升工作效率；辅助做好集团及下属各公司企业文化学习活动；发送通知通告，反映问题和情况；进行工作互动等。

二、微信群管理：

1. 管理员：集团微信群由集团党政办公室负责建立和管理，各下属公司的微信群由各公司办公室负责建立和管理。

2. 入群要求：

（1）群成员一律实名制。

（2）凡人员离职，原则上必须当即退出微信群。

（3）集团全体员工要积极加入集团微信群和所在公司的微信群。

3. 信息发布要求：

（1）所有微信群转发的文章，要有利于集团事业发展和项目开发。

（2）交流中，禁止诋毁集团及各公司、部门及干部员工形象，禁止出现有违社会公德、不文明、侮辱性及涉及人身攻击性的语言。

（3）严禁在群内发布色情、赌博、病毒链接，一经发现，按集团管理制度进行处罚。

（4）严格保守公司机密。

（5）严禁在群内发布与集团任何不相关的商业广告。

以上规定是以公司员工为主体组成的微信群，在建立群组时，根据公司的属性，更加注重在自治规定中细化对公司利益的维护和群体归属感的凝聚。

（二）秩序维护

1. 熟人微信群中的秩序维护

在家族群、同学群、战友群等情感维系类微信群中，人与人的关系相对平等，通常情况下没有特别需要强调的规矩。此类群在建群时通常不强调群内的规矩，一般情况下只要求进群后采用实名制群名片方便联络。虽然没有确立明确的规矩，但也会出现因各类的原因被强制退群的现象，如杭州日报 2018 年 9 月 7 日报道的新闻事件，一位母亲因为在同学群中晒出女儿被清华大学的录取通知书而被班长踢出同学群。关于此事件公开报道如下：

虽然班级群建起来了，但是一般大家都不在群里说话，除非是有什么重要的事情。只有郭兰例外，她每天都会在群里自言自语，发一些自己的生活照片，更多的是发女儿认真学习的照片，有时候甚至还把女儿的笔记发到群里。

在女儿收到清华大学录取通知书后，郭兰想要和老同学分享这份喜悦。她第一时间把录取通知书晒到了自己的班级群，并且还非常骄傲地发了一段话："清华大学录取通知书就是大气"。

本来就对郭兰一忍再忍的同学们，至此都不愿意再回复她了。尤其是郭兰的班长，他的儿子今年也参加高考，但是却没有考上好的大学，本来心情就很低落，看到郭兰每天发这些东西，他实在是忍无可忍了。

正当郭兰以为大家会说上两句来夸赞女儿时，却发现自己竟然被班长踢出了班级群！当她准备私下找班长评理时，却发现班长已经把她删除好友了。

从上述事件中，我们不难看出，在私人关系领域，做出"踢出群"处理的班长遵从的是乡土社会的"礼治规则"，无法预设炫耀什么以及如何炫耀会被踢出群的规定。在班级群分享清华大学录取通知书的喜悦无论如何都不能说是犯了什么错，但是在熟人社区，很显然，借用"长得丑不是你的错，但你出来吓人就是你的不对了"的表达，我们可以看出这个起作用的"规则"可能是"自己孩子聪明不是你的错，你出来炫耀让别人感到不舒服就是你不对了"。显然，在熟人社会，私人生活领域的微信群，"克己复礼"是一个躲在背后的规定，私人之间的道德规范还在一定程度上影响着微信群中的人际交往。

2．陌生人之间的秩序维护

以下某物业小区业主组建的微信群公告，业主群体为陌生人，内容如下：

聊天讨论自由，言论自由。尊重别人就是尊重自己。希望在共同的努力下，长期发展，共同快乐！本群为小区业主交流群，非本小区业主不得加入本群。如有成员言行引起大家怀疑不是业主，其需向群主提交材料（购房协议图片）证明业主身份，否则将被移出本群。为方便交流，业主进群请修改群名片，格式：楼号-单元-房号。

微信群已经开始立法，规范管理。任何发言都要担负法律责任，请群里的伙伴们今后发微信一定要注意，为维护本群的良好环境，特此公告：

※政治敏感话题不发

※不信谣不传谣

※所谓的涉密内部资料不发

※涉黄、涉毒、涉爆等不发

※有关港澳台新闻在官方网站未发布前不发

※军事资料不发

※有关涉及国家机密文件不发

※来源不明的疑似伪造的黑警辱警的小视频不发

※其他违反相关法律法规的信息不发

※群友以盈利为目的的打广告最低30元10个包，发广告为何要发红包，因为你占用了大家的时间和资源，是对其他业主的尊重和歉意，也是维系人际关系的重要桥梁。最能体现一个人的情商和为人处事的态度。也是为了让你的广告更快更及时的散播出去，也是用现有的资源，去换取更好更长远的未来。

※请每位群成员大家监督。不遵守以上群规的将被移出本群。谢谢大家自觉维护群秩序！

设立物业管理群的业主面对同住一个小区的陌生人群体，以公告的形式对不遵守群规和以盈利为目的进群的行为进行限制。陌生人因为共同的生活地域而组建微信群方便的交流，群主也从一开始就将群内的各项制度予以明确，并且以讲道理的方式告知群内成员要遵守规章制度。

五、结语

互联网时代，微信实现了其在宣传语中所推动形成的生活方式，这的确是一种新的生活方式，而微信群作为群体生活方式的表现形成，涉及公共生活和私人生活领域，在被其改变的社会生活方式里，存在着现实生活中的四面八方的亲缘、地缘、业缘关系，凝聚在手机屏幕中重塑形成一个天涯若比邻的关系网络。公共生活和私人生活，熟人社会和陌生人社会，自生自发的组织愿望和秩序需求都借助微信群相互交织，相互影响。作为传统生活代表的“红包”和费孝通先前对乡土中国“差序格局”的理论判断一同被微信群带入现代生活，很显然，公私关系，陌生人和熟人关系都在微信群中被重新塑造，对于现代陌生人社会所需的新的规矩和原则又以新的形式出现。这需要我们保持敏感的理论直觉，从中吸纳总结和深度发掘有益于网络社会和现实社会统一协调的生活方式，充分发挥好微信群内部自治的效用。微信群不仅仅是作为一种革故鼎新的生活方式，而且会发展成为一种好的，温故知新的生活方式。

规范分析

1

城市社会中的熟人规范

——基于生活经验的观察与思考

魏小强*

"时下，人们买房选车甚至往家里添家用电器，都习惯于先托关系找熟人，'便宜一元是一元'。找关系与被关系找在日常生活中总是与人们不期而遇，纵观人的一生，从入托到求学、择业到工作，在社会关系这张无形的网中，人们每天演绎着人生百味……"[1]媒体记者的这段话，形象描述了被称为我国基本国情之一的"关系社会"的状况。[2]尽管人们对这类现象的价值评价不一，但是没有人会否认中国是一个"关系社会"的事实。[3]不仅在被称为"熟人社会"的农村，即便在被称为"陌生人社会"的城市中，办事找关系仍然是人们普遍的生活习惯。在找人办事的过程中，找人的人（请求人）和被找的人（被请求人）共同遵循着一些约定俗称、对象明确、内容具体、适用便利并且不得违反的行为规范。这些规范具有

---

* 作者简介：魏小强，江苏大学法学院副教授，法学博士。

〔1〕郑红卫："利弊纠葛话'关系'"，载《临汾日报》2009年12月29日。

〔2〕王东、张慧霞："论'关系社会'国情中社会学方法的本土化途径"，载《天府新论》2011年第3期。

〔3〕周飞舟："行动伦理与'关系社会'——社会学中国化的路径"，载《社会学研究》2018年第1期。

法的属性，可谓是调整当事人找人办事的行为及相应社会关系的法。[1]正因为有“法”可依，人们办事找关系才变得顺理成章，蔚为习惯，不仅人找得到，事情也办得成。这凸显了中国语境下这类“活法”的现实价值，[2]也是探讨我国“关系社会”成因的一个重要视角。

本文主要基于作者的生活经验，并综合社会观察，研究这类法的存在状态、规范内容及其作用机制，进而探讨其对解决我国法治社会建设相关问题的可能启发。为了表述便利，文中对作者自己的经验事实以第一人称的方式进行描述，对作者所观察、了解到的他人的相关事实则以第三人称的方式进行描述。依照学术惯例，对文中所涉及的人名与地名均作了化名处理。

一、买房找人要优惠的经历

我（即本文作者，以下同）自1999年7月起在南省甲市一家普通高校从事教学工作，并一直在这座城市里生活。由于家中的住房是十多年前购置的，老少三代人住在一起有些拥挤，所以我和妻子一直思谋着换一套大一点的房子以改善居住条件。2017年10月，我们看中了甲市雅居房地产公司开发的锦秀山庄小区的一套房子。该房子的区位、户型、大小等都符合我们的要求，售价也在我们所能承受的范围之内。

在看房的过程中，雅居公司的售楼员小李告诉我们，这里每套房子的标价只是在房管部门的备案价，通常的做法是，具体销售时他们可以在备案价的基础上给买方一些优惠，具体优惠多少，雅居公司不同级别职员的权限不同。比如售楼员可以给9.8折，销售经

---

〔1〕基于法律多元立场，凡是为了维护社会秩序，进行社会管理，而依据某种社会权威和社会组织，具有一定的强制性的行为规范，均属于法范畴体系之列，包括国家制定法和各种习惯法两类。其中，习惯法是独立于国家制定法之外，依据某种社会权威和社会组织，具有一定的强制性的行为规范的总和。参见高其才：《中国习惯法论》（修订版），中国法制出版社2008年版，第3页。

〔2〕易军：“‘活法’的中国语境分析——以关系社会中的非正式规范为对象”，载《甘肃广播电视大学学报》2007年第3期。

理及其他部门经理可以给 9.7 折，房产公司的总经理可以给 9.6 折，9.5 折及以上的优惠则要公司开董事会来决定了。能得到多大优惠，就看你能找到公司什么级别的人了。

既然这样，我当然希望能得到最大额度的优惠了，便直接问怎样才能找到雅居公司的董事长？小李说如果没有熟人打招呼，不要说董事长，你连我们的销售经理都见不着！看我有些失望，小李继续给我支招儿，她说你在甲市工作这么多年，肯定认识很多人，如果能找人给你打招呼，事情就好办了。她还提示我最好找住建、消防、工商、水电等政府机关的人，说这些部门与公司联系多，说话管用，并特别强调税务局的人就不要找了，因为雅居公司纳税规范，不求税务局。她接着给我介绍了公司给客户优惠的过程：客户先选中房子，在付了定金后就可以找人打招呼要优惠了——不签合同招呼打了也白打；客户找人给公司的人打了招呼，相关人员就会根据他的权限把给客户优惠多少的意见告知销售部，再由销售经理通知联系客户的业务员，业务员最后通知客户其所获得的优惠幅度，一般情况下，不允许公司的下级向上级申请给客户优惠。

诚如小李所说，我在甲市工作近二十年，的确认识一些“说话管用”的人，但我还是觉得找人打招呼太麻烦，而且还会欠下别人的人情。于是就让小李去找他们的销售经理小王转告我的想法：既然找人打招呼转一圈最后还得回到起点，那么我们干脆绕过“中介”，就把这个人情记在销售经理那里吧，请小王给我争取优惠，事成后我一定感谢他。小李回来说，小王表示可以考虑我的想法，他在自己 9.7 折权限的基础上可以再向上面给我争取 1 万元的优惠。王经理给的这个面子不小，但是与 9.6 折甚至 9.5 折的优惠相比，显然还不能让我满意。我希望王经理至少能给我争取一个 9.6 折的优惠，但小李反馈回来的王经理的意见是，他在 9.7 折基础上给我额外争取的那 1 万元已经是破例了，无法再争取更多了。

不过小李跟我讲，虽然王经理没有给 9.6 折的权限，但是他其实是可以向上面争取的，他之所以不干，是因为直接这样给客户争取优惠对他没有意义；如果总经理或主管副总经理给他打招呼，他才会觉得在领导那里有存在感。于是小李催促我赶紧找人打招呼，她希望房子尽快卖给我，因为只要房子卖出去了，她就可以拿销售提成了。

后来一打听，我所在的单位有不少同事也在那个小区买了房，而且都找人打招呼要了优惠。其中有人找了本单位的工会主席，有人找了住建局的副局长，更多的人是人找人，而且找了不止一个人，转了好几手才把招呼打进了雅居公司，得到了从 9.7 折到 9.5 折幅度不等的优惠，据说还有幅度更大的，但是没得到当事人的证实。我看了其中一些人的购房合同，发现相关房屋的标价与合同价之间的确有明显的差距，这说明小李所说的打招呼可以得优惠的事实是存在的。

既然想讨巧“绕过中介”的路子行不通，别人又都找了关系，那我也得行动了。根据小李的提示，我把自己在甲市的社会关系梳理了一遍，发现能用得上的主要有两类。一是我自己所交往的当地公权机构的工作人员及其他一些单位的朋友，可以直接找他们打招呼。二是自己单位的领导。他们工作时间长，交际范围广，门生故旧遍布当地公权机构，可以托他们找人打招呼。其中前者又可以分为两类，一类是我自己教过的学生，他们有不少在当地工作，其中一些已经成为所在单位的业务骨干；另一类是我的一些普通朋友，这些人多是我的同龄人，不少已是所在单位的领导或者中层干部了。尽管有这么多社会关系可以动用，但是不可能都用，具体找谁办事，我还是费了一番思量。既要考虑这个人我能请得动，又要考虑其办事能力可以把事情办成。

于是我第一个找的人是我以前的学生、现甲市政府办公室副主任小林。小林平日与我交往较多，彼此熟悉，我的事情只要他能办的就不会推辞，这次也一样。但问题是小林不是售楼员小李所说的“住建、消防、工商、水电”部门的人，也不认识雅居公司的人，他要给我办事还得再找能给雅居公司的管理层打得上招呼的人。于是小林先后找了两个人，一个是他的老乡、甲市雅理区工商局的副局长老牛，另一个是小林的校友、甲市公安局消防支队的副支队长小崔。但是这两个人都不肯出面帮忙而推辞了，老牛的理由是他不认识雅居公司的人，小崔的理由是他们对锦秀山庄小区的消防验收已经结束，现在打招呼已经没人理了。对此小林有些失望，他虽然碍于情面答应以后再帮我找人，但是显然已经不像之前那么用心了。期间我得知，小林已调任甲市所属的某县任挂职副市长了，这个时候他不想担事也是可以理解的，我也就不再麻烦他了。

随后我又联系了之前的另一名学生、现任甲市工商局外资处处长的小赵。小赵虽然也是我的学生，但是平日里交往不多，要不是这次买房打招呼，我是不会专门找他的。雅居公司具有外资背景，属于工商局外资处管理的对象，找雅居打招呼我还是比较有信心的。但是当我在电话里说了请求他帮忙的事项后，他说平日里雅居公司的事情都是下面的办事人员负责，自己与雅居公司的人没有打过交道，更不认识其管理层的人，遂一口拒绝了我的请求。就算小赵说的不是事实，而是不肯帮忙，鉴于我平日里与他交往不多，也不好再提什么要求，只能作罢了。

此后我没有再找学生，而是找了几个平时交往的熟人，请他们帮忙打招呼。但是有的人找理由推辞，有的人虽然答应找人，但是找到的人却不济事，起不到什么作用。在此期间，我与售楼员小李约定，只要我的招呼打到了，一有优惠的消息，她须第一时间告诉我。但是从我找小林起，一个多月的时间过去了，始终没有等来小李的消息。看来之前找的那些人都没起什么作用。既然门生故旧帮不上忙，那就退而求其次，再问问那些普通朋友，死马当活马医吧。

于是我打电话给在甲市某著名国企任部门负责人的小张。小张是和我住在同一小区的邻居，他的孩子和我的孩子经常在一起玩，一来二去大人之间也熟悉了。多年前在本小区业主针对开发商的一次维权活动中，包括小张的妻子小郑和我本人在内的多名业主被开发商的人打伤。在冲突现场我曾奋力保护过小郑等几位业主，事后小张小郑一家人对我一直心存感激，还专门请我吃过饭。我曾多次听家里人说小张本事大，经常帮人办事，同小区的某某买房买车都找小张打招呼，得了很大的优惠等等。既然小张的能量这么大，那就不妨问问小张吧。

在向小张夫妇提出我的请求后，他们一口答应，和小张在一个单位工作的小郑更是明确一定要帮我这个忙，并且让我把所选房子的具体信息告诉他们。一个礼拜后，小郑微信告诉我说他们请单位的领导老胡出面跟雅居公司的总经理黄总打招呼，但是黄总说现在甲市房产市场正火，以目前的价格卖给我已经卖得便宜了，他们不但给不到我所期望的 9.6 折，而且之前给的优惠也打算收回了。也就说小张他们找的人也没有起到作用，不过小郑答应继续帮忙找人，叫我不要着急。

但是诚如雅居公司的黄总所说的，甲市的房产市场正火，雅居公司的房屋备案价相对较低，他们不想继续出售已经备案的房子，而是打算提高房屋价值，重新备案出售。所以就在我们找人打招呼期间，小李通知说虽然我们交了定金，但是雅居公司不打算在约定的签约期内跟我们签约了，而是要在 2018 年 1 月 1 日之后再跟我们签。理由是今年的销售任务已经完成，希望能把这些合同算作明年的业绩。明眼人一看这不过是推迟出售，要为涨价做准备了。于是我便顾不上再等优惠了，而是态度强硬地要求与雅居公司依照定金合同如期与我签订房屋买卖合同，否则就要其双倍返还 10 万元的定金。于是双方就按照之前约定的在 9.7 折的基础上再优惠 1 万元的方案签订了那套房子的买卖合同。

在签订合同时，除了由房管部门提供的格式合同正本外，还签订了一些由开发商拟定的附加内容。其中一项的内容是："鉴于雅居公司在房屋销售时已经给了买方一定的优惠，因此该房屋的质保期为房屋交付后一个月之内。"原本依照建设部《商品住宅实行住宅质量保证书和住宅使用说明书制度的规定》（建房［1998］102 号）的规定，《住宅质量保证书》中保修期最短的"管道堵塞"的保修期也有 2 个月。但是依照这一特别约定，雅居公司用"9.7 折基础上再减 1 万元"的价格优惠大大缩短了其对所建房屋质量的保证期限，而我则虽然获得了上述价格优惠，却不得不因此而承担更多的房屋质量风险！

具有戏剧性的是，就在我与雅居公司签约并交付了首付款的第二天，小张发微信告诉我说，他们找了甲市自来水公司的刘科长给雅居公司的黄总打了招呼，黄总同意在原"9.7 折基础上再减 1 万元"的基础上再给我们优惠 5000 元，并且黄总已经给销售部门打了招呼。几乎在同时，小李也给我打电话告知了这一结果，说我的招呼打到了，黄总给的优惠通知到她这里了。但她同时表示，因为我已经按“9.7 折基础上再减 1 万元”的价格签了合同，并且交了首付款，这个迟来的5000 元优惠没地方落实啦！

当我就这 5000 元优惠的落实之事与小郑沟通时，她抱怨我太心急了，现在的确不好办，不过她又给我出了两个主意。一是解除与雅居公司的买卖合同，把这套房子重新备案，然后我们再签买卖合同，这样就可以落实这项优惠了；二是不解除买卖合同，但是在房屋交付时让雅居公司控股的雅理物业公司少收我 5000 元的物业费。当我请小李向雅居公司转告这两个落实方案后，得到的回复是：撤销买卖合同不现实，况且房屋重新备案后，别人也就有权买这套房子，我自己最后能否买到还不一定；至于减免物业费更不可能，雅理物业公司的法定代表人虽然是黄总，但雅理公司是独立法人，雅居公司给客户的优惠没法在雅理公司走账，况且雅理公司没有过给业主减免物业费的先例。不过在请示黄总后，雅居公司给出了他们自己的解决方案，即雅居公司有一个会所，如果在房屋交付之前及之后，我需要请客吃饭，可以安排在他们会所进行，在 5000 元的额度内所花费用由雅居公司承担。

我们的方案被拒绝得干净利落，他们的方案虽然冠冕堂皇，却于我没有意义。随后包括小张小郑和我又做了一些落实这 5000 元优惠的努力，但是没有什么结果。小张安慰我说到交房时再跟他们谈谈减免物业费的事情，我虽然嘴上应承，但是心里实际上已经放弃了。几个月后，雅居公司依照合同约定的日期交付了房屋，我也按约定交了 8000 多元的物业费，至于那 5000 元的优惠，不说小张小郑，就算小李和我，也都不记得或者假装不记得了。而那合同附件上的约定却依然清晰：“鉴于雅居公司在房屋销售时已经给了买方一定的优惠，因此该房屋的质保期为房屋交付后一个月之内。”

二、托人帮亲戚找工作的经历

我的表妹小莉是我大舅的女儿，大舅希望他的女儿大学毕业后能够在东南沿海经济发达地区就业，但是小莉只在西北某省的省会城市读了一个三本院校的工商管理专业，学校一般，专业也没有技术含量，要找个好工作的难度很大。早在2014年小莉还在上大二的时候，大舅便通过我母亲给我带话，要我帮表妹在南省找工作。用我大舅的话说，我在南省工作这么多年，教了那么多学生，手面上肯定有人，给他的孩子安排个工作还不容易嘛。

驳不过大舅的颜面，也不能拒了母亲的要求，我便把这事应承了下来，答应帮忙找找看。好在小莉是个争气的孩子，人长得高挑漂亮，学习也认真积极，上学期间除了完成常规学习任务外，还参加了不少社会实践活动，考取了会计从业资格、全国计算机二级证书以及人力资源管理四级证书等。在2017年春节前学校安排毕业实习时，她主动申请到南省K市所属县级市丁市的一家金融企业实习。丁市位列全国经济发展百强县前列，小莉申请在这里实习，除了积累实践经验外，主要还是想借机在当地找工作。丁市离我所在的甲市不远，小莉在丁市实习期间，我曾请她来我家以了解她的求职意向，并让她制作了求职简历。随后我便开始动用我的社会关系，在南省的甲市、乙市、丙市、丁市、戊市等地给她打听工作机会。与此同时，小莉自己也在丁市、K市等地关注各类招聘信息，投递求职简历。

考虑到小莉的学校、专业等实际情况，就业要求不能太高，而且需要找一些熟人帮忙才行。于是我首先把她的简历发给了南省K市的一位老朋友龙律师。龙律师执业多年，长于劳动法业务，是多家企业的法律顾问，我们在律师业务研究方面曾有过多方面的交流与合作。当我请她向她的顾问单位推荐小莉时，龙律师很认真地了解了小莉的情况，答应有机会一定代为推荐。后来龙律师果真给她的几家顾问单位推荐了小莉，其中一家位于K市的合资企业给了小莉面试的机会，但是最终因为她的外语水平较低而没能通过面试，其他的单位则在收到小莉的个人简历后便没有了下文。龙律师对此表示爱莫能助，她说自己所能做到的就这么多了。

随后我又找了南省乙市的老朋友庞律师。庞律师是乙市一家律所的主任，其执业年限比龙律师更长、社会关系更广，与我的关系也很熟，我曾指导他所在律所的辩论队赢得过当地律师辩论赛的冠军。庞律师收到我发去的小莉的简历后答应有机会代为推荐，但是数月过去了，我却没有从他那里得到任何反馈。期间我多次催问，他虽然一再应承，但最终还是没有任何结果，我也只能作罢了。

再后来我把希望寄托在南省丙市的朋友于律师身上。丙市是乙市所属的县级市，与丁市一样，也位于全国经济百强县的前列。于律师是当地规模最大的律师事务所的主任，只要她肯帮忙，这一问题就有希望解决。况且于律师同我交往多年，之前在律师业务方面多有合作，请她帮这个忙也不是过分要求。正因为如此，于律师答应得很爽快，并且很快向一家会计师事务所推荐了小莉。但是该会计师事务所招聘的是有注册会计师资格的人，而小莉没有。同时，他们所给的工资待遇小莉也不满意，因此于律师的这次推荐没有成功。后来于律师又推荐了两家由她担任法律顾问的工业企业，但是因为小莉的文科背景而被拒之门外。最后实在没办法了，于律师说那就让你表妹到我们律所来做个行政人员吧，我给她发工资。我知道她这么说不过是碍于我的面子的托词而已，她的律所并不需要行政人员，况且一个学工商管理的应届大学生去律师事务所做个打杂的行政人员可算不上大舅所期待的“好工作”。我谢绝了于律师的好意，并且也因此断了通过律师朋友为表妹找工作的念头。

实际上，尽管我在南省工作多年，门生故旧也有一些，但却不是大舅所想象的那样“手面上肯定有人”——不是说一点社会关系都没有，只是需要之时能够找来办事的真不多。既然律师的民间路子走不通，我便请在政府及事业单位工作的一些朋友帮忙，但是效果还不如律师。很多人一听连问都不问就推辞了，具体过程不赘述，总之是没有什么效果。

与此同时，小莉自己投简历、找工作的结果也很不好。她也曾经参加了戊市和丁市的几家单位的面试，但要干的都是保险推销员、售楼员之类的销售工作，或者小公司的前台接待之类的“花瓶”工作。她不愿做这些感觉没有前途的事情，还想再继续找找看。时间很快到了 2017 年的 4 月，眼看小莉在丁市的实习就要结束了，她的工作却还没有着落，不仅她自己着急，我也很着急。这不只关系到我的“面子”问题，也是关系到小莉今后就业生活的“里子”

问题。

在诸路不通的情况下，我跟妻子商量后，拨通了在丁市工作的妻弟媳妇小雅的电话。小雅毕业于国内某著名财经大学，现在是丁市一家工业企业东顺公司的财务总监，是所在单位里有“实权”的人。之所以最后才找她，是因为她是我们关系很近的姻亲，如果不是没办法了，我是不愿意麻烦她的。几个月前，我曾跟她讲过表妹小莉要到丁市实习找工作的事情，她似乎早有心理准备。当我请她帮忙时，她答应留意自己单位的用人信息以及向她所熟悉的会计师事务所等企业推荐小莉。到了 5 月中旬，在小莉已经结束实习回到学校准备毕业论文和其他毕业事项的时候，小雅打电话告诉我说东顺公司有个财务人员近期准备辞职，他们需要招聘一名新的财务人员，这是一个很好的机会，希望小莉能够抓住。并且说她向公司推荐小莉的话，面试就在一个礼拜之内进行，如果小莉愿意来的话，让她做好准备。我赶紧打电话给正在学校的小莉，让她放下手头的一切事情，马上赶往丁市，全力以赴做好面试准备。

果然，小莉很快接到了东顺公司人事部门的面试通知，要她在两天后到东顺公司参加面试，面试的内容包括财务知识笔试和口试。我把这一情况告知了小雅，小雅说那是她进行了推荐后东顺公司财务部决定给小莉的面试机会，让小莉不要过于担心，好好准备就是了——因为笔试的题目是小雅出的，口试也会是小雅主持。但是小雅特别强调说，她是以小莉是某会计师事务所推荐的名义转而向公司推荐她的，让我嘱咐小莉不要在面试前及面试过程中提及任何与她的关系。而此时的小莉，已经在赶往丁市的火车上了，并且在到达丁市之前，小莉已经知道了笔试的题目内容以及面试官打算了解她的哪些情况、准备问她什么问题了。

后来小莉就被顺利地录用为东顺公司财务部的一名工作人员。再后来，人们只知道小莉进了丁市一家不错的公司的财务部工作，老师夸赞她能力强，同学羡慕她运气好，同事评说她勤奋能干，而我的大舅则在一再表示对我的感谢的同时，还在亲友们之间不断地传说着他外甥我的本事。至于小莉和小雅，尽管我们一起吃过多次饭，其中有一次还在小雅的家里，但是在公司的同事眼里，她们只是工作上的上下级关系，以前不认识，现在的关系也一般，小莉还经常被小雅教训！当然，在我写这篇文章之前，这其中具体发生了什么，只有我、小雅和小莉知道。而且，可以预见的是，接下来，二舅、三舅、大姨、小姨的孩子大学毕业、甚至中学毕业后，也会排着队来找我这个“手面上有人”的亲戚。

三、作为一种生活方式的熟人规范

在上面两则事例中，我分别请了熟人帮忙以达到办事的目的。诚如前文所说，无论事项最终的办理效果如何，在动用这些社会关系的时候，我与相关熟人之间都有着高度的默契。这种默契反映了在我们之间有一种约定俗称的、为彼此所认可并遵守的法规范的存在。正是依据这类法规范及其所蕴含的非正式制度，办什么事情可以找人、可以找什么人、如何办事以及如何保障办事的效果等，人们彼此便有了相对稳定的行为方式和后果预期。根据以上事例并综合我对这类社会现象所做的观察了解，可以发现这类法规范主要包括主体规范、行为规范、内容规范以及保障规范等基本方面。

（一）主体规范

找什么人办事？笼统地说就是熟人。办事找关系主要是发生在熟人之间的社会现象。对于需要办事的当事人而言，他所能请求的首先就是自己的熟人，包括亲戚、朋友、同事、同学、老乡、战友甚至网友等与自己有一定交往的社会关系。依照我的经验，当事人一般都会选择交际成本最低且办事效果最好的熟人作为帮忙办事的首要人选。所谓交际成本最低是指众多熟人中与请求人关系最好因而最容易请动的那个人。所谓办事效果最好则是就熟人办事的效果而言，能按照请求人的办事意愿实现了其利益最大化的目的。当然，这只是一种理想模式，很多的时候最熟悉的人未必能办事，能办成事的人往往并不是关系最好的。比如前述帮我争取到买房优惠的小张夫妇，以及帮助我的表妹小莉解决工作问题的妻弟媳妇，他们都不是我的熟人中关系最好的。因此，具体找什么人办事，要根据实际情况而定，而且事情往往也不是找一个人就能办成的。

如果自己所找的熟人能够帮助解决问题则可，如果解决不了，很多时候这些被请求的熟人还会再找他们各自的熟人帮忙，此时熟人的熟人也就参与到了请求人事项的办理中了。至于这个熟人再找熟人的关系链条的长短，则取决于相关事项的办理难度、熟人的办事能力等。比如前述我的买房事项中，我找了小张小郑夫妇，小张小郑又找了自来水公司的刘科长，刘科长找到了他的熟人雅居公司的黄总才把事情办成了。通常情况下，熟人的熟人不是我的熟人，熟人之间具有相对的独立性，他们只对各自的熟人负责而不对事项办理的请求人负责。

同时，办事请求人和被请求人的身份地位大致对等并且彼此拥有可交换的社会资源才能有效办事。否则，请求人根本就请不动人，即便请动了，其人也未必肯用心办事。比如小张小郑最初是托他们单位的领导老胡出面给雅居公司的黄总打招呼，老胡虽然和黄总的身份对等，但彼此往来较少，没有可交换的社会资源，因此黄总拒绝了老胡的请求。但是后来自来水公司的刘科长出面，黄总就不能拒绝了，因为后者在很大程度上有求于前者。这个机理明显或潜在地存在于几乎所有办事找关系的当事人之间。

（二）事项规范

找人办什么事？以我有限的生活经历和社会观察，发现只要在熟人之间，几乎没有什么事是不可以找关系帮忙的。至于就什么事项动用关系从而启用这一习惯法规范，就看需要办事的当事人对启用这一规范的成本及其适用后果的预判。就待办事项的内容而言，既有关于经济利益的，也有非经济利益的；就事项的法律性质而言，既有合法事项，也有不合法事项；就事项的道德评价而言，既有合乎道德的，也有不合乎道德的。无论何种事项，都有一个共同特点，即它们都是因为某种原因不适合放到台面上来讲的，以致通过公开的、正式的途径所不能解决或解决不好的事项。

比如我买房找关系要优惠是为了经济利益，本属于合法事项，也难言不道德，况且别人都是这么做的，但是在开发商公开的销售途径中，看不到任何有关这些优惠的信息，你要想得到他们的优惠，就得走地下途径。而通过在企业掌权的亲戚为另一位亲戚找工作时，虽然谈不上违法，但却是违反企业规章制度的，也难言道德。另外，据我了解，亲戚朋友中有人为孩子提早入园入托而找人修改出生证明，有人就医时为了找到好的医生、好的床位而托人打招呼，有人为孩子录取到好的大学及理想专业而找人打招呼等。这些不都是发生在我身上的事情，但是他们与我一样，大都做了与法律及其他相关规章制度相违背而上不得台面的事情。

正是因为所请求的事项上不得台面，所以只能动用熟人关系，适用熟人之间心照不宣的潜规则。因为在通常情况下，只要所涉及的事项及行为不是严重违反法律与社会道德的，办成了自然皆大欢喜，就算办不成也不会有严重后果。换言之，无论办什么事，找熟人帮忙都是一个以追求自身利益最大化为目的的、相对安全的行为选择。

（三）行为规范

如何找人办事？这里涉及办事请求人如何找人、被请求的办事者如何办事以及两者如何进行关系对接的问题。如前所述，请求人找人办事的目的在于实现自身利益的最大化，或者尽可能减轻自身的负担。其在对可能办事的熟人事先进行衡量并确定最终的请求对象后，需要依次完成一系列请求行为。

首先，应当询问被请求人的意愿，获得其帮忙办事的同意。如果被请求的熟人答应帮忙则可向其提出具体办事请求；如果其明确表示不愿意帮忙或者没有能力帮忙，那么请求人应当及时中止请求，而不能勉为其难，否则就可能损害彼此的关系。

其次，请求人应当向被请求人明确告知需要其帮办事项的内容，具体包括什么事、需要解决什么、可能的困难是什么以及自己对于办事结果的期待等。下面是我买房找小张帮忙时用微信发给他的请求内容：“我选的是雅居房地产开发有限公司（总经理黄××、销售总监李××、开发部总监××）锦秀山庄小区××栋××号房，已付了10万元定金。目前销售给的优惠是在总价款97折后再减1万元，我希望在这个基础上能再争取一些优惠。一是这个价款已经到了我现有支付能力的极限；二是不久前同在××栋买房的两位单位同事（其中一位跟我在一个学院），他们享受的是96折的优惠。据说找上面那三个人才有用，尤其是总经理。我希望最少能争取个96折。”

最后，无论事情办成与否，请求人最后都应当向被请求人表示感谢。如果事情没有办成，一般进行口头感谢即可；如果事情办成了，除了口头感谢，依照常例，请求人往往还要请被请求人吃饭以及适当送礼物等表达进一步的谢意。当然，在利益互动比较多的熟人之间，甚至连感谢的话都不需要说，因为帮忙是相互的。

对于被请求人而言，是否答应请求人的帮忙请求，通常取决于其与请求人之间关系的亲疏、利益关联的程度、自身的办事能力以及对事情能否办成的评估等因素。倘若其一旦答应请求人，通常就得尽力办成所应承的事项。否则如果答应了但是却没有办，或者办事不用心没有办好，那就可能得罪请求人，进而影响彼此的关系维系。在办事的过程中，被请求人应当尽量与请求人保持沟通，既方便被请求人充分掌握相关信息以办成事项，又可以安抚请求人的心理期待。在事项办完之后，无论办事的结果如何，被请求人都应当把自己办事所付出的努力告知请求人，以让请求人确信被请求人的确努力帮他办事了。

值得注意的是，事情或有轻重缓急，但是办事请求人和被请求人之间的行为则完全遵循自愿原则，一方不得强迫另一方。因此，尽管彼此认可并遵守一些约定俗称的规范，但是是否达成办理某个具体事项的合意，当事人之间则是通过要约与承诺的契约方式来进行的。否则一旦强人所难，不仅事情办不成，而且也会损害熟人之间的关系。

（四）保证规范

如何保证人找得到、事办得成？具体而言，就是办事请求人何以能心安理得地请熟人帮忙办事，而被请求人则通常不拒绝请求人的请求，以致相关习惯法规范就在当事人之间顺理成章地实施了？我认为这里面存在着两个相对独立却又彼此联系的保障机制，其促使请求人找得到人、被请求人办得成事。

第一，熟人之间的利益平衡机制。马克思说，人们奋斗所争取的一切，都同他们的利益有关。因为帮忙是相互的，请求人找人帮忙办事是为了追求自身利益的最大化或者尽可能减轻自身的负担，而被请求人在帮助请求人的同时，也为自己在请求人处存下了请求权——这意味着当以后被请求人反过来要求请求人帮忙时，后者不得拒绝。比如在前述我所经历的两次办事找关系的经历中，我所请求的对象都是以前跟我有过交往的熟人，而且我在不同程度上帮助过他们，所以我才能理所当然地向他们提出帮忙的请求。面对我的请求，除个别人外，他们之所以都没有拒绝帮忙的原因也在于此——个别拒绝帮忙的，也正是我们平时联系较少、彼此利益互动不多的人。

其中最能说明问题的是小张小郑夫妇的行为。因为在多年前小区业主与开发商的冲突中，我曾为保护小郑等人而被开发商组织的闲散人员打得头破血流，他们对我心存感激，一直想找一个能够“报答”我的机会，所以当我开口请求时，他们便很乐意帮忙，而且一定要设法帮我把这个事情办成。这是一种利益关系的动态平衡，而熟人之间的关系就在这样的动态利益平衡中得以维持了。如果有一方违反了这一原则，比如有能力帮人而不肯帮忙，以致打破了这种动态平衡，那么不仅既有的利益关系难以维持，不履行义务的人还会受到相关舆论的否定评价，进而承受更为严重的后果。

第二，熟人之间的舆论评价机制。如果说熟人之间的利益平衡原则是一种办事找关系习惯法的内在保障机制的话，那么熟人之间的舆论评价便是一种外在保障机制。这种舆论评价机制的基本内容是，如果某人讲良心、够朋友、肯帮忙，那么熟人圈子里就会传播关于他的好话，不仅找他帮忙的人会很多，他有什么事情别人也愿意帮忙；反过来，如果某人不讲良心、不够朋友、只入不出，不肯帮助别人，那么熟人圈子里就会传播有关他的坏话，他的“朋友圈”就会越来越小。常言道“多个朋友多条路”，这种不利的舆论评价就会使其可以求助的社会关系越来越少而陷入被动之中。比如在前述事例中，我正是听了家人有关小张有能力、肯办事的传闻后才动了请他帮忙的想法的。而我之所以下大力气为表妹小莉找工作，很大程度上是怕听到大舅在我母亲以及其他亲戚面前骂我这个外甥忘恩负义！

无论利益平衡还是舆论评价，都是针对当事人行为的利益导向机制。这些机制激励熟人之间进行利益互动以实现各自利益的最大化，或者抑制熟人之间破坏利益的行为以降低各自的利益损失。正是在这一正一反的保障机制的作用之下，办事找关系的习惯法得以有效实施，而办事找关系也就顺理成章地成了人们的生活习惯。

四、主要结论

综合以上事实描述及规范分析，可以得出如下几点结论：

其一，从事实的角度看，办事找关系是城市社会中人们社会生活的基本方式之一。无论人们对这类行为的价值判断如何，一旦有办理生活事项的实际需要，找熟人帮忙通常都是其首要的行为选择。人们之所以习惯于办事找关系，很大程度上是因为有约定俗成的习惯法为其提供了行为规范，从而确保当事人之间有相对稳定的行为方式和后果预期。就此而言，办事找关系是熟人之间的一种有“法”可依的生活方式。

其二，从规范的角度看，人们在办事找关系的过程中适用的习惯法是一种调整熟人之间的利益互动与交换关系的社会规范。这类社会规范约定俗成，具有相对明确的适用范围、适用对象和规范内容，并依靠当事人之间动态的利益平衡和舆论评价机制保证其实施，其属性和功能体现了我国“关系社会”国情下这类“活法”的现实意义。

其三，从价值的角度看，这类习惯法适应了人们的生活需要并呈现出旺盛的生命力，凸显了其存在的价值，说明中国城市社会的人们与乡村社会的人们共享着大致相同的生活方式，在一定程度上验证了学者有关当今的中国社会本质上仍然属于乡土社会的判断。[1]但是另一方面，这类法规范所蕴含的价值内容通常与法治的价值目标相抵牾，其实施会在很大程度上抵消法律的适用效果，从而成为影响法治建设的消极因素。因此，既要正视这类社会规范存在及其发生作用的现实，同时又要对其消极因素进行必要的遏制与防范。

---

〔1〕高其才：“代序：乡土法学的若干思考”，载高其才：《乡土法学探索——高其才自选集》，法律出版社 2015 年版，第 1 页。

2

私人交往中的借款规范

——从一则借款事例展开思考

高成军*

借款行为在私人交往中稀松平常，人们因为生产生活的需要和自身状况的局限难免寻求外界的帮助，这不仅仅是自我救济的有效手段，更是社会共同体维序自身的有效机制。本文试图通过一则借款事例窥探其习惯法规范[1]，欲求对事例的深描，反映并思考存在于借款中的一系列可提炼为规则的习惯法，进而对因社会经济发展和人情变迁所带来的对以往借款行为的可能张力与调试进行分析，希冀以小见大微言博观挖掘其可能的制度智识。

一、借款事例及可能问题

笔者通过高考考取大学，第一年学费住宿费合计 4800 元，家里为了让我顺利报到注册，卖牛羊、树木、粮食等凑齐学费。在第二学年可以申请助学贷款，于是贷了剩余 3 年的学费。临近毕业时，本想找工作入职还清学费，但听宿舍同学一言，参加了研究生入学考试并考取，而这面临的又是交学费的问题。研究生毕业时因老师

---

* 作者简介：高成军，清华大学法学院博士研究生，甘肃政法学院法学院副教授。

〔1〕 本文所指“习惯法”为非国家法意义上的习惯法，习惯法是独立于国家制定法之外，依据某种社会权威和社会组织，具有一定的强制性的行为规范的总和。参见高其才：《中国习惯法论》（修订版），中国法制出版社 2008 年版，第 3 页。

介绍和推荐获得一份在高校任教的工作，可谓非常难得。但此时棘手的事情便是缴清剩余的 15 000 元学费，这对于还在求学中的我以及当时的家庭境况来说，全然不是一笔小数目。于是，找同学帮忙。通过对借钱过程的回溯，看似平常，仔细分析之却不觉发现有一些潜在又暗含的规范充斥其中。比如，“同学为什么要借钱给我”可能除了善良本性之外还隐藏了其他维持人际交往的主客观考量并能提炼出些许理性交往规范；“问哪些同学借钱才能有效地借到钱”这也是笔者着手借款行为时不自觉地要思考的问题，笔者最先考虑问老乡借，这是值得深思的并能通过此举参透大多数的一般借款行为中借款人对被借款对象的一些朴素的选择规范；“怎么向同学说明借钱来意”也即如何表意，这里涉及表意方式的问题，笔者当时因地域限制只能通过打电话的方式表明借款缘由，但思考不能仅仅停留于此。表意方式虽在客观上表现简单，但在人际关系的复杂交往中却微妙多多；“怎么感谢愿意借给钱的同学”这又似乎暗合了法律上借款合同之利息规范的意义；“借钱给我的同学凭什么相信我能够还上所借钱款”，这其中涉及担保的相关问题，但本文所探讨的习惯法视域下的规范，绝非仅仅囿于国家立法范畴下的担保形式，它似乎要更突破这一裹挟，而是有着生活气息的潜在交往规范的渗透；“我何时能还上同学借的钱”这涉及借款期限问题，于我而言，必然是一有能力清偿就马上还清，这也是笔者一贯遵从的借款信条；“有借有还再借不难”；“同学为什么不要求我写借条就能借钱”，这又涉及口头借款合同在日常交往中的普遍适用性和其背后蕴藏的人之常情对其适用的延展性；“怎么还给同学钱”如何将钱交付给同学以及应该如何感谢，这里面也有可能潜在的规范。最后，至于比照我们熟知的法律上借款合同文末之违约条款，虽在上述案例中没有出现涉及违约的一系列问题，但关于违约的风险无不权衡与消散在笔者与借款交涉的整个过程中，这关乎前几个借款步骤的有效推进以及背后的潜在规范。

二、私人交往中借款的基本原则

借钱原则、方式因人而异，但基本都遵循“自愿诚信”“有借必还，再借不难”“勤借勤还不拖沓”等一般性原则，否则会将自己置于人际交往的尴尬境地而失去基本的交往空间，招致鄙夷、非议等负面社会评价。除了这些基本原则，笔者还形成一些特别的借款习惯，比如“分割借款总额向多个人借”“你对我有情我对你有义”。笔者之所以不只向一个人借够全部数额，一是出于怕给对方带来更多的困难，因为挣钱都不易，为对方考虑是应该秉承的善良，特别是当时的情况，本科同学也毕业不久，刚工作没几年，不能太过于麻烦人家。二是怕过多的数额造成对方是否想借的考量。如果同学听来所借数额在自己可以出借的范围内，也不影响自己的支配，在这种情况下可能更容易达成借款合意。本着这两个主客观因素，笔者习惯于向不同的几个人借，最后凑齐钱数。除此之外，笔者特别看重“你对我有情我必然有义”，如果对方曾经帮助过我，若他日后遇到困难，即使我手头不宽裕，我也会想办法帮助他，一来还人情，二来出于作为一个人应该有的良知。反过来我们也可以说“帮人也就是帮自己”。困难人人都会有的，何不摈弃私心、私利包容地对待他人。

三、私人交往中借款习惯规范的内容

根据前文所述事例，我们提炼出日常交往中，特别是数额不大的生活性借款[1]（区别于生产性借款）的一般规范，具体包括借款原因规范、对象规范、表意方式规范、利息规范、担保规范、期限规范、形式规范、交付规范、还钱规范以及违约规范等这几个方面。

（一）原因规范：救急及朴素的人常情分

在原因规范中，要区分借款原因和出借原因，也即“我为什么借钱”以及“同学为什么借给我”两个方面。至于“我为什么借钱”的原因，笔者认为这是一个事实问题，因为当时的客观情况导致没法解决自己的困难，而不得不向同学寻求帮助，希望顺利解决当时因工作调档和未交齐学费的冲突。然而，至于“同学为什么借给我”这个问题，可以看出诸多公共交往的基本规范和价值考量。

---

〔1〕笔者将借款理由区分为生活性借款和生产性借款。

在任何借款行为中，借款行为是否成立往往受双方之间的人际关系及社区交往伦理规范影响。事例中的情形，笔者更愿意称之为“情义型人际关系”〔1〕。在这类关系中，借款关系的成立与否由于双方人际关系的不同往往导致有所分殊。其主要的考量因素是“情分”，人际关系的远近亲疏是具体的标尺。“知恩图报”“你对我有情我对你有义”“是兄弟当然二话不说”“一家人你的问题就是我的问题”等都是这一规范表述。事例中，笔者问其借钱的同学都是平时关系较为好的，且预估念在同窗情分上应该能帮这个忙，最终应允借给我钱的那些同学应该也是有情义的成分。而且他们听完我的借钱事由之后，应是也遵照了“谁没有个困难”“帮人就是帮自己”“借钱给真正需要的人，而不是游手好闲的人”这种朴素的出借原因规范。

（二）对象规范：老乡是首要选择、借熟不借生

因为出身农村又初次在省城求学难免不自信，还有一口不标准的普通话，笔者就会更多地在潜意识里和老乡来往比较多，大家有着相似的成长环境，一样的风土人情，从心理上更容易和他们亲近。久而久之在相处的过程中感情也更加深厚。当时又碰到借钱这么棘手又很不好开口的事由，想想还是先找找老乡帮帮忙，除了平日里更熟络一些，也比家在其他市县的同学更知根知底，互相能够更多地了解彼此的情况。为此笔者想可能也更愿意借给我。“借熟不借生”即是对此种情形的规范表达。

（三）表意方式规范：诚恳地说明来意

言语的表达和信息的传递都有着一套微妙的方式，既然是要解决自己的燃眉之急，就必须诚恳的说明实情，希望能够得到对方的帮助。事例中，因为是同学又有几位老乡，曾经一起学习生活四年，比较了解，现在自己有困难想得到帮助，打电话就可以直接说明来意，实事求是地告诉他们自己现在的困难，表达出十分急切的求助愿望。笔者给每位同学打电话的时候，再问问他们近来的情况之后，都详尽地给他们说了自己的处境，一边是工作机会不能错过，一边

〔1〕笔者将人际关系划分为“情义型人际关系”“组织性人际关系”“偶联性人际关系”三类。

又被困在凑足学费的麻烦中。说来这也是关乎前途的大事，对当时的我来说得到这个机会十分不容易，因为学费问题错失前程实在是不值当。基于这种急迫且焦虑的心理我都一五一十地给打电话借钱的同学说明困难的处境。“真正借给有需要的人”就是表意内容的朴素表达，也是基本出借规范。

（四）利息规范：人情不生利、还钱不空手

当时笔者问同学借钱并没有刻意地表达有关利息的事项，这样一来觉得很生分，二来也会让同学觉得不舒服，毕竟都是老同学了，平时关系又不错。这么一说反而也让对方觉得疏远，不自在。而且这还是一般性的生活借款，为了解决燃眉之急所用，直白地约定利息显得不是那么回事儿，毕竟人是生活在人情关系中的高情商的存在方式。经济学的理性人固然没有错，也是效益最大化的不二法门；但人在公共交往的关系中必然做不到仅仅只是机械的存在。当然了，虽然没有直接商定利息问题，但笔者在表达借钱缘由时已经说明，“后面有机会一定好好感谢你，过来看看你，请你吃饭”诸如此类的话。同时，对于自己来说，我也不会只还钱而没有任何表示，等手下宽裕自己肯定是拿出部分钱款，还人家这个人情，也是一种感谢。

（五）担保规范：不需要见证人或保证人的担保方式

事例中，笔者问这几位同学借钱，我和同学都没有提及如何担保债务的事项。想想这也是一项十分普通的凑学费的借款过程，能向同学借本身意味着不会借太多钱，学费说来也不是一笔大到需要担保的钱款。其次，谈担保也必然显得生分而不亲近。但是，为了能让借给我钱的同学放心自己能够如数还上这笔钱，笔者在电话中说，“如果你能借我钱的话，你放心，我手头一有就还给你，时间也不会太长，只是最近真的比较麻烦，一下子要交那么多，但肯定不会太长时间，我就还给你”。借给我钱的同学也会想：“这工作也马上有着落了，应该还钱没问题，再加上我们都是同学，这层关系绕不过去，如果还不了钱的话，他也尴尬，也不会出现什么问题的。”因此，我们并没有刻意约定担保条款。基于人之交往和公共关系的维序，以见证人或保证人缺席的方式达成了借款合意，此绝非是能在立法框架下所参悟的，也即习惯规范调整人际关系的魅力。

（六）期限规范：借短不借长、还款无期限

事例中，笔者与肯借给钱的同学也并未约定还款期限。因为本着“救急不救穷”“借短不借长”以及“有借有还”的借款习惯的规范约束，再加之我向同学借钱时，也告诉他们“有钱我一定还给你”“也过不了很长时间就能还上”。这就类同借款合同中对期限事项的约定。只是在熟人借款中采取了更加灵活变通的方式。其次，更为重要的是，这说明，我任何时候都承认自己的债务，他不会因为过了诉讼时效，而抛给对方丧失胜诉权的危机。从这一角度来说，“还款无期限”“我的债务永远是我的”即是规范的表达。

（七）形式规范：口头凭证“优于”书面凭证

像在事例中的借款情形，人际交往中通常采用口头方式达成借款合意。此种非要式的形式不仅符合熟人之间借钱的一般情理，而且对于本身数额不大的借款来说显得更为便捷。在一定意义上，在类似如上事例中的情形下，口头凭证可能优于书面凭证。我向同学借钱，也是通过电话表明借款意思，并没有提及打借条一事。

（八）交付规范：以尽可能便捷的方式为交付准则

在如上事例中，借钱给我的同学应诺借钱后，因为不在同一座城市，双方都不言自明地以最便捷和最经济的将钱款打至我的银行卡。当时还没有微信、支付宝等这类新型且更为快捷的具有转账功能的手机应用。而这一准则放置当前经济高速发展的社会而言，更能体现其效益价值。

（九）还钱规范：勤借勤还，再借不难

材料基于自己的真实事例，不难看出作为借款人，本人一贯秉承“勤借勤还、再借不难”的借钱基本信条。一般性的生活性借款，人际交往中都应以该原则为借款行为的要旨。现今伴随着经济的高速发展，人们生活水平的迅猛提高，通常在“借钱救急”的情况下都会在借款人内心自觉遵照。这不仅仅是诚信问题的表现，还是是否能够在社会共同体中寻求可能扩大的交往空间，不致将自己抛向互助共同体的边缘而致孤立无援的窘境。这也不仅仅是笔者的还钱规范，更是大多数人的还钱准则。

（十）违约规范：强大的舆论造势比约定的违约条款更能形成心理压力

一般的小额、生活性借款行为嵌入日常生活中，对它的思考不能仅停留于解决借款人燃眉之急的简单逻辑中，它必然是在复杂的社会关系中游走权衡。“我找谁借钱”“为什么选择老乡借”“同学为什么会借给我”这三个问题背后是复杂的人际亲疏、交往理性等主观考量和对借款人现实情况权衡的客观定夺。在人情社会的关系网络中，上述案例中诸如此类的借款行为，约定违约条款，似乎显得十分蹩脚、格格不入。民间社会是一个广泛的空间，它有着自己的“制度机制”，有着靠人情纽带维系的关乎生存的不二法门，生活在其间的人们，相较对法律条款的尊重，特定生活圈的舆论压力在防范风险时显得更为奏效。

四、私人交往中传统借款习惯的变迁

前文通过对借款真实事例的剖析，详尽提炼了其中暗藏的习惯法规范。基本原封不动地还原了发生在十年前的校园借款行为。以事例为依托，以正式制度为参照系，深描借款合意达成的各个环节。在析梳的过程中，我们不难发现，平常的生活性小额借款行为并不像民事法律中对合同行为专章规定的那样，都有着刻板的规范约束。广泛的民间社会有着一套区别与国家法的自己的交往方式，这套方式的运行，在运作成本低的同时也体现了比法律运行更有效的实施效力。我们认为，民间对自己行为独有的调整方式会伴随着社会的永续而常在，但它也绝非一成不变，它是在面临着经济社会的不断发展中自觉调适，不断创生新的对法律条款做以变通但能有效安顿人们的交往秩序规范，这正是对习惯法研究的巨大潜力。抛开文中材料的约束，我们将借款行为放置更为广泛地公共交往理性中考察，社会发展现代性的不断深化和由这种不断深入的现代性带来的人情变迁，对传统借款行为产生了些许习惯改变。特别表现在，通信手段的多样化甚至有逐渐取代发短信和打电话的传统方式所带来的对借款表意方式、交付方式以及还款方式的改变。微信、支付宝这两大具有转账功能的手机应用，基本逐渐取代了传统的交易方式。因此，熟人之间的借款表意方式、交付方式以及还款方式都可以通过这些媒介完成，使得借款、还款过程大大便捷。

伴随着生活的不断快捷与质量的提高，也一定程度松散了过去的人际交往之情谊，情分逐渐淡化。借款合意在熟人间也渐趋以“明算账”的方式达成，借款行为的双方也都不因为此而觉得伤了和气，反而更融洽地交往。在他们之间，讲条件可能比讲情分更让双方心里觉得踏实。因此，这种人情变迁使得传统的熟人借款过程发生更加注重担保规范和形式规范的问题，从前人们这样做觉得生分，现在反而觉得安心。但总的来说，熟人社会的借款习惯法并没有发生太大的改变，特别是互助依附关系更为紧密的乡村社会，它们更是将传统的借款习惯法表现得淋漓尽致，以自己的语言、方式做着朴素的“规范表达”。

五、结语

通过对笔者真实借款事例的剖析，我们认为传统的借款习惯法在熟人社会依然沿袭。表示方式规范、交付规范、还款规范、担保规范以及形式规范虽然因经济社会发展和人情淡化有些许改变，但还普遍遵守旧例。借款规范习惯法进一步告诉我们，习惯规范在调整民间社会人们基本交往的过程中依然发挥着国家法所不能替代的作用，其具有强大的挖掘潜力。

3

网购时代的纠纷解决与权利维护

——以一起网购维权事件为例

池建华*

一、引言

网购作为新四大发明之一，[1]已经深刻地影响和改变了当前我国民众的购物方式和消费方式，并成为大多数民众特别是城市社会生活的重要组成部分。网购，即网上购物，就是通过互联网检索商品信息，并通过电子订购单发出购物请求，然后填上私人支票账号或信用卡的号码，厂商通过邮购的方式发货，或是通过快递公司送货上门。[2]网购的正式术语是“网络商品交易”，《网络交易管理办法》第3条规定：网络商品交易，是指通过互联网（含移动互联网）销售商品或者提供服务的经营活动。作为一种新型购物消费方式，便利性是网购的主要特征，但是网购同样可能产生消费纠纷，也需要建立相应的纠纷解决机制。对于消费者来说，购物不再受时间和

---

* 作者简介：池建华，清华大学中国农村研究院博士后，法学博士。

〔1〕. 2017年5月，来自“一带一路”沿线的20国青年评选出了中国的“新四大发明”：高铁、支付宝、共享单车和网购。2017年12月，入选“汉语盘点2017”活动年度候选字词五大候选国内词。参见“新四大发明”，载 https://baike.baidu.com/item/新四大发明/1549722?fr=aladdin，2018年6月26日最后访问。

〔2〕 参见“网购”，载 https://baike.baidu.com/item/网上购物?fromtitle=网购&fromid=2175822，2018年6月26日最后访问。

地点的限制，他们几乎随时随地都可以获取海量商品信息；对于商家来说，经营成本和规模的限制也大大减少，交易额和利润大为增加；对于第三方交易平台的经营者来说，网购提供了大数据时代最为重要的信息资源。在网购模式之下，消费者（买家）、商家（卖家）、第三方交易平台的经营者之间形成了一种新的社会关系，特别是涉及维权事项时，出现了许多与之前实体购物模式不同的新情况、新问题，这需要各方不断探索，形成新的适应网购消费模式的纠纷解决机制，以保障网购的有序和健康发展。本文以个人亲身经历的一次天猫购物维权经历为考察对象，在做详细事实描述的同时，分析其中存在的问题，并尝试提出几点思考。

二、事件过程描述

（一）正常购买阶段

2017 年 10 月 12 日，我在天猫上搜索所需服饰，而不是通过淘宝直接搜索，这是因为相比较而言，天猫的商品质量较为可靠一些。经过对比，我选中了 2 款衣物，一件秋冬长袖 T 恤，一件男士外套，并且通过认真查看这两件物品的评价情况，查看图片，认为质量还算可以，但是没有和天猫卖家联系，这是网上购物的一个便捷之处，即看中哪一个，就可以直接下单。下单之后，我就直接支付宝付款，付款方式选择的是花呗，即一种类似信用消费的形式，这个月使用，等到确认收货后，确认后的下一个月的 10 日才开始还款，因为选择了花呗，这也直接影响了以后的纠纷解决，可以说是关键因素，此处暂不涉及，下文详细描述。

12 日 20 时 20 分左右，付款之后，就是等待卖家按照约定的时间发货，买家等待收货阶段，这一阶段是网购的必经阶段，中间基本上不会出现什么问题，主要是物流方面的运输事宜。13 日 12 时左右，我通过查阅，得知卖家已经发货，按照网购程序，接下来就是等待快递送货，然后确认收货。但是之后，我又再次认真查看了卖家所售的外套，个人感觉自己选择的那一款并不是很好，因此产生了更换的想法。于是，第二天即 14 日 21 时 39 分，我通过阿里旺旺联系卖家，表达了希望换货的想法。此处，阿里旺旺是淘宝开发的一种聊天工具，买家和卖家可以通过此种软件进行直接交流，此款软件还提供商品发货、确认收货等功能，实际上也可以成为之后双方继续协商的渠道，特别是出现纠纷后。淘宝维权机制显示这里的聊天记录可以作为相关证据，提交给淘宝维权平台。

此处我本想着换货即可，选择另一款外套，但是出现了新的情况，快递已经发出，两件商品用了一个快递，按照常规，接下来我需要等着确认收货，以完成交易。但是我不想等到收货后再退换货，因此希望卖家那边直接给我换。此时卖家提供了另外一个新情况，由于北京地区快递问题，卖家提示北京地区暂停发货，这就导致如果我想换货，只能等很长时间，大约 15 天左右，没有办法，卖家提供了一种途径，即我可以直接拒收。但是因为快递已经在途，卖家表示无法退款，只能重新拍，退款只能等到卖家收到退件后才能实现。这时，我也明白，现在可以直接再次拍下，然后确认收新货，之后把那个旧货退回，也算是解决之道。但是卖家此时表示 14 日北京地区就不发货了，同时卖家表示可以等到快递恢复之后，按照付款时间安排发货，但是起码要等 15 天，我想确实没有必要现在就拍下，因此就没有继续买，而是等到旧货发过来后直接退回，完成退款。由于卖家 2 件商品，用了 1 个快递，其实另一件 T 恤，我是没有退货打算的，但是由于是一个快递，我就只好一并退回算了。

（二）正常退货阶段

和卖家商议之后，15 日 12:30，我就直接在淘宝网上选择了退款，选择的是“仅退款”，退款原因选择是“不喜欢/不想要”。这里因为快递还在路上，我可以直接选择未收到货，未签收一项。通过搜索网络，这种情况可以直接选择未签收退款，一般是卖家联系物流公司把商品追回，但是大约 3 个小时候，卖家没有同意我的退款请求，拒绝原因显示是“商品退回后才能退款”，并且在阿里旺旺上给我留言：“申请 7 天无理由退货退款。”我想着那也可以，反正也不是很麻烦，因此按照卖家的提示，我修改了退款申请，改为“7 天无理由退换货”。此处，我想这个 7 天无理由退换货的具体规则是什么样的？如果我申请了，是否会对我有不利之处？此时，我在淘宝上找到了有关规则，天猫的规则显示：

消费者使用支付宝担保交易在天猫购物，签收货物后7天内，如因“不喜欢/不想要了”等主观原因不愿意完成本次交易：可以提出“7天无理由退换货”的申请（部分商品及类目除外）；买家退的货物不得影响商家的二次销售。[1]

并且天猫提供了较为具体详细的操作规程和有关说明，具体分为“保障范围”“申请时间”“维权方式”“运费说明”“其他说明”等五个方面。

此时，我看到里面明确提示是“签收货物7天内”，但是我本来想的就是不用签收，直接退回，怎么还用签收之后才退回？虽然有这一担忧，但是想着可能是申请7天无理由退换货，对卖家不会产生什么退货率之类的影响，那我就选择这一项好了，此处与卖家还没有什么纠纷，我就没有再次和卖家确认这一项。淘宝网上显示如下，即我申请了7天无理由退换货后的阶段：

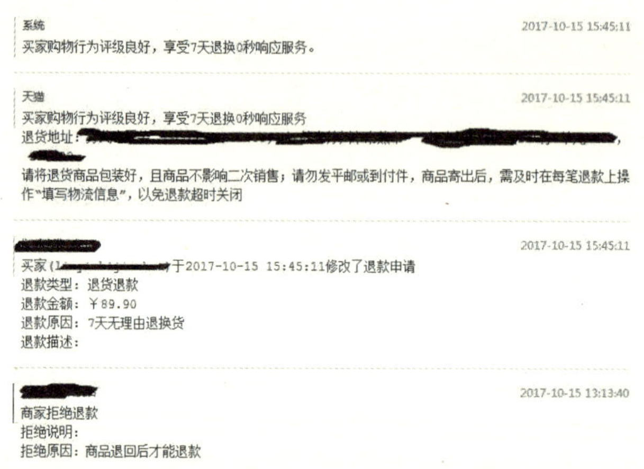

根据提示，我选择7天无理由退换货后，天猫显示我必须填写退货的物流单号，但是因为我是直接拒收，因此快递单号应该就是原来的单号，因此我就直接填写了原来的快递信息。提交快递信息后，天猫系统提示：“由于买家购物评级良好，买家申请的退款享有

[1] “天猫保障·七天无理由退换货”，载 https://www.tmall.com/wow/seller/act/seven-day?spm=a220l.8153167.a2226n1.2.509d597bq2peqv，2018年6月26日最后访问。

极速退款特权，天猫已将 89.90 元垫付给买家，请买家查看支付宝账户。”这里出现了一个极速退款特权，根据我之前的购物经验，应该没有什么问题，就是款项会直接退回来，而不是等到卖家那边收到退货后再打给我，这确实是天猫为买家提供的一项很好的服务。之前，如果购物之后，卖家没有发货之前，如果我选择直接取消订单，也是按照这一程序，款项直接退回给我，于是此时我也没有过多考虑，就等着快递通知我时，我去直接拒收就可以了。极速退款面向信誉良好的买家，权益内容：极速退款是淘宝网为诚信会员提供的退款绿色通道服务，卖家逾期未点击发货申请退款或者已收到货退货退款并提交退货单号，淘宝系统就会立刻退款到您的账号，减少退款等待时长，实现“即点即退，瞬间到账”。(个别特殊类目和虚拟类目除外)；权益对象：适用于信誉评级为“极好”或“优秀”且无催缴未还款记录的会员。信誉评级从低到高分别为一般、中等、良好、优秀、极好。淘宝网显示我的信誉是极好，所以享受 5000 元极速退款。

(三) 纠纷产生和维权阶段

申请 7 天无理由退换货的第二天，即 10 月 16 日下午，我突然收到阿里旺旺发过来的信息，显示商家已经拒绝极速退款，这时不正常的现象出现了，天猫提示我必须归还之前天猫极速退款垫付给我的款项，时限是 7 天，我有 2 个选项，一是修改申请，直接归还钱数，二是申请天猫客服介入。更加不解的是，商家的拒绝说明却是“提供寄回的物流单号”。

2017-10-16 13:30:28

商家拒绝极速退款
拒绝说明：提供寄回的物流单号
拒绝原因：买家退货单号错误或无走件记录

这里，因为我是直接退回，肯定是寄过来的快递单号，但是商家以这个理由拒绝，肯定是不当的。关于这一问题，其实我也没有太在意，这一天刚好快递给我发短信，让我去取快递，因此我就直接到快递那边说快递直接拒收，物品退回。快递公司的服务人员也进行了记录，那这个快递当然是很快返回寄件方，即卖家。之前提到的极速退款特权此时出现了问题，它要求我必须在6天之内，归还天猫垫付的款项，否则结果可能使我的信誉降低，极速退款特权受到影响，这一点也是之后产生纠纷的一个诱因。

之后，我就通过阿里旺旺联系了卖家，说明物品未签收，快递正在返回，我也向卖家说明，我的极速退款被其拒绝了，这时卖家提示我申请仅退款，但是我这边系统上已经没有这个选项了，这让我去哪里申请？我一再向卖家说明，但是卖家也说明不用我处理了，他们联系物流公司，物品退回即可。这时还没有产生争议，但是我对他们拒绝极速退款已经产生了异议，但似乎卖家那边可以很容易地解决，我就没有再进一步说，等着他们处理吧。

但是此时，卖家给我的提示就是“点击修改退款原因”：

FGQ-HXDSL
颜色：白色917；尺码：XL
[卖家拒绝退款]

换季促销：
179.10元

但是我再次和卖家提到，我这边是极速退款，目前只能“撤销并还款”，那我就先按照系统说明，先还款吧，这时我想的是天猫上应该还会出现其他选项，供我选择，与卖家交流。但是，就是在这个时候，即我选择“撤销并还款”之后，突然系统上显示：“极速退款，天猫先行垫付，退款关闭”。

极速退款，天猫先行垫付，退款关闭

退款成功时间：2017-10-17 12:19:46
¥ 89.90已还款给天猫

协商历史

天猫 2017-10-17 12:19:47
买家（）已主动还款，交易款项89.90元已自动打款给卖家，请卖家查看支付宝账户。

并且在交易详情界面，竟然显示“交易关闭”“退款成功”。这是为什么？难道这样就结束了，这时我确实是有些无法理解其中的程序了，就赶紧联系卖家，以便协商。

但是，卖家就给我提供了此时的交易状态，即“退款成功”，但是此时实际上我却再一次花了钱，这次是自己实实在在的钱，物品却已经退回。正如上面显示，交易款项已经自动打到卖家，请卖家查看支付宝账户，但是此时卖家似乎也有了抗辩理由，那就是退款成功的交易显示。并且卖家竟然一再声明没有收到我的钱款，并强调已经退还给我。我给卖家的说明是“1. 我用花呗打款给您。2. 极速退款，淘宝先给我了，就是花呗额度回来了。3. 您那边拒绝退款，我这边只能再次花钱”。但是此时卖家已经没有其他说明了，就是坚持退款成功。并且给我提示，可以联系天猫。争议此时产生了，其实此时我的想法是可能天猫那边出了一点问题，那就由天猫直接来解决。

接下来就是和天猫客服的协商阶段了，也可以分为三个阶段：第一，10 月 17 日，通过“阿里小蜜”智能助理，这是淘宝（天猫）提供的比较直接的方式。此外，最开始接待询问的是初级客服，只是简单地记录问题，等到你把问题基本阐述清楚之后，他会说把你的问题上报给上一级客服，然后就是等待上一级客服。等了几分钟，上一级客服介入，系统首先会提示上一级客服会先利用几分钟的时间来阅读刚才你和初级客服的交流记录。之后上一级客服在初步了解你的情况后，会继续和你在阿里旺旺上交流。第二，这一阶段就是在阿里旺旺上和上一级客服的交流。实际上，这一阶段就是填写 2 个表单，这两个表单抬头是“已过维权期表单”，特别提示淘宝小二（即天猫维权人员）会在 5 个~9 个工作日内给出处理意见。与初级客服一样，这一阶段的客服语气温和，基本上就是让我们耐心等待。如果你向他们询问这其中到底是如何处理的，他们也不了解；如果你根据现有材料，提出自己的意见，他们表示不能告知最后处理结果。因此，我也就只能按照要求填写完毕，提交给淘宝。第三，与天猫客服直接电话联系，时间是 10 月 19 日，天猫热线是 4008-608-608，第一次打电话就接通了，有人接听，但是那边比较吵，客服人员表示抱歉。通过与客服交流，提供订单号，简单说明是极速退款买家还天猫垫付款项产生的问题。对方表示需要填写维权表单，这时我说明已经提交，然后就是告知需要耐心等待，时间仍然是5个~9个工作日内。这时我也明白，原来虽然可以通过这2种途径与天猫客服取得联系，实质上最后都需要填写相应的维权表单，然后根据程序上报。客服人员查询后，告知我的维权信息已经提交，但是维权人员还没有接手，这就表示还需要继续等待，在提交表单2天后，还没有维权人员介入，原因未知，可能是需要处理的维权事务太多，人手不足。

已过维权期表单

1.您正在填写《已过维权期表单》，此表单48小时内有效
2.为确保您提交的申诉完整有效，请按要求填写
3.请不要重复提交表单哦，小二们将在5~9个工作日内给出处理意见

订单编号：*

注意：订单编号已由系统为您填好，请不要随意修改哦~

货款金额：*
不含运费等其他费用

货物状态:*
未收到货
已收到货
已退货

维权说明：*
烦请说明具体问题

上传凭证：* 选择文件 未选择任何文件 增加

下一步

在与天猫客服成功取得联系之后，我又尝试和卖家直接联系，告知有关情况，但是此时卖家的回复就是“退款成功”，让我直接联系天猫客服。似乎，与卖家交流协商已无可能，我只好再看看是否还有其他投诉渠道。这时，我发现交易界面上有一个“投诉卖家”选项，我试想把这个也填一下吧。10月19日21:11，我按照要求提

交了投诉申请，并上传了 2 张截图证明，一是快递显示已经原路退回，二是与卖家的协商过程。

自己　2017-10-19 21:11

买家（　　）于2017-10-19 21:11:52创建了投诉申请。

投诉类型：投诉商家

投诉原因：其他

投诉说明：货物未签收，直接快递退回，物流有显示。极速退款先天猫垫付给我，之后被卖家拒绝，以单号不对为理由，但是我未签收肯定直接退回，后我主动还款，突然交易关闭，退款关闭，但是我的退款未退回.协商显示交易款项89.90元已自动打款给卖家，请卖家查看支付宝账户。但是卖家未回应

此外，由于之前我也购买了其他商品，也选择了退货退款，但是由于这一卖家选择同意我的极速退款申请，所以就没有产生问题。极速退款首先是天猫垫付给买家，待卖家同意后，卖家再把钱归还给天猫。两者对比，使我更加明确确实是卖家方出现了问题。然后，又是一次漫长的等待。

（四）纠纷解决

说实话，这一阶段，我也没有想到这么快。在我创建投诉的第二天中午（10 月 20 日）卖家突然直接给我打电话，让我取消投诉，款项退回。对此，我也不知是天猫客服起了作用，还是我的投诉发挥了影响。然后，通过阿里旺旺与卖家取得联系，卖家直接告知提供我的支付宝账号，直接给我打款。此时，因为有 2 个订单，需要分 2 次归还，我还有一点疑问，即担心如果我取消了投诉，但卖家没有退款，那时该如何解决。确实如此，卖家那边也是等我取消一个投诉之后，就把一个款项打过来。这时，我也明白，只有我先把投诉取消，卖家才会给我打款。竟没有想到，此时的双方已经是十分理性！关于为什么同意我的请求，卖家最后也没有给出直接明确的回复。

无论如何，纠纷总算解决了，我的款项退回，卖家的物品也顺利返回，也算是圆满，但是其中的过程却是比较漫长！

附记：退款成功后，11月1日20:29，收到淘宝网发送的短信，显示淘宝已经联系商家核实，所以电话投诉单关闭。据此可知，电话投诉单确实能够在天猫维权的过程中发挥作用，但时间过长。

三、网购维权中存在的问题

截至2018年，我通过淘宝（天猫）购买商品也逾5年，总体来说，之前确实没有产生过一起纠纷，相反网购给我带来了许多直接的便利和优惠。此次纠纷的产生和解决过程，为我了解网购纠纷解决机制提供了最直接的素材。网购维权问题涉及领域众多，仍有许多问题亟待解决，最主要的是从程序和实体两个方面保障网购维权的顺利实现。

（一）网购维权的繁琐程序问题

网购维权首先面对的是程序问题，平台虽然为我们提供了渠道，但是总体来看是非常繁琐的，这是程序过多带来的问题。网购面对大数据，这里的“大”可能是上千万、上亿的数据，我们可以简单推测虽是极小的比例，也会是一个海量问题。网购平台提供了纠纷解决机制，但是这种机制主要是以各种上报程序的形式体现，以此分流问题，减轻维权人员的压力。平台、卖家、买家这三方，在纠纷处理的过程中，只能是两两联系，而不能是三方直接对话。由此，带来的问题就是时间拖延，长时间的拖延对买家最为不利，卖家仍然可以继续其他交易，平台没有受到影响。当然，作为消费者，我们也可以向平台所在地的消费者协会反映问题，拨打12315，相对来说，这一程序可能也会发挥作用，但还是会回到平台那里。根据现代社会条件下的纠纷解决机制，我们还可以向法院起诉，但是诉讼意味着公权力的介入，需要遵循另一套程序，并不能节省时间。当前，杭州互联网法院的建立，是一个新的方向，但是对于小数额的网购来说，无疑是不切实际的。互联网法院为网上开庭创造了条件，是程序方面的创新，值得肯定，但还有许多具体事项需要进一步地探索。

程序虽然繁琐，有时却不能穷尽，这也是程序不足出现漏洞的问题。在我的这次维权的过程中，实际上平台提供的程序设置并不完美。交易关闭的出现意味着需要平台客服的介入，卖家那时利用平台漏洞进行答辩，而买家无法应对。总结一下，极速退款如果被卖家拒绝，买家只能先还款，否则无法进入下一步，之后的结果却是交易关闭，买卖双方没有了再次协商的渠道。我也把这一问题反映为了客服，但是他们也不能提供正常途径下应该会出现什么样的提示，可能这就是“正常提示”，这在买家看来是漏洞，但是个体买家对平台事实上发挥的影响甚微。

（二）大数据背景下个体网购维权的实质性困难

网购引起的问题主要有产品质量、快递、退换货等方面，此次我涉及的主要是退换货，相对来说，解决起来并不是很复杂，因为快递状态可以直接显示。而产品质量问题似乎更加复杂，预防假冒伪劣产品的出现，当前这一责任主要在卖家自身，实际上平台并不能直接介入，相反，如果买家认为出现了产品质量问题，平台要求买家出示产品质量检验报告，卖家很容易提供合格证明，但是买家这一方却是十分困难。个体数据汇集成平台的大数据，此时的个体属于大数据中的一个原子，这些网购问题存在许多相似之处，也就是说实质性问题其实并不是很复杂，正如我的经验，这一问题实际上也不是很复杂，也很容易辨明双方的责任，但是却不能及时解决。个体在平台大数据下很容易成为一个个孤立的个体，大多数时候，个体的诉求并不能被平台解决。在多数情况下，作为消费者，不能及时与平台实际负责维权的工作人员取得联系，消费者对于平台的信任度必然会受到损害。但是作为一个极其微小的个体，消费者实质上又不能产生十分明显的影响，这也是大数据背景之下个体网购维权存在的悖论。

四、完善网购维权的一点思考

通过这些维权，我切实感受到了网购维权的困难，问题简单，事实清楚，但由于卖家的不积极配合，加之平台程序设置的某些问题，导致维权时间过长。针对出现的问题，本文认为可以从以下方面进行相应地完善。首先，平台必须积极完善购物程序的设置，不能仅仅因为平台一方的问题而引起买卖双方的纠纷，这首先是平台的责任。平台设置的购物程序面向所有消费者，这种统一设置一旦有小问题，那就很容易出现大问题。实际上，大数据之下，可以为平台提供解决的途径，针对广泛出现的问题，及时处置，以形成比较一致的事项，以此完善平台。其次，平台的纠纷解决机制有待完善，特别是三方参与渠道的缺失。在现有条件下，三方不能同在一个渠道协商。原因是平台客服的权力并不一致，有大小之分，有权直接处理纠纷的人员过少。为此，可以尝试提高初级客服的维权职能，客服不能只是单向的诉求接受者，应该给买家或者卖家提供一些切实有效的信息。或者说，在网购平台处理纠纷时，需要设置一个新的投诉区域，三方可以直接参与，看到最新的进展，减少中间环节。最后，建立健全责任划分和承担机制。网购平台、消费者、商家、其他监管机构，这些与网购有关的参与者，需要一个权责明确的机制。监管机构对平台的监管、平台对于商家的准入和管理、平台对消费者的等级划分，这些都需要明确的规范，这样在出现纠纷时各方能够比较清晰地了解自己的权利和义务。虽然我这次维权基本成功，但是对于其中为什么能够解决，还是存有疑问。网购作为一种新型购物方式，是在不断发展的过程中逐渐成长起来的，出现问题不可避免，但是要利用互联网、大数据的优势，及时加以完善，各方也要树立规范意识，共同保障、促进网购的健康发展！

4

集镇摆摊的民事习惯规范
——以河南省洛镇为例

李亚冬*

一、引言

时间：农历二〇一七年四月初六，地点：洛镇，天气：晴。

这是五一假期的第一天，和众多平凡的日子一样，对乡民而言，这也是一个再平凡不过的逢集日。

凌晨4点，月明星稀，街中心卖早点的两家摊贩点亮了暖色的灯光，几个人影稀稀疏疏开始忙碌。6点左右，东方既白，煎包的香味飘在空中，卖鞋子的、卖床单被褥的、卖瓜子核桃的、卖水果的、卖菜卖肉的摊贩陆续从邻近的村庄开着或大或小的电动三轮车依次到来，沿着熟悉的道路将车停好，开始摆摊。大嗓门的乡民们互相打着招呼，开着玩笑，在一片祥和欢乐中开始了一天的生意。

9点左右，集镇上乡民逐渐增多，欢快地前来赶集，摊贩鳞次栉比地摆在路边，高声叫卖，商户借助音响设备播放着喜庆的音乐。一切都那么熙熙攘攘，又那么井然有序。11点半左右，人群逐渐散去，摊贩依次收摊回家，各家商铺的女主人开始准备午餐的饭菜。

---

* 作者简介：李亚冬，清华大学法学院博士研究生。

本田野调查的调查时间：2017年4月30日至2017年5月6日；调查地点：河南省汝县洛镇。（按照学术惯例，文中的人物、单位均进行了化名处理，特此说明。）

集罢了。

但这一天和每一天一样，都不平凡。因为秩序本身不平凡。秩序承载着乡民的正义观念、人情往来和利益计算，或是自生自发，或政府引导，但普遍为民众心中认可，行为上自觉遵守。作为集市主角之一的摊贩如何摆摊？他们所熟悉的摊位是如何固定下来的？为何商户允许摊贩在其门前摆摊？如果说秩序背后是法律或其他社会规范，摆摊秩序的规范内容是什么？是如何运行的？为何得到了乡民们的认可和自觉遵守？本文通过实证调研的方法试图回答以上问题。

二、洛镇概况

（一）洛镇概览

中国幅员辽阔，全国范围内有乡镇约 4.8 万个，行政村总数约 69 万个。根据 2010 年第六次人口普查的结果，居住在农村的人口约为 6.7 亿人，占总人口比例的 50.32%。随着现代化的不断推进，习近平总书记提出，只有坚持以人民为中心的发展思想，坚持人民城市为人民，新型城镇化才能真正走向现代化。近年来，深入推进新型城镇化建设成为政府工作的重点。在这一大背景下，乡镇建设中集镇秩序的管理成为乡镇政府工作的一项重要任务。

本文所走访的地点为洛镇，位于河南省汝县西北方向，距离市区 12 公里，距离汝县城 35 公里。全镇共辖 17 个村委和 3 个农村集市，226 个村民小组，约 5.6 万人，总面积 85 平方公里，7.8 万亩耕地。镇经济以农业为主，商业为辅。曾受政府支持试图发展民间手工艺文化——麦草画，近年来效益不佳。可以说，洛镇是一个普通的中国乡镇。

镇辖 3 个农村集市，本文以经济发展较好的洛街为主要样本，别街和王街为辅助样本，以在街上摆摊的摊贩为主要对象进行访谈，获得集镇摆摊规范的内容、形成、运行及相应的救济措施。本文采用实证的方法，主要包括实地观察法和访谈法。

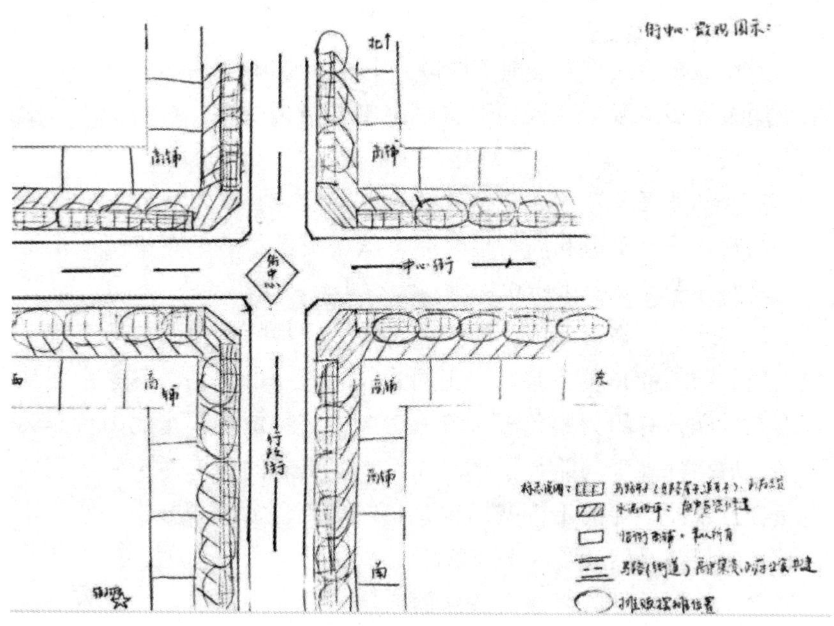

洛街街中心微观图

（二）基本信息

1. “逢集”与“背集”

在城市中，商铺每天都会开门营业，商业交易在每天的任何时段都在发生。集镇和城市有所不同，集镇上虽然多数商铺也会每日都营业，但摊贩仅在“逢集”的上午摆摊，因为乡民仅在“逢集”的上午前来赶集。事实上，平常日子里繁忙的时间仅有 2 个小时~3 个小时，一般在上午 9 点到 12 点之间，下雨下雪时，前来赶集的乡民更少，真正发生商业交易的时间也随之更少。过年过节时则会延长时间至下午。

“逢集”和“背集”的确定根据阴历日期的单双数决定。洛集和王集“逢集”是“逢双”，别集是“逢单”。如阳历 2017 年 4 月 1 日是阴历 2017 年三月初五，“五”是单数，因此当日别集“逢集”，洛集和王集“背集”。阳历 2017 年 4 月 2 日为阴历 2017 年三月初六，“六”是双数，则当日洛集和王集“逢集”，别集“背集”。以此类推，每隔一日逢集，根据沿袭至今的传统，每月初一是休息日，都不逢集。

摊贩仅在逢集日上午前来摆摊，中午乡民散去，摊贩收摊回家。洛集周边许多摊贩会在阴历双日时上午来洛街摆摊，在阴历单日上午去别集摆摊。

2. “马路牙子”和水泥地坪

马路牙子是车道和人行道之间带状条石的俗称。在洛街的街道上，马路牙子尤宽，由砖块构成，大约4米。

马路牙子与临街商铺之间的距离为水泥地坪，由商铺所有权人或租用商铺的商户负责整修。正因为没有统一的规划，各家水泥地坪形态百样，有的为避免雨水流入房屋中，特地筑起水泥高台作为地坪，最高处高于马路牙子半米左右，但更多的商户考虑到水泥款自负，打水泥地坪的工人费用也是自己负责，为节省开支，修建水泥地坪时仅与马路牙子齐平或略高。

由于水泥地坪的修建由各家商户负责，商户普遍认为自家有权使用该水泥地坪。事实上，商户出摊时，会从店铺大门两侧一直延伸到水泥地坪，再延伸到对应的马路牙子上。

另外，水泥地坪的宽度临街的左右两边并不相同，这自然是城镇规划时遗留的问题。不过，洛镇的环境卫生状况总体较好，近年来先后荣获省级卫生乡镇、省级生态乡镇等称号，不断推进着美丽乡村建设和城乡一体化建设。

自2012年起街道整顿，不允许在马路上摆摊，所有摊位均挪至马路牙子和水泥地坪上。这一街道管理政策引发了本文所调查的对象——集镇——的摆摊规范。

3. 商户门前四包责任制

为促进城乡一体化建设，全国范围内的临街店铺和小区开展了形式不同、内容类同的“四包责任制”。四包责任制有不同的表述，但内容大多为“包卫生、包秩序、包立面、包文明”。

洛镇政府为保证镇上的卫生和秩序，也实施了商户门前四包责任制。

“包卫生”要求各家商户门前（包括水泥地坪和马路牙子）的垃圾由各家商户清扫，商户负责门前地面的清洁，将垃圾集中在垃圾桶附近的马路上，再由街道的卫生负责人员清走垃圾。马路上的垃圾由街道负责人清扫。不仅摊贩需要交纳卫生费，商户也需要交纳。

“包秩序”是指，商户需自觉维护和保持门前责任区内不乱摆摊点，不乱设置违规停车区域。对责任区内出现闲散人员、流动摊贩及旅客长时间堆放货物、停车，影响交通秩序的，有义务进行劝阻和制止。

“包立面”是指，商户需保持责任区内建筑物立面整洁，不乱贴广告和标语，门前的遮阳篷和遮雨篷等设施，安装时需要经过街道管理方的同意，按照有关要求设置，保持完好和整洁。

“包文明”是指，商户有义务阻止他人在责任区内的不文明行为，如占道打麻将、赤背、卧躺等行为。

“四包责任制”意味着商户有维护门前良好卫生和秩序的责任，同时也被授予维护自家门前卫生和秩序的权力。如果门前的卫生不及时清理，则可能被施以罚款。若流动摊贩或旅客摆在自家门前长期堆放货物或停车，以至影响交通秩序时，如果不予劝阻则可能被街道管理部门施以罚款。

（三）集镇摆摊分布概况

洛街上生意最为兴隆的是街中心。以街中心为最好，东街、西街、南街生意较好，大多摆摊的都在这三条街及街中心。

公共服务部门主要位于南街，如中国邮政（建筑正在重建）、农村信用社、洛镇政府、洛镇卫生院等公共服务部门。公共服务部门门口有少量摊贩摆摊。

东街、西街没有公共服务部门的商铺均为私人所有。或为房屋所有权人所用，或租赁给其他商户所用。更多的摊贩是在各条街的私人门口摆摊。

北街仅靠近中心区域的几家商户生意较好，但门前地坪和马路牙子多为商户自己所用，摆摊的极少。

三、摆摊规范的形成

根据随机走访、观察与摊贩谈话可知，经过长期的实践，集镇上自生自发地形成了“在私人门口摆固定摊，就应该给人家交钱”的习惯规范。该规范被摊贩和商户普遍认可，并主动遵守，具有形同于民事法律的效力。

（一）规范的形成

1. “先占先得”制及其消极作用

2012 年是摆摊规范形成的时间点。2012 年之前，街道上垃圾满地，卫生状况堪忧。至于摆摊，摊贩们普遍抢摊，采用“先到先得，先占先得”的方式。摊贩和商户都极力将摊位抢占在马路中央，期望生意更好。

在集市兴起的初期，那些早起抢摊，连续多日占在马路固定位置的摊贩认为自己因连续多日早起，付出了比他人更多的劳动，从而对摊位形成了“先占权”，直言“这是我的摊”，日后即使不再早起，也并不影响他对该固定位置摊位的“合法权益”。除此之外，不仅周围摊贩会认可这种“先占”，乡民也认可这种“先占”，在买东西时径直来到某摊贩的固定位置，讨价还价：“我回回来你这儿买东西，给便宜点！”一旦摊贩的位置变了，乡民很难找到他所熟悉的摊贩，会打听“那个××门前卖鞋的挪到哪里去了？”

理论上存在这样的假设：在日后的某一天，某固定摊位的摊贩晚到时，恰好有不明事理的乡民前来他的摊位摆摊，这时，他可以实施“驱逐”，赶走占用“他的摊位”的新摊贩，实现自己的“先占”权利。但现实生活中，这种情形很少发生，原因在于，新摊贩多是该地区的乡民，熟悉集镇上摆摊的规矩，如果想要摆摊，会先行观察或向周围商户、摊贩打听，该位置是否是“无人占有”的，如果是他人的固定摊位，他需要另行寻找其他空地，如果并非他人的固定摊位，他才可以在此摆摊，但这样的空地并不好找。因为有店铺的商户并不会仅在屋内销售商品，还会将所销售的物品摆摊至马路中央。实际上，有店铺的商户的大多数交易发生在屋外，似乎乡民们认为，屋内是商户的私人生活空间，屋外才是商业发生的公共空间。

由于马路属于公共所有，诸多摊贩在马路中央摆摊，不需要向其他个人交纳摊位费，但需要向镇政府相关部门，如向工商部门交纳税费，向街道管理部门交纳卫生费用。摊贩倾向于在马路中央摆摊，原因在于两点，其一，没有政府一方的禁止；其二，在人口密度相对低的农村地区，大多数的日子是单调而冷清的，逢集时，人群从四面八方赶来，聚集在这个集镇上，交换商品的同时也交换信息，自然而然地营造出热热闹闹的景象。物质和精神都相对贫乏的乡民热爱并渴望这种象征着繁荣的嘈杂。

摊位的“先占先得”制可为镇政府提供财政支持，但同时也有诸多的消极影响。

纠纷频发。逢年过节时期是生意的繁忙时期，有些乡民不是固定摆摊的摊贩，但会借此机会销售年货，此时，摊贩总数增加，但可以摆摊的空间是有限的。在摊贩之间、摊贩和在马路中央摆摊的商户之间发生过多次因抢摊带来的纠纷和冲突。

“霸市”。有少许居住在街上或街周围的摊贩或乡民会依地理位置的便利，借“先占先得”之名在好地段抢占远超出其所需求的摊位面积，并将多出的面积给其他摊贩使用，借以收取相应的费用。

交通堵塞。过年期间，生意繁忙，诸多乡民前来赶集，但道路被摊位所占，交通极易堵塞，电动车三轮车难以通行，这给交易带来了极大的不便，降低了交易的效率。

盗窃频发。人群拥挤，给小偷实施偷窃而难以被发现提供了机会，因此2012年之前，每逢过年小偷猖獗，乡民受苦。

2. 抢占“公家”门口的摊位

2012年前后，镇政府着手整顿街道卫生和摆摊秩序，禁止马路中央摆摊。拥有店铺的商户可将摊位出在自家门口（地坪和马路牙子），因此对商户的影响不大，但这一举措着实为难了摊贩。

可以出摊的地方是公共服务门前的水泥地坪和马路牙子，同样采用“先占先得”制，那些在公共服务门摆摊的摊贩比较幸运，由于长期占用，由此形成了固定的摊位，其他摊贩认可此种形式的“占有”，便不再参与抢占。

所涉及的“公家”包括镇政府、镇卫生院、邮政储蓄所、河南省农村信用社、新华书店、幼儿园、中国联通等单位。但这些少量的“公家”门前的空地很难满足大量摊贩的需求。

3. 私人门口摆摊秩序的自发形成

摆摊政策变动之时，有少量摊贩退出，前往城市务工，但于更多的摊贩而言，生活所给的选择是有限的，生意仍要继续。那些未能抢占到公家门口位置的摊贩发愁可以将摊位出在哪里。他们敏锐地认识到，商铺门口的马路牙子和水泥地坪给他们提供了出路。

问题在于，如果此时的洛街的商户的商业类型和营业范围与旧时差别不大，即进入门槛低的日常商品的销售，摊贩和商户之间存在的直接的、激烈的竞争可能会导致摊贩这一职业在洛街历史中的消失。

这种可能产生的激烈竞争来源于“规模政策”。镇政府规定，在同一条街上的营业范围保持基本一致。其目的在于，一方面形成行业内部竞争，另一方面形成规模经济，从而在市场上形成稳定的价格机制，并减少消费者与销售者因信息不对称可能造成的不公。例如，卖衣服的大多都在东街，卖鞋子、糖果、干货的都在南街，卖菜卖肉的都在西街。乡民前来购物清楚地知道自己去哪个区域可以买到性价比最高的物品。事实上，远离所属商圈的个别商户的生意确实比在所属商圈内的商户的生意萧条许多。

当“规模政策”遇到禁止在马路上摆摊的政策时，冲突在所难免。卖服饰的商户不会允许一个卖同类服饰的摊贩在他的门前摆摊，卖副食的商户不会允许卖干货的摊贩在他的门口摆摊。冲突发生之时即变通之时，但怎么变？谁是变化中的主导？这一变化又是怎样影响了秩序的重构呢？

一如既往，时代的变化会给人们提供生生不息的契机，这次也不例外。

过去洛街的商业类型极为有限，大多是五金用料、日化、副食、粮油、种子农药、布匹及低端服饰等商品的销售，仅少数的商业类型必须有固定的店铺，如较好的饭店（俗称“馆子”）、烟酒副食批发商、理发店等。大多数的商业类型的进入门槛较低，不需要特别的手艺或技术，乡民可以和商户一样，从市里的批发商进货，运到街上来贩卖。

城市化的时代背景下，大量的农民进城务工。他们在城市中所从事的行业（尤其是服务业）和得到的行业训练，在返乡创业时，悄然影响着当下洛街的商业类型和集镇秩序。

逐渐地，街上销售电脑及配套产品、销售手机、提供复印打印服务的店铺多了起来，装修精致的理发店、美容店、婚纱摄影店多了起来，奶粉专营店、孕婴用品专营店、占据4间以上门面的大型服装专营店、鞋子专营店从无到有，随之而来的还有越来越多的大型购物超市。

发生变化的不仅包括新的商业类型，比如从城市获得专业经验的美容师、理发师、摄像摄影师和电脑维修师，还有日益细分的经营领域。更为突出的是，他们从城市中习得了新的经营策略，如注重室内环境和商品摆设的专营店和购物超市。

商业类型的精细、新增和商业策略的变化带来了一个意想不到的后果，即农村集镇上商业活动的空间的转移。过去商户和摊贩共用同一空间，分属同一商业类型，经营类似的商品范围，获取差别不大的经营利润，而现在，农村集镇的商业活动正在发生转移，从室外熙攘的大街逐渐转移到了整洁有序的室内。表面上，室外的摊贩依旧活跃，当然短期内也会继续活跃下去，但摊贩们已经开始有“现在生意越来越不好做了，大超市大商场把我们顶下去了”的担忧。

商业活动空间的转移是由从城市务工回来的农村创业者启动并主导的。这种变化结合镇政府的规模政策直接影响了私人门口摆摊秩序的形成。以东街为例，卖衣服的商户并不排斥卖鞋子的在他门口摆摊，甚至也不排斥卖衣服的摊贩，因为商户有足够的自信，消费者在大型服饰商场和小摊贩之间会选择前者。但不排斥并不意味着乐意免费“施惠”，商户即使选择不在门前空地摆摊，仍可将空地留给前来购物的乡民通行或作为停车场使用。任何人在他门口摆摊，都会“影响生意”。与此同时，出于互惠共赢的考虑，给摊贩一个摆摊的空间，同时收取一定的费用，不仅可以部分抵扣商户的租金，还可能因为摊贩带来更多的潜在消费者，可称之为“人气”或“风水”。而摊贩迫于政府政策寻找出路之时，遇到商户门前的“好地段”和“低租金”，会寻找合适的商户协商，形成合意。

时过境迁，秩序形成的具体过程难以毫无差别地情景再现，但根据当下摊贩主动找商户协商，出钱在门前摆摊的事实或许可以佐证，当时摊贩迫于政府政策和生计的维持，主动找商户协商，从而逐渐形成了一个稳定的、自发的、自愿参与并得到普遍遵守的摆摊规范。

4. 稳固的市场和政府的曲线策略

2012 年，洛镇政府在集镇的南部，通过征地拆迁兴建规划总用地 10 公顷的洛镇新城，规划居住户数 514 户，新建学校、医院、公共休闲社区、农贸市场、垃圾回收站等设施。洛镇新城的规划是商住两用，上层是生活空间，下层是商业店铺。乡民对新事物的接受总需要一个漫长的过程，因此新城落成后，房屋销售情况不太乐观。根据观察所见，现在入住新城的商户不足 20 户，多为农药肥料、电动车等商户，颇为萧条。大型生活超市和主要的商业活动仍然在老街区。

新城落成后，街道管理人员曾努力说服摊贩前去新城摆摊，而且新城摆摊没有人收取摊位费。但清晨 8 点摊贩在新城摆好摊，9 点左右就陆续从新城回到原摊位了。原因就是新城没有生意，市场稳固地扎根在原来的地方，乡民依然来到他们所熟悉的地点购物，摊贩依然在固定的位置等候乡民。街道管理人员很无奈，建好的新城和农贸市场没有摊贩驻扎，没有乡民来访。类似的故事曾发生在石寨铺集镇，石寨铺集镇的摆摊规范和洛街基本一致，政府为改变集镇拥挤的情况，曾修建新的农贸市场，但不久后摊贩又逐渐从新的市场撤回到原来的位置。

政府方希望借转移摊贩，从而转移摊贩带来的人流量来分散老街区密集的商业活动，逐步将洛镇新城作为商业活动的新中心，提高新城的入住率，并逐步取消摊贩，全面禁止摊贩摆摊，将商业活动从室外全部转移到室内。但第一步的实施就遇到了阻碍，原因在于，政府仍以过去的思维路径去推测，是摊贩给商户带来了人流量，而未能充分考虑洛街上商业活动的变化。确实，很难确定过去摊贩与商户两者之间，哪一方为另一方带来了更多的人流量，但从发展的角度来看，受城市化的影响，商业活动空间的逐渐转移由商户主导，这一事实或许可以佐证商户在这场互惠活动中的主角地位。因而，政府想要完成理想中的商业中心的转移，从摊贩这一配角出发，实乃曲线救国的策略，甚至可谓是缘木求鱼。

经过长期的实践所形成的习惯是难以改变的。当个人去某一固定店铺购物的习惯都难以改变时，试图在朝夕之间改变众多乡民参与而形成的习惯性规范和自发秩序，实则是一个难以企及的目标。

（二）摆摊规范的实效：为什么遵守规范？

摆摊规范形成以后，摊贩和商户普遍认可该规范，并主动遵守规范，该习惯规范具有普遍的效力。但问题在于，这一自发形成的规范为什么会受到普遍的遵守呢？

原因在于，摆摊规范符合摊贩和商户的正义理念。在集镇摆摊的语境下，公平正义在乡民的语言中被表述为“不亏”，即经济上不受损失。摆摊规范不仅使双方“不亏”，更是带来了“双方都好”的互惠和双赢效果，双方基于“成本-收益”的衡量，主动选择了这一规范的行为方式。

1. 摊贩的利益衡量

（1）为什么选择摆摊？对于摊贩而言，之所以选择摆摊，是因为对于摊贩而言，租用商铺价格的性价比太低了。那些全家生活在集镇上的商户，商铺不仅作为商业活动所用，还作为生活场所使用。而摊贩的家多在邻近村庄，一家老小都在农村生活，如果租用集镇上的商铺，仅作为商业所用，过了“逢集”上午半大的繁忙，从下午到次日一大半的时间里，集镇上都生意稀疏，无钱可赚。

目前洛街商铺的平均租金是一间门面 1 万元/年，每两天只有半日有生意，因而仅作为商业所用，租用商铺实在不划算。相比之下，摊位费为租金的 8%~15%不等，摊位所处的地段不同，价格有所不同。仅拿 10%租金左右的费用，就可以使用最为繁忙的逢集半日的场所，在生意最好的时间段做生意，性价比着实很高。

除此之外，摆摊还有更为便利和自由的优势。由于单双日“逢集”和“背集”的设置，摊贩可以每天分别在别集和洛集两个集镇摆摊，获得比租用商铺更为便利更为自由的赚钱机会。事实上，在被访者之中，多数摊贩都拥有两个街上的摊位，即给付商户一定的摊位费，在洛街和别集上都有固定摊位。被访者中也有一些摊贩是在其中之一的集镇上有商铺，到另一集镇摆摊。比如在别集有商铺，别街逢集时在自家商铺门口摆摊，洛镇逢集时到他人商户门口摆摊。

(2) 为什么选择摆固定摊位？对于摊贩而言，做生意最为重要的是建立属于自己的相对稳定的客户群体。一方面，流动的摊贩难以找到理想的地理位置无法摆摊，或牺牲休息时间早起抢摊，或浪费太多时间在寻找摊位上，不仅给摊贩带来了潜在的抢摊纠纷和内心的“不安全感”，也没有机会建立自己的客户群体。如果有一个固定的摊位，则不用早起，不用担心找不到合适的摊位，也不用与他人抢摊，不用担心摊位处垃圾堆积，因为他所给付给商户的摊位费，使他享有毫无忧虑地使用该固定摊位的权利，还不用打扫摆摊产生的垃圾。

另一方面，流动的摊贩即使找到了理想的地理位置，也会因为随时可能发生的流动失去固定的客户群体。对于客户群体而言，在人群熙攘之中找到自己经常光顾的摊贩是一件费时费力的事情。固定摊位使得摊贩能够笼络住自己的客户群体，通过长期不变的位置给客户一个“可靠可信，不会卖了假货就跑路或缺斤少两”的印象，由此建立起信赖感。此外由于有一个固定的摊位，在和客户讨价还价的过程中，摊贩更有底气拒绝客户的低价要约。摊贩们心里很清楚：一个固定的摊位是摊贩不断积攒客户、发展壮大生意最有力的保障。

对于摊贩而言，摆摊比租用商户的性价比高出许多，而一个固定的摊位能够保障他安心与乡民做生意，并逐渐稳固、壮大自己的生意。

2. 商户的利益衡量

(1) 为什么愿意腾出空地给他人摆摊？如前文所言，商铺的租金相对于生意的繁荣程度而言，性价比实在不高。而通过腾出一些空地方，不仅可以减少自己出摊的劳动，还可以在方便他人赚钱的同时获得一笔额外收入以减轻租金负担，是一个利他利己的好选择。

另外，许多新型商户不需要出摊，如销售和维修电脑的店铺、销售手机、销售大型家电的店铺、理发店、美容店、打印店、药店等，以及室内装修精致的服饰店、鞋店、奶粉店，也包括最为典型的大型购物超市，这些新型商户不需要出摊，因而或将门前空地留作停车场和通行所用，或给摊贩所用。

当然，有的新型商户并不愿意将空地给他人摆摊。他们倾向于在门前空地象征性地出摊，例如婚纱摄影店门前的高大的充气拱门和花篮实际上是另一种形式的出摊。装修精致的日化商铺和蛋糕店不仅在室内销售，也会制作可以推动的摊车，摊车上摆放着畅销品，逢集时推出去在室外销售。采用这种办法可以排除其他摊贩在自家门前出摊，从而避免生意被影响，同时也有益于自己商铺的生意。

（2）为什么愿意将空地给固定摊贩使用？流动摊贩每次摆摊给付商户的钱从 10 元到 20 元不等，取每次 10 元最低价为标准与固定摊贩相比。一个固定摊贩每年一间门面 1000 元的摊位费，除去初一、阴天下雨及农忙时节，大约出摊 150 天，平均每天大约 6.5 元。相比于流动摊贩，固定摊贩的日均摊位费确实不高，但流动摊贩毕竟是流动的，不稳定的，因此虽然流动摊贩单次出摊给商户的摊位费远高于固定摊位，但长期来看，难以与固定摊位给商户带来的收入比肩。

流动摊贩由于人员不固定，给商户带来了更多的交往成本。而固定摊贩与商户由于长期的协作形成了熟人关系，彼此相互信任，相互依赖，形成了具有人情味的互惠关系。因此，常常存在这种情形：商户租用他人房子租期届满，重新找了新的商铺，在商户门前摆摊的摊贩跟随着商户迁移至新的摆摊地点。例如卖凉粉的唐叔在 3 年前在街中心东北角的××批发部门前出摊，而后由于××批发部与房屋出租人合同到期，不再续签，转移到距离街中心东南方向大约 3 个店铺 6 间门面的自家房屋处，唐叔随之迁往新店铺的门前，继续摆摊。[1]唐叔街中心的摊位被另一户卖凉粉的摊贩所用，而这个摊贩与街中心的房屋所有权人有更紧密的熟人关系，租用了一间门面后，不仅在所租门面的门前空地摆摊，还将摊位延伸到未租的另一门面的门前。

---

〔1〕 唐叔访谈录。

3. 乡民的正义观念

本文将乡民内心朴素的正义理念解析为双方“不亏”的利益衡量，并不是否认美好的正义情感的作用，事实上，本文强调的是这种正义情感和道德观念有着坚实的经济基础。乡民朴素的正义观念和“理性人”的利益衡量，糅合着复杂的人情关系，在集镇这个“熟人社会”共同影响着秩序的形成和变迁，而当下洛镇乃至更为广泛范围内的自发形成的摆摊秩序就是乡民智慧的绝佳例证。

四、摆摊规范的内容

在洛镇，街上的摆摊规范的内容具有较高的确定性，而对于复杂的实际情况，存在着一般情形和例外情形，两者共同作用，呈现出集镇摆摊的完整图景。

（一）一般情形

摊贩在私人商户门前长期摆摊，双方形成了明示或默示的合意，摊贩占用私人商户门前的马路牙子和地坪，摊贩向私人商户每年支付一定金额的摊位费〔1〕，双方合意一经达成，须自觉遵守。

一般情形的双方是平等的主体，双方的权利义务的一般内容较为明确，特殊的内容根据摊贩的营业范围与商户具体商定。可见后文中对规范运行的阐述。

摊位的对价不等，根据摊位位置和双方的协商确定摊位费的具体数额。摊位位置与城市房价类似，学区房、距离市中心近、交通便利的房子价格高，偏远地区的房子价格低，街中心摊位费价格较高，各条街的末端价格较低，有的甚至不需要摊位费。具体协商时主要比照房屋租金，一般而言，摊位费是租金的8%～15%不等。如果房屋租金价格上涨，则摊位费也会随之上涨一定比例。如：原来一间门面（商铺）的租金为8000元/年，则摊位费可能为800元/年，房屋租金上涨至10 000元/年，则摊位费随之上涨至1000元/年。〔2〕

〔1〕 有的摊贩称之为租金、地皮费。

〔2〕 多个人的访谈录。

（二）例外情形

1. “公家”门口

如果摊位位置在公共服务部门的建筑门前，则不需缴纳摊位费，仅向街道管理人员缴纳卫生费即可，每个月 10 元~15 元。

这类摊贩由于早年长期早起占据公家门口的摊位，不用和其他在私人门口摆摊的摊贩一样给付摊位费，但他们也高度认可这一习惯规范，即在私人门口摆摊，就应该给人家交钱。如洛镇计划生育委员会门前，摆摊卖床单被褥的黄伯，仅交纳卫生费，而不需交纳摊位费。他很幸运能在别镇村民委员会门前找到固定摊位，也不需交纳摊位费。〔1〕另外在正在修建的中国邮政大楼、中国联通、洛镇卫生院、洛镇政府门前摆摊的摊贩也不需交纳摊位费。

2. 人情关系

如果私人商户与摊贩互为亲属、近邻，在摊贩主动给付摊位费时，商户一般会推辞，不接受，形成“好意施惠”。在这种情况下，摊贩会在逢年过节时，给商户多送礼物“表示表示”，或在日常生活中，将家里种的菜或自家所做的食物等送给商户，形成更具人情味的互惠关系。

这类摊贩虽然基于人情、面子和亲戚关系没有给付摊位费，但他们对“在私人门口摆摊，就应该给人家交钱”这一习惯规范高度认可。如洛镇杨家超市门前摆摊卖肉串等小吃的毛叔与卖菜的张伯与杨家超市的经营者是亲戚，虽然毛叔是远亲，张伯是近亲，而且两个摊贩都不仅在逢集日还在背集日摆摊，但杨家超市的经营者都没有收取任何摊位费。〔2〕他们之所以选择在杨家超市门前摆摊，不仅因为杨家超市处于最为繁华的街中心，还因为他们明知杨家不会和其他商户一样收取他们费用。这是亲戚之情所赋予他们的特权。杨家超市的经营者也不会为了每年约一千元的收入与亲戚发生冲突，因为这势必会影响杨家超市经营者的声誉，而间接影响生意。

在别街上摆摊卖五金和腰带的甲，王街上摆摊卖肉的乙都没有

〔1〕 黄伯访谈录。

〔2〕 杨阿姨访谈录。

给背后的商户给付摊位费，原因就是彼此之间是亲戚关系，但两者都表示，逢年过节走亲戚时会有所“表示”。[1]

3. 外来商户

随着洛镇的发展，不仅越来越多临近乡镇的人前来做生意，还有越来越多来自湖南、广东、四川的人员前来洛镇租下店面，开设服饰商场、鞋品商场、化妆品店及面条铺。他们常常并非一人，而是带着全家前来，说着普通话或各自的方言，很少主动融入当地，也没有可依靠的亲戚朋友。

在相对封闭的农村，外地人想要融入当地并不是一件容易的事。彼此之间语言的不顺畅带来的不信任也会阻碍这种融入。相对而言，外来商户属于较为弱势的一方，在摆摊的情境下，外来商户和摊贩之间并非完全平等的主体。因此在外来商户门前的空地摆摊，情况较为复杂。

有些摊贩知道该商户是外地人，不会主动找商户协商，而是先行摆摊，如果被赶走则换地方，如果没有被赶，则会在此长期摆摊。外来商户考虑到自己在当地人单势薄，不会主动要求摊贩履行交付义务。因此外来商户要么使用门前空地自己摆摊，要么干脆放弃当地习惯规范赋予当地商户的权利。

韩丙是最早来洛镇做服装生意的湖南人，早年他带着老婆和儿子租用了北街的两间门面开始做生意，选择店铺时体现了韩丙的精明，因为这两间门面属于村支书，由此建立起了与当地有声望的人的联系。门面的房屋所有权人住在二楼，韩丙家住在一楼，几年后生意做大，他的儿子在家乡结了婚，带着媳妇来到镇上。初期他所租用的房屋门前的摊位由房屋所有权人占用摆摊，又过了两年，韩丙在洛镇的店铺为乡民所熟知，此时韩丙家拥有两个大服装店，一家自己经营，另一家由儿子经营，韩丙的店面在西街，门前也有人摆摊，并不收取摊位费，但韩丙的儿子在东街租用新店，门前有人摆摊，摊位费由韩丙的儿子按照市场价格收取。[2]

---

〔1〕 甲、乙访谈录。

〔2〕 韩丙访谈录。

因而，当摊贩所摆摊位是外来商户租用的门面时，存在博弈和酌情的空间，这种例外情形并不完全例外，有时候也符合一般情形的设定，但有的时候也并不符合。

4. 流动摊贩

存在一种摊贩，是流动的，没有固定的摊位。这类摊贩不以摆摊所得为稳定收入的来源，因此没有固定的摆摊地点，摊也比较小，销售的物品也并非固定的种类。逢集时来到街上找空位，哪里有空位则在哪里摆。

但天气晴朗的农闲时节，流动摊贩很难找到合适的摊位，因为生意繁忙的地段都有固定的摊主摆摊。此时，流动摊贩一般有以下几种选择：

（1）在街的末端摆摊。前来赶集的乡民很少会走到街的末端去买东西，因此偶尔在末端摆摊，不用给对应门前的商户给付摊位费，或仅需给付很少的摊位费。但相应地，在末端摆摊很难卖掉货物。

（2）在六边形的街中心内摆摊。原则上，为避免交通阻塞，街中心禁止任何人摆摊，仅用于行人车辆通行。为此，街中心摆放着警示牌。但街道的管理时而严格，时而宽松，严格时，有专门的街道管理人员负责监督，将在街中心摆摊的摊贩驱逐出街中心。管理宽松时则放任摊贩在中心摆摊。在街中心摆摊不需向任何人给付费用，也没有任何人负责保障该摊位归某摊贩使用。

（3）在私人商户门前的空地摆摊。有些商户不愿将门前空地给固定的摊贩使用，更喜欢将空地专门用于前来购物的乡民通行或停放车辆。事实上，洛街上的大型超市（如全友购物广场和爱家商场）门前的空地（包括水泥地坪和马路牙子）要么作为自家摆摊所用，要么作为停车场使用。

也有少许商户不愿摊贩在门前影响自家生意，而将空地留着，为此有商户专门划出白线，或用绳子圈住门前的空地，提醒摊贩不要在此摆摊。如王集母婴淘宝对面的私人商铺，商铺所有者用木桩立在门前空地上，并用绳子圈住空地，避免他人未经允许占用摊位。

同时，也有商户将门前空地给流动商贩所用，若商户默示可以使用，摊贩大多每次会主动给商户 5 元~20 元不等的费用，商户一般也不会因为钱少而与流动摊贩发生争执。

例外情形并没有否定一般情形，相反，作为反证为一般情形提供了有力的证明。摆摊规范的一般情形揭示了集镇摆摊的常态，反映了市场自身的逻辑和乡民最为根本的利益需求。而例外情形则反映了市场和人的逐利本能的局限，在市场理性之外，秩序的内容受到政府管控、人情关系和隐约的地方势力的影响，从而呈现出了一个立体的、可变通的、在中国农村语境下逻辑自洽的摆摊规范。

五、摆摊规范的运行

“在私人门前摆固定摊，就得给人家拿钱”这一规范的运行具有以下阶段，针对摆摊的合意，经历确定、履行、变更、解除，以及合意解除之后的救济手段。

（一）合意的确定

1. 合意确定的方式

摆摊规范中合意的确定不是书面明示的，而更多是口头的，甚至是默示的。合意的内容由私人商户和摊贩约定，包括摆摊的地点、大致的面积大小、价款和履行期限。

形成合意的内容如果改写成文字，则如下：

摊贩 A 在商户 B 的门前（n 间门面前的水泥地坪和马路牙子上）摆摊，一年给付×元钱。自开始摆摊起，A 应当在前几次摆摊前给付给商户 B。商户 B 有保证摊贩 A 长期便利地使用该摊位，排除其他摊贩使用的义务。

2. 合意确定的过程

摊贩寻找空地—询问商户可否摆摊—商户告知对价，形成要约—摊贩同意，构成承诺—摊贩摆摊成功，合同实际履行。

具体而言：

摊贩若想要摆摊，会寻找哪些商户门前的空地处于空着的状态。而后先询问商户是否可以在该处摆摊，需要每年支付多少钱。商户告知对价，形成要约。如果摊贩觉得合适，则会告知商户，将于何时开始在此地摆摊，构成承诺。当摊贩前来摆摊时即开始以实际履行的方式启动合意，开始生效。集镇摆摊合意的形成大多是此种方式。

另外一种情形是，摊贩见到商户门前有空余摊位，先在此摆摊，以实际履行的方式明示启动了合意，而后再与商户协商，就合意内容中的价款达成一致，而后交付。由于农村集镇的生活依赖人情、面子，因而后一种情形在熟人中也较为普遍。

一旦摆摊的合意启动，就无法撤销，正常情况下，双方都会依照习惯规范各自履行义务。且合意的确定中不存在我国民法中规定的使合同无效或撤销的情形。

（二）合意的履行

1. 双方的一般性义务

（1）摊贩的义务：按时交付约定对价。

行为：第一次出摊或前几次出摊时，摊贩将约定的对价交付给商户。

（2）商户的义务：

a. 保证门前摊位由与其形成合意的摊贩使用，并提供相应的便利；如为商户开车从商户门前通行到达约定摊位提供便利；

b. 摊贩收摊后，将摆摊所用货架放置在商户门前，为摊贩看管的义务；

c. 摊贩需要用水或用电时，为摊贩免费提供用水或用电的义务；

行为：自己不在门前出摊，并排除其他摊贩在门前出摊；在摊贩到达之前，不摆自家摊位，避免影响摊贩通行；为摊贩看管货架；为摊贩免费提供水电。

2. 商户的特殊义务

事实上，商户不仅有排除其他摊贩在门前出摊的合意的义务，还有政府街道管理规定的责任。如“四包责任制”中“包卫生”的规定，商户需清扫责任区（自家修建的水泥地坪和马路牙子），清晨摊贩在商户门前摆摊，中午收摊回家，摊贩虽然向街道卫生管理人员交纳卫生费，马路上的清扫确实是由街道卫生人员负责，但摊贩并没有在马路上摆摊，而是在马路牙子和水泥地坪上摆摊，摊贩产生的垃圾堆放在马路牙子和水泥地坪上，收摊离开后由商户在傍晚或清晨负责清扫，但摊贩却并没有在给街道管理人员交纳的卫生费之余，给商户交纳额外的卫生清扫费用。

3. 双方的一般性权利

（1）摊贩的权利：

a. 商户门前（水泥地坪和马路牙子）的固定摊位为己所用的权利；

b. 从商户门前顺利通行得以摆摊的权利；收摊离开后，要求商户协助看管货架的权利；

c. 在需要时，免费使用商户水电的权利。

（2）商户的权利：向摊贩收取约定对价的权利。

4. 摊贩的特殊权利

事实上，除了一般性权利外，摊贩还具有要求所摆摊位卫生整洁、无垃圾的权利。

在现实实践中，大多数已经形成合意的双方都会自觉履行义务，没有纠纷。也正是因为双方都内心认同该规范，并自觉遵守该规范，洛街秩序井然，少有纠纷。一个优良的秩序是地区经济发展和民众生活水平的基本保障，该秩序自生自发，被民众普遍遵守，足以显示这是一个难得的优良秩序。在市场自发秩序和政府支持的共同作用下，洛街成了本地区最为繁华的集镇，经济发展水平比周边的集镇都好。

（三）合意的变更

合意的变更存在几种情形：

（1）在合意确定的期限内，商户不愿继续将摊位给摊贩使用。在调查中，没有发现此类情形。

（2）在合意确定的期限内，商户不能继续将摊位给摊贩使用。如，该商户是租赁他人房屋做生意，租期届满，由于租金未能谈妥，不再续租。

继续履行：在这种情形下，商户会另寻租用适当的房屋，而摊贩会跟随商户流动，到商户另租的门前摆摊，将原定合意继续履行完毕。

（3）在合意确定的期限内，摊贩不再使用摊位。

如不再做生意，外出务工。此时，摊贩不会主张返还剩余期限

内的摊位费，商户也不会退还。

继续履行：但可通过转让摊位的方式，将原属他所用的摊位转给另一摊贩使用，并收取相应的对价。[1]

转让摊位时需告知商户，商户继续履行自己义务，即，排除其他摊贩在其门前出摊，保证由新的摊贩使用门前摊位。

（四）合意的解除

解除的一般方式：一般以一年为期，期满合意解除。

如果双方均有合意继续履行，则可以继续履行。[2]

解除的特殊方式：摊位费涨价。

如商户租赁的房屋，租金涨价，摊位费随之涨价，若摊贩愿意给付涨价后的摊位费，则形成了新的合意。若摊贩不愿意给付涨价后的摊位费，则会主动寻找其他合适的摊位。

存在另一种情形，事实上房屋租金未涨价，但商户想要多收取摊位费。此时商户会以房租涨价为由，向摊贩收取更高的摊位费。这仍然是一个协商和讨价还价的过程，若双方形成合意，则继续履行。若不能形成合意，则商户和摊贩都会另寻他人。

（五）违反合意义务

本文的访谈对象是被认为相对弱势的摊贩，目的在于说明如果弱势的摊贩都认可摆摊规范是正义且高效的，可最大程度地证明该习惯规范本身的正当性和实效性。事实上，在访谈中，摊贩均表示应该给商户交钱，交钱摆摊是双方互惠互利的事情。

针对是否存在违反合意义务的情形，所访谈的对象均表示：商户不会“交了钱不让出摊”。即，摊贩履行给付义务后，商户不会不履行其保障摊贩长期使用门前摊位的义务。

然而，现实中确实存在着，商户保障摊贩使用门前摊位，摊贩拒绝履行给付义务的情形。当摊贩违反合意义务时，商户会多次找到摊贩商谈，讨要根据习惯规范其所应得的费用。如果摊贩不予合

---

〔1〕 类似于民法中的转租。

〔2〕 流动摊贩以一日为期；短期摊贩以月为期，如王镇母婴淘宝对面的商户表示，在其门前单次出摊需交纳20元，以月为单位出摊需交纳200元。

作，难免发生纠纷。

讨要摊位费的行为本质上是摊贩违约，拒绝履行给付义务时商户要求对方履行其应当履行的义务。

六、违约时的私力救济

（一）私力救济的方式

私力救济主要发生在摊贩违约，商户要求其继续履行义务，讨要摊位费的情形中。讨要摊位费的方式包括两种：言辞和行为。

1. 言辞

由于摊贩违反义务，纠纷已经产生，商户对摊贩不守信用、不履行义务的行为很是义愤，此时讨要摊位费难免存在谩骂或“话说重了”的情形。如果商户通过言辞成功讨要到了应得的合法权益，则纠纷解决。

通过言辞讨要摊位费可能发生诬告陷害的情形。由于言辞本身主观性很大，意义模糊，可以做多种解释，也容易被利用。

2. 排除使用的行为

如果多次言辞讨要摊位费未能成功，商户会采取进一步的措施排除该摊贩使用此固定摊位。如早上在摊贩未到时，将自家商品摆在摊位处，排除摊贩使用该摊位。希望通过采取此种行为，使摊贩履行给付义务，此行为本质上是受法律保护的私力救济的行为。

上述私力救济的方式在不造成严重危害后果的情况下，受到法律的保护。而若被不守信用的摊贩诬告，则可能引起不明细情的公安机关或检察机关的曲解，由此引发的刑事案件可能造成对公民基本权利的侵害。

（二）案例分析

现实中确实发生了这样一桩案件。2015 年在街中心的西北角杨家超市开业经营，以前该营业场所是农业银行的经营所在地，后农业银行破产，经正规的拍卖流程，该块地的使用权和地上建筑物的所有权由外乡人老丁竞拍取得，竞拍成功后，老丁对房屋进行了大幅的改造，后被一名湖南籍外来商户成租用为洛街上最大的服装商场，大约五年间，成在此结婚生子。后来，洛街上来了更多的服装生意竞争对手，成转移至其他乡镇，此时老丁想要售卖这块土地的土地使用权和地上建筑物的所有权。经协商，支付相应的对价，有人从老丁手中获得了相应的权利，并租赁给本地的杨阿姨开立杨家超市。

杨家门前有四个肉贩，在商铺被外来商户成所用时，没有交纳相应的摊位费。而杨家的超市开始营业的第一年，自负资金修整了门前的水泥地坪，但并未向四位肉贩收取摊位费，四位肉贩在出摊时持续占用门前的水泥地坪和马路牙子，利用相应的便利条件。第二年春节前一个月，四位肉贩中的其中一位庚 1 主动找到与杨阿姨有朋友关系的中间人庚 2，希望先给付 100 元给杨家超市经营者，如果春节后继续在该摊位卖肉，再给付 900 元，如果不再，则不再占用摊位。杨阿姨对一年 1000 元的价格表示同意，同时向另外三位肉贩主张交纳摊位费。另外的三位肉贩一直推迟缴纳，而后的一个逢集日的清晨，杨阿姨将拖货所用的小推车放置在肉贩摊位处，肉贩来到摊位处，发现摊位被他人占了，便知是杨阿姨所为，双方爆发了一场争执。而后三位肉贩分别缴纳了 1000 元的摊位费作为下一年在此摆摊的费用，其中一名交纳了 1000 元后，杨阿姨立刻买了他价值 400 元的肉。

事情似乎平息下来了，春节期间彼此相处融洽。但就在平静融洽的背后，酝酿着一场风暴。春节过后不久，四位摊贩向派出所举报，声明杨阿姨向其敲诈勒索共计 4000 元。派出所立案约 3 个月后，来到杨家超市，将杨阿姨带至县公安局，并在审讯约 1 小时后作出了刑事拘留的决定。[1]杨阿姨不明白，周围的商户和摊贩也都不明白，为什么收了应当收的钱却被抓走，还进了局子。流言弥散，在乡民之间传播着这样的观点：派出所办案警官收取贿赂，因而才草率地将本属于经济纠纷的案子直接定为刑事案件。警方的行为令乡民不解，但杨阿姨被带走后，商户和摊贩并没有任何异动，而这也从另一个角度反映了乡民对摆摊规范的认可。该案事发的 2 天后，在各方压力之下，办案警官从被请求到主动请求杨阿姨的亲属与四

〔1〕 杨阿姨访谈录。

位摊贩签订谅解书，杨阿姨退还给四位肉贩4000元，而后办理了取保候审。此后警方将案件移送至检察院，检察院以情节显著轻微为由作出不立案通知书。

此案的诸多细节印证了洛镇摆摊规范的内容、摆摊合意的履行以及摆摊规范的效力。杨家超市的营业场所的相关权利早年属农业银行所有时，摆摊政策尚未出台，摊贩仍可以在马路中央摆摊，且银行属于公共服务部门，因而不需要缴纳摊位费。而后被老丁竞拍所得，由外来商户戍租用时，已经满足了“在私人门口摆固定摊，就要给人家钱”的摆摊规范的条件，戍没有主张摊位费的原因在于，一方面出于外乡人的相对弱势地位，另一方面戍的商业活动主要发生在室内，不需要将商品放到门前的地坪和马路牙子上出售。但当该营业场所被杨阿姨租用为超市时，该规范依旧有效，因此杨阿姨认为自己有权向长期使用该摊位及通行便利的四位肉贩主张相应的费用，而当四位肉贩不愿意履行相应的义务时，矛盾就此发生了。

值得关注的是，四位摊贩为了在生意繁忙的春节期间持续在杨家超市门口出摊，履行了应当履行的给付义务，却在春节过后，合谋倒打一耙，到派出所举报杨阿姨，并利用公安机关为中介，不仅拿回了所交纳的摊位费，还严厉地报复了杨阿姨。最终，四位肉贩利用国家机关实现了自己的利益诉求，而公安机关的决定也给杨阿姨和街上的民众留下了许多不解。

受到民众认可、得到普遍遵守、在政府政策的框架范围内自生自发的规范秩序就这样被打破了。可以预见案件的当事双方关系的破裂，但难以预见的是，一个正义且高效的秩序被秩序的破坏者借助国家的力量打破后将会发生什么。

5

火灾之后的自助和互助

高其才*

一、引言

蒋村位于浙江省慈溪市平林镇中心区，为与另一村两村合并而成一新的村民委员会。目前，全村村民委员会有 32 个村民小组、1231 户家庭，常住在册人口 3040 人，暂住人口 3485 人；区域总面积 3 平方公里，其中耕地面积 2404 亩。蒋村地区有 10 个村民小组、391 户家庭，常住在册人口 989 人，暂住人口近 1000 人，耕地面积 632 亩。蒋村农业形成了以花卉、丝瓜络、蔬菜为主，以多种经济作物和水产养殖为辅的农业生产结构；工业形成了以家用电器、金属制品、电子仪表为三大支柱的产业。

在蒋村，偶有火警出现，但火灾事故的发生极其稀少。不过，2018 年 5 月却发生了一起影响极大的火灾。

2018 年 5 月 4 日 13 时 55 分许，位于蒋村的慈溪市平林镇北工业园区的一家生产足浴器、空调扇的小家电企业慈溪市兴旺电器厂

* 感谢毕克明等的协助。按照学术惯例，本文中的企业名称、人名、部分地名进行了化名处理，特此说明。

共五层楼的回字形钢混结构厂房发生火灾。[1]宁波消防支队接警后先后调集了13个消防中队、35辆消防车、165名官兵赶赴现场进行扑救。[2]5月5日20时30分许，明火被基本扑灭，整个扑救过程前后历时30个小时。[3]

这起火灾事故是由兴旺电器厂的外包方在钢棚搭建和货梯平台护栏安装的过程中电焊渣掉落引燃泡沫堆所致。这起火灾事故的过火面积达近万平方米，造成1人死亡（兴旺电器厂女员工曾如屏），[4]直

---

〔1〕 平林为家电之镇，是全国小家电生产基地。因此，蒋村许多村民都开办有电器制造企业，生产电风扇、电暖器等家用电器。

〔2〕 不过，按照蒋村村民郭建武的说法，共来了包括上海、嘉兴、宁波各地的救火车73辆。（郭建武访谈录2018年5月8日）

〔3〕 兴旺电器厂厂房以及在厂房间搭建的钢棚，都是未经审批就投入生产的违章建筑，根本没有防火分隔，消防设施老旧或缺失，存在严重的消防隐患。兴旺电器厂还在这些违章建筑内存放大量的家电成品、半成品，及塑料、泡沫、纸箱等材料。火灾发生后，火借风势加上厂房复杂的回字形结构，因此蔓延势头极快。“我们到场后，这些违章建筑也给灭火工作带来很大的阻碍。”一名消防战士说，由于建筑内部结构复杂，且部分建筑为预制板结构，大火蔓延后，楼层出现开裂、塌落，他们只好被迫从内攻转为外围控火，防止火势蔓延。而钢棚失火后一片狼藉，消防车辆无法进入，只好又调派长臂挖掘机对钢棚进行破拆。此外，附近的路政消防栓水压不够，以及塑料件燃烧遇水变硬难以扑灭等不利因素，使得火势一度出现反复，导致救火时间较长。在火灾扑救中，宁波消防出动大力A类泡沫消防车、远程供水系统、油类运输车、城市综合体抢险救援车、消防机器人等多种高端设备，有效保障灭火工作的顺利开展与消防官兵的安全。参见颜杰、蔡俊、陶倪：“这一场大火，给中小企业敲响警钟”，载《现代金报》2018年5月9日。而蒋村村民戴国泰认为，兴旺电器厂附近没有消防水源，先接的大概200来米外的塘河水，但是水比较小，一会就堵塞了；只好接更远处大概2000、3000米外的水；后来是用泡沫进行灭火才解决了问题，大概泡沫比较贵，刚开始没有用。（戴国泰访谈录2018年5月8日）

〔4〕 这次火灾事故的死亡者曾如屏为广西壮族自治区南丹县中条镇五排村下边三队人，1994年3月19日出生，已婚，育有一女；2017年12月进入兴旺电器厂工作，当时为兴旺电器厂南侧厂房三层装配车间2号流水线员工。她未经岗前教育培训直接上岗作业，在职期间未接受过工厂组织的安全教育和逃生演练。2018年5月5日1时30分许，在清理火灾现场的过程中于兴旺电器厂南侧厂房三层装配车间距北墙26米、西墙2.1米处发现了曾如屏的遗体。死者位置距三层装配车间东北角最近安全出口约46米，距三层装配车间西侧连廊上的卫生间约28米。根据三层装配车间3号流水线物料员桑晓光向调查组的描述，火灾发生时，曾如屏打电话告诉他，曾如屏本人在三楼西侧连廊上的卫生间里。根据三层装配车间2号流水线员工白定奎、朱弘元向调查组的描述，火灾发生后，在他们逃离火场的过程中，于1号流水线北侧的三楼楼梯口看到过曾如屏。根据三层装配车间主任丁长根向调查组的描述，他在清点人数时发现曾如屏未在现场，便和平林镇消防专职队员一同到三楼装配车间西侧的卫生间寻找，但是没有找到曾如屏本人。

接财产损失在100万元以上。经由慈溪市人民政府授权慈溪市公安局牵头成立的调查组于2018年6月12日作出调查报告，认定这起火灾事故为一起一般生产安全责任事故。

慈溪市兴旺电器厂的法人代表为蒋村人查清蓝，实际负责人为其丈夫毕克明。兴旺电器厂成立于2009年3月30日，为有限责任公司，经营范围为家用电器、塑料制品、健身器材制造和加工。2017年工厂的总产值为900万元，共有员工95人。

这起火灾事故发生后，事主毕克明、查清蓝夫妇一方面配合政府有关部门的调查，同时马上进行自救和自助，通过各种方式托人找关系，尽力减轻法律责任的承担，避免损失的扩大；而他们的亲戚朋友也向他们实施了互助行为，纷纷从心理上安慰他们一家人，有的则帮助他上下疏通，努力争取好的结果。

火灾发生之后的当事人的自助和蒋村村民的互助为我们提供了蒋村当今习惯法的某一方面的具体样貌，[1]为我们把握变迁中的当代中国习惯法提供了思考的样本。

二、火灾之后的自助

作为发生火灾的企业主，毕克明夫妇在火灾发生后大力配合灭火，认真配合调查，积极处理善后事宜，并通过各种途径向有关政府部门表达意见，试图通过各种自助行为表达自己面对事故发生的悔意和诚恳的解决态度，[2]尽力减轻法律责任的承担。

1. 大力配合灭火，极力减少损失

火灾发生后，兴旺电器厂三层装配车间内的员工立即组织扑救，并拨打119电话报警。毕克明知道发生火灾后，马上赶往工厂现场，一方面安排清点企业员工人数，另一方面焦急的等待消防队的到来，

---

〔1〕 本文所指“习惯法”为非国家法意义上的习惯法，习惯法是独立于国家制定法之外，依据某种社会权威和社会组织，具有一定的强制性的行为规范的总和。参见高其才：《中国习惯法论》（修订版），中国法制出版社2008年版，第3页。

〔2〕 从广义上讨论，火灾发生以后的自助还包括火灾现场邻居的自助行为。如火灾刚刚发生时，周围的邻居都吓坏了。有一家的女主人王菊琳连忙往自己家的墙壁上泼水，结果心急忙慌中自己摔了一跤，手还骨折了。直到消防队的救火车来了，这些邻居才放心了一些。（李春娟访谈录2018年5月7日）

同时又向平林镇、蒋村等相关方报告有关火灾的情况。

随着消防车辆和人员的陆续抵达，毕克明主动联系灭火总指挥和有关方面的领导，介绍工厂生产的有关情况、解释当天外包人作业的情况、说明厂房的基本结构和厂房内产品和半成品、原材料的情况，为控制火势、尽快扑灭火灾提供了全面的信息，全力减少火灾事故的损失。

由于兴旺电器厂工厂房建筑内部结构复杂，且部分建筑为预制板结构，大火蔓延后，楼层出现了开裂、塌落的状况，消防队只好从内攻转为外围控火，防止火势蔓延。对这一方案，毕克明表示理解和赞同。

在灭火的过程中，钢棚失火后一片狼藉，地上横七竖八地堆散着被大火烧落的蓝色钢棚和锈红色的坍塌钢架，消防车辆无法进入，只好调派长臂挖掘机对钢棚进行破拆。对此，毕克明完全表示同意并全力予以支持。

由于路政消防栓水压不够，需要寻找其他的消防水源时，毕克明也利用自己为蒋村本地人、熟悉河流和水源情况的有利条件，积极协助消防队解决了消防所需的供水问题。

2. 认真配合调查，主动承认错误

火灾扑灭以后，慈溪市成立了事故调查组，展开对事故经过、原因、性质、责任等的调查和认定工作。作为企业的实际负责人，毕克明积极配合调查组的工作，多次且随时接受调查组的询问，〔1〕按照调查组的要求提供有关材料，特别是详细说明与外包方订立钢棚搭建和货梯平台护栏安装协议的过程和具体实施情况，为调查组查明火灾事故提供可靠的材料。

对于这次火灾事故的发生，毕克明虽然不负有直接责任。但是，兴旺电器厂的厂房结构不符合消防要求、私自违章搭建钢棚、消防安全管理不到位、未制定消防应急预案、未组织新入员工开展火灾

---

〔1〕 按照毕克明的说法，每次得到调查组来电要求去协助调查时，他的内心都是非常矛盾甚至害怕的，生怕去了以后就被拘留、回不来了。（毕克明访谈录 2018 年 5 月 15 日）

逃生演练、未配备企业安全生产员、未制定企业动火作业审批制度，违反了国家有关法律的规定。作为企业的实际负责人，毕克明未按规定组织员工开展消防培训教育及火灾逃生演练、未组织对工厂从业人员开展岗前教育培训、未认真履行安全生产管理职责、对作业场所危险因素预估不足，因此对这起火灾事故负有责任。对此，毕克明都认真接受，表示将认真、彻底的予以整改，开展消防安全大检查，健全制度，严格落实生产经营单位安全生产的主体责任，加强安全生产管理。

3. 积极处理善后事宜

火灾事故发生后，毕克明特别关注员工的情况，当发现刚来工厂上班仅仅半年的广西女工曾如屏不见了时，心里十分着急。当5日凌晨发现曾如屏的遗体时，毕克明十分悲痛。他立即联系曾如屏的家人，与他们协商后事的处理，希望尽快让死者安息。在平林镇政府的协调下，毕克明于2018年5月7日向平林镇人民调解委员会提出了调解的请求，8日就在平林镇人民调解委员会的主持下与曾如屏的家人达成了赔偿协议，形成了书面的“人民调解协议书”，尽最大限度地表示了自己作为企业实际负责人的善意。

人民调解协议书

编号　慈附人调字第33号

当事人：谢大立　性别 男 民族 壮 居民身份证号45273119900709×××× 职业或职务　联系方式 123456789 单位或住址 广西大化瑶族自治县百坎乡和龙村明自屯10号。

当事人：谢清斌　性别 男 民族 壮 居民身份证号45273119680115×××× 职业或职务　联系方式 123456987 单位或住址 广西大化瑶族自治县百坎乡和龙村明自屯10号。

当事人：曾占亮　性别 男 民族 壮 居民身份证号45273119720806×××× 职业或职务　联系方式 123456798 单位或住址 广西南丹县中条镇五排村下边三队42号。

当事人：向芬凤　性别 女 民族 壮 居民身份证号 45273119710305×××× 职业或职务　联系方式 123456789 单位或住址 广西南丹县中条镇五排村下边三队42号。

当事人：查清蓝　性别 女 民族 汉 居民身份证号 33273119771112×××× 职业或职务 法人代表　联系方式 123459876 单位或住址 慈溪市兴旺电器厂。

双方当事人因发生"死亡赔偿"纠纷，于2018年5月7日申请我调委会予以调解。我调委会于2018年5月7日开始对纠纷进行受理。经了解，各方当事人认同纠纷的简要事实，争议事项如下：查清蓝系慈溪市兴旺电器厂的法人代表，死者曾如屏（性别：女，身份证号码：45272519940319××××，住址：广西南丹县中条镇五排村下边三队42号）系慈溪市兴旺电器厂的员工，谢大立、谢清斌、曾占亮、向芬凤系死者曾如屏的丈夫、公公、父亲、母亲，2018年5月4日下午2时许，曾如屏意外死亡。

经调解，双方当事人自愿达成如下协议：

（1）死者家属对曾如屏的意外死亡无异议并自愿放弃后续的民事赔偿权利。

（2）慈溪市兴旺电器厂赔偿给死者家属谢大立、谢清斌、曾占亮、向芬凤的一次性死亡赔偿金、抚养费、丧葬费、差旅费等其他一切费用共计人民币1 118 376元整（壹百壹拾壹万捌仟叁佰柒拾陆元整）。

（3）上述赔偿款其中491 960元整（肆拾玖万壹仟玖佰陆拾元整）打入死者父亲曾占亮的银行账户内，剩余赔偿款626 416元整（陆拾贰万陆仟肆佰壹拾陆元整）打入死者丈夫谢大立的银行账户内。其中打入死者丈夫的赔偿款中的348 156元整（叁拾肆万捌仟壹百伍拾陆元）作为死者女儿的教育、婚娶等费用支出，不得移作他用。

（4）本协议签订后，各方各自履行，今后各方无涉。

本协议履行的方式为：银行转账（中国邮政储蓄银行6210983440001019×××谢大立）（中国银行6217253400020096×××曾占亮）

本协议履行的时限为：2018 年 5 月 8 日前。

本协议书正本共 9 份，各方当事人各执一份，本人民调解委员会存档一份，慈溪市司法局存档一份，慈溪市人民法院存档一份。

《人民调解法》第 31 条规定，经人民调解委员会调解达成的调解委协议具有法律约束力，当事人应当按照约定履行。

当事人：谢大立　　当事人：曾占亮
（签名 按手印）　　（签名 按手印）

当事人：向芬凤　　当事人：谢清斌
（签名 按手印）　　（签名 按手印）

当事人：查清蓝
（签名 按手印）

人民调解员：李水联（签名）　　记录人：章同弘（签名）

慈溪市附海镇　人民调解委员会（印章）

2018 年 5 月 8 日

共 2 页

与死者家属尽快达成赔偿 110 多万元的协议并马上履行，承担了一定的民事责任，这就避免了死者家属闹访而引起的社会不稳定局面的出现，有利于控制住火灾事故引发更严重的社会连锁反应，为毕某明夫妇的控制事态发展、竭力避免追究刑事责任创造了一定的条件。

4. 托关系广泛沟通，全力表达意见，尽力避免追究刑事法律责任

火灾事故发生之后，毕克明十分关注对事故的定性，关心兴旺电器厂的责任和他本人作为企业实际负责人的责任。

火灾发生的当日，外包方的包工头和具体承担施工作业的两个工人就已经因为未掌握工人是否具有电焊作业资格、未告知现场实施电焊作业的危险性；在未取得电焊工特种作业操作证且未采取有效防护措施的情况下冒险作业导致火灾事故发生；未落实好现场的监管责任，指派未取得电焊工特种作业操作证者从事电焊作业而对

火灾事故的方式负有直接责任而被采取强制措施。

但是，由于有一位员工死亡特别是火灾持续了近三十个小时才被扑灭，这产生了极大的社会影响。同时，《现代金报》2018 年 5 月 9 日以整版的篇幅对这起火灾事故进行了报道。毕克明心里已经准备承担民事法律责任和行政法律责任了。在民事法律责任方面，他已经与死者曾如屏的家属达成了赔偿协议，履行了相应的责任。在行政法律责任方面，他也准备接受罚款等行政处罚。但是，由于事故的影响、由于在扑火过程中有关乡镇与消防部门配合出现了一定的问题，因此宁波市消防支队负责人要求宁波市政府将这起火灾事故定性为重大责任事故，要求处理当地镇政府部分人员和企业负责人。如果定性为重大责任事故，则作为企业实际负责人的毕克明将会被追究刑事法律责任。这令毕克明十分惊慌，天天寝食难安。于是，他尽力自救，向慈溪市有关部门、平林镇政府、蒋村村委会等积极反映情况，通过各种方式表明自己可以减轻追究法律责任的理由。

在毕克明看来，这起火灾事故虽然是发生在本企业内，但是并非是由本企业的生产经营活动引起的，而是外包方在施工过程中没有依照法律规定和制度要求作业所导致的，是非本企业人员所为。至于他在签订有关施工合同时没有注意对方的资质问题，毕克明强调在平林镇各个企业基本上都是这样行为的，大家惯例上均如此，他也是从众而已。在平林地区，真正有资质、符合国家法律要求的并不多，否则就要请外地的施工队伍，这样成本就会提高不少。

同时，毕克明反复强调，火灾扑救了近三十个小时才被扑灭的原因非常复杂，有属于其企业的一些因素，也有不属于其企业的许多因素。因此，灭火时间长并不就是属于重大责任事故的因缘，这起火灾事故的定性需要全面考虑具体的损失、后果等因素以后再确定。

毕克明向有关方面表示，遵守消防法律与促进企业发展之间存在的一定矛盾。他强调，作为一个规模不大的小家电企业，如果完全遵守国家消防方面的法律则将完全无法开展生产活动。在平林镇抑或整个慈溪市，由于发展阶段的所限、政绩观的影响，政府有关部门对消防设施、消防制度、消防管理处于偏松要求的状态，许多是属于默许状况。这有历史的因素，也有经济发展压力的因素。毕克明在承认自己错误的同时，反复向有关方面强调自己扩大生产、发展经济、增加地方税收这一点。

在自救、自助的过程中，毕克明还全力争取由慈溪市而非宁波市调查这起火灾事故。在毕克明看来，由慈溪市进行调查并提出事故定性和具体处理意见，显然更有利于兴旺电器厂和他本人。

在面对火灾事故发生后如何处理的高度不确定性的情况时，毕克明一家全力通过各种方式进行自助，[1]客观上取得了良好的效果，调查由慈溪市具体组织，最后 2018 年 6 月 12 日调查组将事故定性为一般责任事故。这样兴旺电器厂和毕克明的刑事法律责任就被排除了，毕克明心里的一块石头也彻底落地了。

三、火灾之后的互助

蒋村人素有扶危济困、相互帮助的传统，往往一家有难，四方相帮。这起火灾事故发生后，蒋村村民特别是毕克明家的亲朋好友也按照传统习惯法进行互助，为毕克明家排忧解难，提供精神支持和具体帮助，为他们家渡过难关尽自己的一分力量。

以往发生火警、火灾时，蒋村往往敲锣鸣众，号召村民前去扑救。不过，由于这起火灾事故发生在工厂厂房内而非村民家的住宅，况且蔓延很快、火势很强、火力很大，蒋村村民根本无法依靠传统的泼水行为将其扑灭。因此，村民在扑灭火灾环节的互助体现得不多。得悉起火的消息后，村民能做的主要就是前往现场，站在远处观看消防队灭火，表示对火灾事故和损失情况的关切，表达对失踪人员的担心和对死者的哀伤，表明对毕克明家的同情和担忧。在 2018 年 5 月 4 日后的一些日子里，毕克明工厂的这起火灾事故成了蒋村的中心话题，村民们议论纷纷，通报情况，传递信息，虽然动机不一，但是主旋律是对毕克明家的关注、关心和关切。

---

〔1〕 当然，按照慈溪的一般情况，在找关系沟通、疏通的过程中，毕克明免不了需要请客吃饭、送香烟等礼物甚至送钱。具体情况则为个人隐私，无从知悉。

毕克明家的亲朋好友则纷纷上门表示问候，并出主意想办法，通过托人找关系等各种方式进行互助。

如蒋村村民郭建武与毕克明为“弟兄家”，[1]长期为他提供产品的包装纸箱，两人经常来往，有许多私交，关系极好。2018年5月8日下午，郭建武为毕克明火灾事故一事到蒋村村民李春娟处，希望李春娟给她在外地工作的兄弟联系，电话问问他宁波市消防支队有无认识的人、能否与宁波市消防支队负责人说得上话。李春娟告诉郭建武“你认识我兄弟的，你自己直接联系好了”后，郭建武就直接打电话给李春娟的兄弟李斌，希望“李斌哥哥这次一定要帮忙，一定要帮忙”。12日，郭建武又打电话，表示他愿意买好飞机票请李春娟的兄弟迅速过来慈溪一趟，当面去见见有关朋友，为毕克明的事帮帮忙。郭建武语气之恳切、态度之诚恳，完全表现了出对朋友的安危和前途的关心。郭建武视毕克明的事为自己的事情，运用自己的社会关系，想通过自己的力量帮助毕克明渡过难关。郭建武身上体现出的这种互助精神、互助行为对毕克明是一个极大的安慰。朋友的帮助给了毕克明强烈的信心，为处于火灾事故困境的他增添了力量、带来了希望、指明了方向。

之后，李斌要毕克明直接联系他。在了解了有关火灾的情况后，李斌先安慰了毕克明，说事情已经出了急也没有用，慢慢来，大家一起想办法。在联系通过三个朋友均表示没有关系与宁波市消防支队负责人疏通后，李斌回复了郭建武和毕克明。5月9日，毕克明告诉李斌说现在慈溪市的一把手能够挑担子，这个火灾事故他就不用坐牢。由于这起火灾事故发生后由慈溪市组织调查，李斌又应郭建武、毕克明的请求联系在慈溪市的朋友，希望朋友在依法的前提下、能力范围内、考虑企业的实际情况和火灾事故的复杂因素能够出面帮忙与有关方面沟通一下，尽量从轻追究法律责任尤其是避免追究刑事法律责任。之后，李斌多次将与朋友沟通的情况、所知信息、所提建议告诉毕克明。毕克明也按照李斌朋友和李斌的建议动员平林镇政府、蒋村村民委员会出材料，为兴旺电器厂和企业负责人的

[1] “弟兄家”为蒋村俗语，为“像兄弟一样关系好的朋友”意。

有关行为进行说明和解释。李斌也将朋友建议的沟通重点、沟通对象等告诉毕克明，建议毕克明有目标、有方向的找关系。李斌的这些帮助行为完全是基于对一位遭受困难的村邻处境的同情，对毕克明既有一定的心理支持，也有某种的实际帮助。

蒋村为平林镇政府的一个村，毕克明的兴旺电器厂又在平林镇的工业园区内，毕克明与平林镇的几位领导关系不错。因此，火灾事故发生以后毕克明又请平林镇的领导几次出面去慈溪市有关方面说明情况、介绍善后处理事宜，以一级政府的名义进行沟通，以帮助辖区企业重新恢复生产。

毕克明有一位高中同学在平林镇派出所工作，他积极帮助毕克明与死者曾如屏的家属进行民事赔偿事宜的协商，尽力推进调解协议的达成。

同时，毕克明的不少朋友在劝不要着急时，也建议毕克明尽量拖延调查结论的作出。他们根据自己的经验，认为一拖二拖，火灾事故的社会影响会慢慢地减小，社会关注度会慢慢降低。这样再做做有关方面的工作，处理结果就可能轻一些。

当然，毕克明的其他亲戚特别是朋友都积极努力，广泛联系各自的朋友、熟人进行疏通，动员社会资源进行帮助，以至于慈溪市负责火灾事故调查的有关人士在向毕克明口头宣布调查结论时感叹说“你的朋友真是多”“从来没有碰到过这么多人为一件事打招呼”。[1]

这起火灾事故发生后，毕克明的朋友纷纷相助，传递“一家有难众人帮”的固有互助习惯法精神，有助于涉事村民树立信心、解决困难、渡过难关。

四、结语

2018 年 5 月蒋村发生的这起火灾事故教训是惨痛的，也给蒋村村民敲响了消防安全的警钟。蒋村村民由此进一步提高了消防意识，提醒大家始终绷紧消防安全这根弦。蒋村也立即开展了企业消防隐

[1] 毕克明访谈录，2018 年 6 月 11 日。

患大排查行动，督促企业对存在的问题及时整改，并加强对建筑施工、出租房屋等的消防安全管理。

这起火灾事故发生后涉事企业的实际控制人毕克明的自助和亲戚朋友们的互助是有效果的，达到了毕克明的预想目标。由于我国的法律规定较为抽象和概括，法律在实施过程中具有一定的弹性，同时具体行为又有其复杂性，因此对火灾这样的事故如何定性和处理就有一定的自由裁量的空间。基于此，毕克明通过本人努力和亲戚朋友的帮助，采用托人找关系等方式尽力沟通、解释事态、说明理由。这一努力是成功的。客观地说，这起火灾事故的调查和处理过程表明，当代中国的人情、关系在法律执行的过程中还是有一定影响作用的，在法律执行的过程中不能无视关系因素的存在。

在当今的蒋村地区，村民之间大多结成了大小不一的生活安全圈，每户村民往往有三五户关系紧密的友好人家，平时往来密切，一旦出现火灾事故这样的突发事件便成了核心依靠和援助力量，支撑着村民解决困难、继续生存。这种社会自生的固有沿袭的互助群体和安全网络对于村民的物质帮助、心理支持和蒋村的社会安定具有十分重要的意义。

在乡村治理的过程中，大力提倡和发扬这种自助特别是互助习惯法精神，弘扬守望相助、邻里和睦的乡邻美德，维护熟人社会中的情感和道德纽带，对于建立健全现代乡村社会治理体制、确保乡村社会充满活力、和谐有序极有必要也极为需要。

6

乡村基督教的活动规范及信仰

——以云南省镇雄县以勒镇为例

杜　牧

一、引言

（一）研究意义

我国正处于建设法治国家的进程中，完善法律制度是国家发展的重点，宗教工作是推进依法治国发展的重要影响变量，宗教的发展状态与全面落实法治思想，完善法律制度紧密相关。尤其在社会转型期的背景之下，我国宗教状况已经呈现出了新的特点，基督教在乡土地区不断传播。研究乡村基督教的兴起过程和本质原因有利于观察宗教和法律的互动状态，洞察当代民众的心理需要，探究有序实现依法治国的有利路径。

宗教与法律的区别非常明显：法律运用国家权力从外部入手规制个人行为，具有强制性、正式性和严肃性；宗教注重利用心理诱导、道德观念、社会舆论等进行调整，具有较强的主观性和非强制性。但本质上，宗教也属于系统的规范体系，具有调整社会关系和规制个体行为的功能。在某些特殊时期或者地区，宗教甚至可以替代法律作为政治统治和社会管理的工具。可以说，宗教和法律从不同的路径出发，运用不同的手段和方式达成了类似的社会规范功能。

法律与宗教的互动状态直接影响着社会的具体发展。一方面，合法稳定的宗教体系能够从心理层面出发，培养积极、健康的社会心理氛围，建立道德系统，为法律制度的推进铺设良好的社会心理基础，两者结合能够形成一个全方位系统化的社会调控机制。另一方面，落后、消极的宗教会降低和侵蚀民众的文化素养和法律认知，制造社会矛盾，破坏社会秩序，阻碍法律的实施甚至架空法律的实际功能。

基层农村地区是研究当代中国宗教发展情况的重心，乡土社会是中国社会的缩影和基础，城乡二元化趋势使得城市地区的传统色彩逐渐被消解，以乡村地区为研究场域更能展现西方宗教与本土现实不断冲击与融合的过程。

基于以上考虑，本文选取了“中国农村基督教发展”这一具有时代性和新颖性的话题，以云南省镇雄县以勒镇为例，展现当前中国乡土社会基督教兴起的状况，旨在通过实证分析和案例研究的方式厘清基督教宗教在中国发展的原因，提取宗教发展中有利于我国在乡村地区树立法治信仰的经验和因素，为当前的法律文化研究和依法治国的实践工作提供新的视角和思路。

（二）乡土社会的“宗教背景”

从我国的宗教背景出发，基督教在中国乡村的兴起原因颇令人费解。

中国传统乡土社会的宗教色彩并不突出，梁启超先生尝言：“信仰问题，中国更无有也，以吾国非宗教国，数千年无教争也。”中国不是一个宗教国家，甚至并不存在足够稳定和广泛的宗教信仰。我国思想体系一直呈现着多元化的特点，传统思想呈现出“儒释道三元一体”的结构，这些思想流派确实对我国的文化发展和个人行为选择起到了一定的影响，但都不足以发展成为真正的宗教，相互之间也逐渐趋于融合，没能够形成具有主导性的主流宗教。实际上，很难说中国人对以上思想流派存在“信仰”。这些思想的应用是中国人从实用性出发进行的选择，并未形成系统化、体系化的宗教崇拜，更没有发展出完整的教义及宗教组织体系。

可以说，我国“百家争鸣”式的思想体系没有培育出能够独立发展的宗教系统，中国传统乡土社会固有的价值系统和规范标准具有高度的稳定性和封闭性，已经大幅度地挤占了乡土文化的空间，不能提供有助于宗教发展的文化心理土壤。并且，这种混杂的、非纯粹的、非价值中立的社会形态不仅不利于宗教意识的发展，也不利于基层民众树立现代法律认同和法律信仰。再加上人们的文化素养较低，缺乏对宗教的认知和学习能力，基础设施和经济条件也相对落后，与城市相比，乡村更加缺乏发展宗教的条件。

与以上宗教社会背景形成鲜明对比的是，中国乡村基督教的兴起已经成了客观事实。当前乡土社会不断将西方宗教纳入社会生活，乡村基督教徒的数量不断增加，“据估计，目前中国有基督教徒1600万人，再加上家庭教会，人数在4000万人以上，平均每年还要增加100万人”。[1]但与此同时，乡村对法律却有排斥的倾向，法律规避现象较为突出，法治困境愈加突出。

综上，我国社会没有宗教观念却在乡村培育了西方宗教，外来宗教信仰思想的确立速度居然超过了法律信仰的树立速度，这种现象发生的原因值得探究。

二、乡村基督教的组织体系及活动规范

（一）当地背景

镇雄县26个乡镇均有基督教徒，总数1万人不到，自从贵州省威宁县石门坎的白格烈（音译）教士在当地创办了基督教堂之后，1911年花山乡建立了第一个教会，基督教开始在镇雄县起步。

位于县城东北部的以勒镇是目前基督徒最为集中的地方。“以勒”为彝语“沂奶”的音译，意为沂蒙山脚下泉水清凉甘美的地方。其在古代是彝族聚居地，随着汉族的迁入和繁衍，已经成为汉彝两族的混居地。以勒镇面积约为170平方公里，人口大约为62 719人，城镇距离县城约3小时车程。经济落后，以传统农业为生，居民文化素质普遍较低。在2000年以前，当地没有大规模的宗教活动，大部分人不信教，少部分人信仰佛教，基督徒数量较少。

---

〔1〕 牟钟鉴：“如何应对我国宗教发展的新情况新问题”，载《行政管理改革》2010年第9期。

随着社会经济的不断发展，基督教逐渐在当地吸纳了众多教徒并开展了频繁的宗教活动。但由于以勒镇的基础设施建设以及文化素养培育都是在2004年以后才开始起步的，因此当地在很大程度上保留了中国传统文化的核心特质，有利于展现西方基督宗教与传统文化的冲击与融合的过程。此外，不同于都市中成熟正式的基督教体系，以勒镇的基督教起步不过十几年，其组织机构、管理体系、信仰活动和宗教认知都还处于初级萌芽阶段，争取扎根于乡土社会并扩大信徒数量是当前基督教的主要目标，基督教正在努力调整组织体系、传播方式和宗教活动等方面的内容以适应中国传统社会的特点。所以，以勒镇作为研究对象能够方便观察西方基督宗教在中国乡土社会中的本土化过程，所谓本土化，“是指基督教与当地民族文化相融合，不断改造自身，以获得传播与发展的过程”。[1]有助于探究西方宗教与传统中国社会的融合方法及其与现代法治社会的互动产物。

当然，在进行实证调查的过程中存在着许多阻碍，导致调查素材和结论存在着主观性偏差。中国社会对宗教信仰问题的态度本来就比较晦涩内敛，历史上遏制宗教发展的政策影响也使得当地人不愿正视自己的信仰问题，面对外人对本宗教的打探，他们总显得十分谨慎与戒备。并且，当地政府近年发展的重心主要在于经济建设和计划生育工作，对宗教问题的重视程度不是太高，当地组织没有进行积极的调查和统计，难以开展科学的具体研究。综合以上因素，对当地基督教发展情况和具体人数的调查主要采取非正式访谈和客观观察的方法。

（二）基督信仰基本情况

以勒镇对基督教的普遍信仰是全县公认的事实。基督教在以勒镇并不是个陌生名词，基本上每个人都能将基督教与“耶稣”“十字架”“圣经”等名词相联系，并且能列举出自己或他人信仰基督的例子。当地的人们如此熟悉基督以至于这种西方宗教已经融入到了这

[1] 林春雨：“基督教本土化进程及方式——以汕头市盐灶乡为个案”，载《汕头大学学报（人文社会科学版）》2003年第S1期。

个西南小镇的日常生活中，“耶稣”与“佛祖”，“礼拜”与“烧香”等同时并存，中西方相融常见的“违和感”在这里并不明显和突出。

“基督教”的概念在以勒镇需要进一步厘清。基督教一词有两个含义，一个指“奉耶稣基督为救世主的各教派统称，亦称基督宗教。包括天主教、正教、新教三大教派和其他一些较小的教派，与佛教、伊斯兰教并称世界三大宗教”。另一个是“在中国，基督教通常专指基督教新教，又称耶稣教”。[1]当地的宗教领袖人物很清楚这种区别，强调以勒镇大多数信仰的是新教。但许多教徒并不了解以上概念，他们不关注新教与其他教派之间的区别，更多的只是含糊地称呼为“信耶稣的”。当然，随着社会经济的不断发展，很多人逐渐确定自己信仰的宗教是新教，但对于新教和其他教派的区别，他们并不清楚。

作为当地宗教领袖之一的邓某军[2]对这个问题的看法是：“以勒镇应该是新教，因为我们坚持个人信仰比仪式程序重要，只要去相信并且改变自己的行为就可以成为上帝的子民。现在要农村人搞懂这些区别比较难，乡下也没有条件去搞太多仪式，新教更实际点。实际上，我们日常活动都是按照新教走的，想法是先让大家入门，以后再慢慢引导和普及。”[3]

这种情况其实反映了乡土社会中的一大特点：人们的文化素养较低，日常生活也很忙碌，教徒只注重主要的教义，没有意愿和能力掌握如宗教的流派、专有名词等较为程序化、形式化和专业化的知识。当地基督教对这个问题的搁置态度其实是面对社会现实的智慧妥协——毕竟当前宗教的发展重点在于植根基督教的本质思想，扩大基督教的覆盖面。强迫信众去辨析不同教派或者熟记专业名词的实益和效果是有限的，过度繁琐复杂的概念可能会提高入教的门槛，拉开教徒与基督教之间的距离。相反，先吸引教众再慢慢普及相关知识是一条更具有现实意义的可能路径。所以，当地民众以

〔1〕 任继愈：《宗教大辞典》，上海辞书出版社1988年版，第342~344页。

〔2〕 毕业于云南省基督教神学院，负责协调指导周围几个乡镇的宗教工作，长期与政府保持联系，协助政府进行宗教管理工作。

〔3〕 邓某军访谈录，2017年2月4日。

“基督”“耶稣”“祷告”等关键名词为中心逐渐组成了自己的信仰脉络。

（三）宗教组织体系

与西方社会或者大城市中正式化、制度化的管理体系不同。以勒镇的宗教组织体系以教会和家庭礼拜为依托，整体呈现出随意性、松散性和平面化的特点。

以勒镇有一个教堂，但因为基督教发展不久，当地经济比较落后，修建教堂和日常活动都是靠教徒们自愿的“奉献”（捐款）。虽然目前设施和人员尚不完善，工作流程的细节与西方有一定的差距，但已经具备了总体的雏形和主干部分。

一般来说，教堂的神职人员包括主任神父、副主任神父、神父、长老和传道。神父要经过中国基督教协会和三自爱国运动委员会的认定，主要负责教堂中重要的宗教事务，日常工作以讲经为主，层次较高，是教堂活动的核心；长老需要经过省级基督教协会和省级三自爱国运动委员会的认定，主要作用是进行监管，有时也负责讲经；传道不需要经过国家机构的认定，负责传教工作，通常由熟悉宗教教义，对教会事务比较热心且在当地具有一定权威的教徒担任。当前以勒镇的专职神父比较少，神父一般都同时承担几个乡镇的宗教工作，教堂中大部分宗教事务还是以长老、传道和其他教徒为主力。

此外，修缮教堂，组织早餐、管理“奉献”等日常工作主要由“管理（行政）委员会”负责。神职人员是当然的委员会成员，其他成员采取民主协商推选的方式从教徒中产生。被选中的教徒一般入教较早，具有一定的知识文化水平和经济能力，人品和办事能力得到了当地教徒的称道。虽然没有正式化和制度化的投票制度，但这种推选工作的过程和结果一般都很顺利，选择的基础是对教徒日常行为的观察和认可，某种程度上是基督教对乡土权威人物的推选。有教徒反映：“平常礼拜中哪个兄弟姊妹对大家和主最有爱心，我们都是知道的，一般推选出来的人就是我们心头所想的，大家都很满意，都赞成。”[1]委员会的工作人员都是义务工作，没有报酬，但愿意担任这种工作的人很多。“只要有时间有精力，我们都愿意为主奉献自己的一分力量，能够进委员会代表了主的认可，是很光荣的一件事情。”[2]虽然在具体宗教事务上存在领导关系，但个人关系上不存在这样的层级关系，大家以兄弟姊妹相称，地位平等。

家庭礼拜是以勒镇信仰生活的重要部分。家庭礼拜是指轮流或者指定在某个教徒的家中聚会，进行日常的祈祷礼拜活动，偶尔还有传道、讲经甚至唱灵歌和跳灵舞等活动，时间较灵活，可以根据大家的日程自由调整。教徒对于在自家举行教会活动都很热心和积极，教徒赵某菊认为：“别的破落户（不是指经济贫困，而是指人品没有得到其他教众的认可的家庭）没得这个机会，弟兄姊妹来屋头方便得很，张罗点瓜子花生茶水费不到几个钱，大家的爱在自己家头，对自己和家人（事务运势、命运）是很好的。”[3]

家庭礼拜能够代替教堂成为日常宗教活动的场所，这种形式其实是基督教为扩大影响力进行的主动性、适应性的调整工作。教堂地点距离很多村民家较远，礼拜时间固定，对于交通不便且日常事务繁忙的村民来说有不便之处，家庭礼拜更加符合人们的生活习俗和生产经济规律。并且，乡民对教堂这种正式且严肃的组织结构和制度体系具有一种天然的距离感，要在短时间内适应教堂礼拜的流程对于农村人来说很有压力，人们容易感到紧张与害怕。相反，采取家庭礼拜的方式能够营造较为舒适和谐的气氛，可以逐渐消弭人们与宗教的隔阂感。另外，这也是传统乡土社会渴求集体归属感的表现，集体是农村进行日常生活和开展社会交往的基本单位，人们善于且喜欢通过集体单位来进行宗教活动。正如赵某菊姊妹所说：“教堂肯定还是要去的，但是教堂里面的规矩多，我们农村人不懂文化，怕一不小心就冲撞了主，但是在自己或别人的屋头就没得那么多的规矩，大家说说笑笑地学习，乡里乡亲的关系处得很好。”[4]

---

〔1〕 赵弟兄访谈录，2017 年 2 月 5 日。

〔2〕 赵弟兄访谈录，2017 年 2 月 5 日。

〔3〕 赵某菊姊妹，2017 年 2 月 12 日。

〔4〕 周某菊姊妹访谈录，2017 年 2 月 12 日

只要家庭礼拜的活动在法律和教义允许的范围之内，教堂方面一般不会主动干预家庭礼拜。教堂方面认为："我们基督教也要随着时代发展，只要星期天时间允许，当然应该来教堂，如果实在不方便，家庭礼拜也可以，但是讲经还是建议在教堂里做。"〔1〕当然，教会始终还是最为核心、正式和主要的宗教场所。

家庭礼拜的核心人物一般是信教时间较早的教徒人，这种人比较熟悉家庭礼拜的流程，能够指导大家理解教义，进行祷告。除了在这类专门宗教活动上具有指导地位，这些核心人物没有其他的领导权力，与其他教徒的地位平等。

因此，以勒镇的基督宗教将宗教事务和日常活动相联系，在教堂活动和家庭礼拜中都只存在专业指导关系而没有直接领导关系，没有明显的层级管理色彩，也不存在很严密的组织架构，注重平等地位和民主协商，权威呈现出分散化和平面化的特点。

（四）信徒的基本情况

由于教堂活动的人流量较大，教徒流动比较频繁，并且教堂也没有固定对教徒数量和情况进行统计，因此选取家庭礼拜来观察当前农村基督教信徒的组成特点。

家庭礼拜1：固定人员只有5人，其中3名为女性，年龄均在60岁以上，皆为留守老人。两名男性，一名为49岁，患肺癌3年，另一名男性45岁，以开大型货车为生。除以上固定人员之外，村落中其他3~4名老人（多为女性）也会不定时地参加礼拜活动。

家庭礼拜2：固定人员为9人，年龄都在40岁以上，6名女性，3名男性，其中有2名女性的女儿（高中在读）在寒暑假时也会参加。

家庭礼拜3：固定人员为7人，全部为女性，年龄最小者为39岁。其中几人的丈夫偶尔也会参加礼拜，此家庭礼拜中的成员还承担大量的家务，所以很少去教堂，只在周日举行家庭礼拜活动，组织程度和严肃程度相对较低。

值得注意的是，以上三个家庭礼拜中的很多人是亲戚或者是邻

〔1〕邓某军访谈录，2017年2月4日。

居，社会关系比较紧密。

根据以上情况可以得出，当地信徒的组成大致具有如下特点：

首先，参加的女性居多。出现这种现象的原因在于：农村女性在家庭经济生活中处于辅助地位，一般负责家务劳动，有闲暇时光去参与类似活动；颇具性别色彩的观点认为，女性通过感性认知的途径来了解世界，容易被说服和影响，更易于接受具有抽象色彩的宗教意识。并且，男尊女卑的社会现实也推动了大量女性去寻求宗教的帮助，基督教教义强调人人平等，教会组织、家庭礼拜等也注重平等，这就给处于弱势地位且没有得到充分尊重的女性提供了心理安慰和补偿路径。有姊妹认为："耶稣很好，弟兄姊妹之间都是平等的，平时一个人在屋头觉得憋闷，参加了以后心情要舒畅些。"[1]

其次，成员以老年人为主，年轻人比较少。老年人参加宗教活动的原因跟当前农村的基本经济结构有关。在社会转型期的当代农村，中青年大多出外务工并成为主要经济支柱，老年人被排除在生产力结构之外，地位一度被边缘化，其需要某种意识形态的支持来排解这种被社会体系淘汰的苦闷感。并且老年人的文化素质比较低下，没有预设的价值立场干涉，很少产生疑问与反驳，对于接受宗教思想反而没有很强的排异反应。尤其老年人的身体不好，多病的人更容易选择宗教来"拯救自己"，将其作为缓解痛苦的良方。

家庭礼拜中仅有的年轻人几乎都是应家人要求来参加的。还在上高中的蔡某珍就常常在寒假参加活动，除了在祷告环节比较专注外，她几乎一直在玩手机。她说："我还是信耶稣的，我们家基本上都信，但我还在上高中，没有我家里人那么投入……具体我也说不出来耶稣在哪里好，平时我也不参加教会，也听不进去，但是不来不好，我奶奶要怪罪……但是我还是相信的，还是要来参加的。"[2]从蔡某珍的态度可以得知，其对这种家庭内生的宗教缺乏理性认知和独立思考，但因家庭压力和集体认知产生的心理强制力，使得其必

---

〔1〕 家庭礼拜3访谈录，2017年2月12日。

〔2〕 蔡某珍访谈录，2017年2月11日。

须在形式上与家庭宗教保持一致。但总体上，这种非自主性的年轻信徒不是乡村宗教发展中的核心力量。

最后，教徒普遍文化素质较低且家庭情况不佳。文化水平和经济情况是影响民众是否信仰基督宗教的重要变量，可以说，信仰基督教的动力大小与这两个因素成反比，而这些都跟我国民众对宗教的功利化态度有关，这在信教原因的部分有具体阐述。

（五）信教原因

以勒镇教徒在信教原因方面整体呈现出功利化和实用性倾向，对宗教的选择标准主要是信仰带来的利益和好处，而不是宗教教义和思想的吸引力。

有一个姊妹选择基督是因为相信主可以帮助自己克服疾病与痛苦。其介绍道："我信基督是信对了，我有风湿病好多年，一到雨天膝盖、脚踝都痛得不能干活。后来李姊妹晓得我这个情况，就介绍我来祷告。我开始不相信，先去的是医院，医生说这种慢性病不能根治，要养着，也请了一些端公先生（做法事的人）来看，起色不大。我就来信耶稣了，跟耶稣通告我的姓名和苦楚，不到一年，好了大半了，以前是痛得熬不住，现在勉强雨天可以下地走路了，这都要感谢主的爱。"〔1〕

也有信徒入教是因为其职业的风险性："我跑大车（大型货车），我们这边山路多，路况差。我媳妇说信耶稣可以保平安，我在车上放了圣经还有圣歌的CD，平时就翻一翻。2008年大雪灾，我从县城回来卸货。我媳妇在出发前就来聚会帮我祷告，好多弟兄姊妹一起祷告，提醒我在轮胎上绑铁链，回来车开得很稳当。感谢主的保佑，感谢各位兄弟姊妹的帮助，我们做这一行的，信总比不信好。"〔2〕

信仰基督教的人总在某方面处于弱势或有某种特殊需要。他们或是疾病缠身，家庭贫困，或是有儿女考学、找工作或找对象等需求，最起码也有着信仰耶稣以保佑家人平安和健康的愿望。其中相信耶稣可以治病消灾的是主流，"通过信教而求得医治一般均是在救

〔1〕家庭礼拜1访谈录，2017年2月5日。
〔2〕家庭礼拜1访谈录，2017年2月5日。

治无果或不堪承受巨额医疗费用的前提下进行的选择；通过信教而求得祛灾也一般因为‘弱势小农’无力抗拒来自突如其来的风险变故而寻求此策。在某种意义上，通过信教而求医病祛灾是一种被迫性选择和悲剧性选择。”〔1〕

这种对宗教的功利性设定在中国并不奇怪，中国人本来就务实和现实，我国乡土社会民众最关注的是宗教能够给自己带来何种好处，利益成为个体行为和选择的驱动力，从这个角度来看，基督教、佛教、道教对乡土社会来说并没有本质区别，只要确实“法力无边，有求必应”，不管神以那个形象或者名号出现，都可以获得民众的青睐。这种心理的存在也无可厚非，这本来就是人性的本质，是人类繁衍和进步的动力。不仅是基督教，很多宗教的成功都是因为善于用现代教义包装与掩饰这种欲望和冲动，基督教在我国乡土社会中的传播也不可免俗地遵循了这种路径。

（六）传播途径

基督教在以勒镇的传播主要依托非正式性的熟人网络展开，对基督教的皈依一般始于亲戚和邻居间的互相介绍引荐。

家庭教会 2 中的教友介绍：“我信教跟我三婶，她经常来我家说起教会和基督的好，邀我一起去。但讲过好多次我都没有时间去，但我三婶还是很热情，我想我一次都不去也太下（打击）人面子了，再说我三婶家很旺的，我就想，跟着她来看看总不会有啥子坏处，我来听了几回觉得讲得很好，平时没事经常来，也就慢慢入教了。”〔2〕另一个教友是由同村的教友介绍：“我是因为杨姊妹，杨姊妹人家一直都是走在前头的，家里面是越来越好，我们都是跟着一起来的，是托了杨姊妹的福的。”〔3〕

基督教在以勒镇的传播路径与传统乡土社会的运行逻辑非常契合。乡土社会本来就是封闭性的熟人社会，由血缘和宗族所构成的社会关系是乡土社会的基本脉络，许多社会资源和思想体系都是在

〔1〕陈占江：“基督下乡的实践逻辑——基于皖北 C 村的田野调查”，载《重庆社会科学》2007 年第 9 期。

〔2〕家庭礼拜 2 访谈录，2017 年 2 月 12 日。

〔3〕家庭礼拜 2 访谈录，2017 年 2 月 12 日。

熟人脉络中开展和传递的，而基督教正是攀附上了熟人社会的这一特点，才能在社会交往的展开中逐渐扩大其影响力。农村居民对熟人有一种莫名的熟悉感和信任感，制度化的宣讲让乡里人觉得很生疏和戒备，“口口相传”式的宣传方式更有说服力和吸引力，并且这种推荐方式上还附着了推荐人本身的人品和信誉，类似于做担保的方式，自然能够取得较强的传播力度。

对于传教人本身来说，进行传教活动的激励力度非常大。传道类似于佛教常用的“修行”概念，传道也是为自己“积德”并洗刷自身罪恶的一种方式，所以基督徒对于传播基督教思想非常热情。再加上农村人本来就习惯于分享各种信息和资源，无意识进行的传教活动也非常普遍，基于这些因素，传教活动在以勒镇几乎成了每个基督教徒的日常活动。

对于被传教的人来说，熟人传教具有一定的压迫力。正如有的信徒所说：“好多姊妹都来劝我信教，人家都很随和，说去看看也可以的，都是乡里乡亲的，人家都喊了那么多次，一次不去不好意思，来了多了就是信教的了。而且村里大部分人都信，你不信，感觉有些时候都没地方去耍了，很是无聊的，跟着姊妹弟兄们多点话可以说。”〔1〕这是因为：“当今的乡村社会依然是一个熟人社会，人际关系较强、关系网络密切，因熟悉而获得的特殊主义的信任结构深深地嵌入其中。基督徒在‘拉’别人信教时往往先把彼此之间的‘关系’说明，以资说明他（她）是可靠的。事实证明,，这样的效果远比陌生的神职人员明显。”〔2〕在相对封闭的乡土社会中，这种内在的传播方式具备强制力，人们会迫于熟人之间的感情、关系或者面子而逐步迈入这种信仰生活，尤其是在周围人都在传播并信仰基督教的情况下，这在遵循集体主义的乡土社会中会形成了一种从众压力以左右人们的行为选择，人们会因为被逐出集体之外的压力而选择模仿他人的信仰，因此熟人之间的传教活动被直接拒绝的概率

〔1〕 家庭礼拜1访谈录，2017年2月5日。

〔2〕 陈占江：“基督下乡的实践逻辑——基于皖北C村的田野调查”，载《重庆社会科学》2007年第9期。

很小。这样，基督教中的信徒关系很可能同时又是邻居或者亲戚关系，实现了社会关系的高度重叠和聚合。

除了在熟人间进行传播外，基督教还会在家族代际内部传播，一般父母是基督徒的，子女也信仰的概率会很高，在这种情况下，教徒的信仰非常忠实，成长在基督徒中，这种宗教气氛已经内化了。

（七）宗教活动

基督教在以勒镇尚处于初级发展阶段，缺乏专业人才和理论的指导，目前开展的宗教活动还很不规范，缺乏正式性和严肃性。“中国小生产者的宗教心理取向具有浓厚的功利主义和实用主义色彩。这种宗教心理拘泥于日常实用，因而他们本身的宗教仪式是非常散漫的，基督教传入此地以后也适应了这种情况。”[1]特别是家庭礼拜中的宗教活动都根据本土特点进行了改变与调整，议程、日期和具体方式都与正统的基督传统有所区别。如今以勒镇常见的宗教活动有如下几种：

教堂礼拜：教堂礼拜是指周日在教堂举行的由许多仪式和流程组成的整体活动，乡民们一般将其认为是一项独立的宗教活动。教堂礼拜在周日或者复活节等重要节日举办，通常在早上八点开始提供免费早餐，八点之前也有很多热心教徒赶来，为防止闲聊喧哗，传道会组织先来的人学习唱诗或帮助准备早餐。早餐完毕后，一般由牧师或者长老安排讲经活动，有时传道也会讲经。

“讲经”是很有特色的宗教活动，一般是选取圣经当中如诺亚方舟，摩西十诫等比较有代表性的故事，用方言向教徒讲述。讲经的很大篇幅在于叙事，只是在结尾处揭示故事所蕴含的哲理并由此引出圣经原文。这种讲经方式与启蒙时期父母或者老师向孩童传达知识的方法很类似，特点是以情达理，借叙抒情，深入浅出，将趣味性和专业性相结合，对于注意力不集中且文化素质较低下的农村人来说可接受度和娱乐性高。虽然在某些正式的教堂中采取的是专业的讲经方式，会直接对深刻的教义精神和宗教价值进行科学化的解

[1] 吕朝阳：“苏北农村基督教发展现状及其原因分析”，载《南京师大学报（社会科学版）》1999年第6期。

读，但目前这种方式在以勒镇还没有应用。当地教徒还不具备能够理解复杂宗教原理的能力，一味地突出专业精神而忽视受众需求的讲经活动往往会演变成牧师的“自我陶醉”和“自娱自乐”。对于这种现象，邓某军从实际生活经验出发进行了解释：“其实这个问题很好理解，就像国家教育大家学习社会主义一样，社会主义是一门非常深刻和复杂的科学，我敢说没有一定文化素养的人听不懂的。但社会主义同时也是一门人民的科学，我们广大人民只要把握住了基本原则和核心精神，就能够实现社会主义。这种道理在基督这里也是通的，基督教是面对广大民众的，我们不能因为民众的文化水平低就拒绝大家靠近主，只要大家愿意去听，我们就有耐心，要改变自己而不是改造民众。我们是‘师傅领进门，修行靠个人’，只要先迈进这个门槛，理解多少，用啥子语言和方式讲，都是细节问题。”〔1〕

家庭礼拜也会偶尔组织讲经，担任讲经职务的一般是家庭礼拜的组织人员，通常是指具有一定知识水平的教友。但实际上这项活动在家庭礼拜中的意义有限。有教徒无不尴尬地表示：“我们晓得讲经重要，但实在是年纪有些大了，又没文化，听不起好多，每次一小段，当时听懂了，明天也就忘了。”〔2〕

在讲经以后，教堂还会组织大家唱赞美诗。一般由一个教徒或者神父起头，其他人跟随，诗歌的主要内容就是歌颂和赞美上帝。教徒们对唱赞美诗的环节赞誉颇多，这个环节的娱乐程度较高，大家在齐声朗诵的过程中常能感到一种凝聚力和感动感，有的教徒反映，在唱赞美诗的过程中常常会感受到灵魂的洗礼和救赎，甚至能够直接感应到天主无私的爱。

祷告是教堂活动的必备环节，礼拜的最后要进行集体祷告，全体起立，面向十字架，由牧师带头祷告，如共同背诵《使徒信经》，然后再进行各自祈祷，赞美或者祈求神的帮助。家庭礼拜和日常生活中的教徒也常进行祷告，通常在吃饭、睡觉或有特殊需要时进行。

〔1〕 邓某军访谈录，2017 年 2 月 4 日。
〔2〕 家庭礼拜 2 访谈录，2017 年 2 月 12 日。

“祷告嘛就是看你想要说啥，主要内容就是说清你的姓名、住址，要感谢主的恩赐，也可以忏悔自己的过错。”[1]由于大家的文化素质、家庭情况和个人情况等不一样，因此个人祷告的内容具有很强的主观性，具体内容都不一样。人们认为祷告是直接和上帝对话的方式，教徒能从中获得精神的慰藉和解脱。

讲述“见证”是基督教在当代中国传播中最主要和最受欢迎的活动，教堂和家庭礼拜中都有。基督教会上层会印发见证手册，记载全国各个地方的信徒在皈依基督教之后发生的种种具有代表性的“神迹”。如某教友原来嗜赌成性，但在皈依基督教之后开始改过自新，自力更生的故事；某俩婆媳屡屡不合，闹得家里面鸡犬不宁，但在信仰基督之后开始互相尊重和爱护等。因为这些事例证明了基督教神和神力的存在，因此被叫作“见证”。这类见证一般由神父或者较为活跃的教徒朗读和解释，并且会组织大家围绕这些事例发表意见，陈述感受，利用这些生活化的事例去为教徒营造一个设身处地的场景，帮助其深入贴近地去理解基督教的精神。此外，神父或者家庭礼拜的组织者还会发动姊妹弟兄来叙述自己最近生活中所发生的见证并组织大家一起感谢和祷告，教徒对于分享主爱世人的事迹表现得都很踊跃和积极，认为这是证明自己的爱心的方法。

教友说：“有一回我的孙子吃完晚饭就在外面跑，迎着风了，晚上回家就开始吐，眼看就要发烧了，我就跪下来祷告，让主保佑我的孙子，帮助孙子去渴求主的爱，你们说，晚上七点开始吐的，到九点我一去摸就已经退烧了，这都要感谢主。”其他教友纷纷附和：“那肯定是主，你们想，才两个小时就要退烧了，你到城里面买几十块钱的西药都没得这么好效果！”[2]

教友见证道：“我的见证就发生在我的身上，这个星期天气冷得很，我要搬点煤炭在屋头方便烧火，但是我自己又搬不起那么多（该姊妹为留守老人，一个人住在家里），我就祷告，希望主能够帮我解决这个问题，这件事我就是临睡之前祷告了一次，还不出三天，

---

〔1〕 邓某军访谈录，2017年2月4日。

〔2〕 家庭礼拜3访谈录，2017年2月12日。

我侄子路过我家就顺便帮我把蜂窝煤搬到了屋子头，这都是主对我们的体恤啊！”[1]

所有见证中，隔壁牛场乡一个教师的事例流传最广，此教师得了癌症，经过多次化疗都没有太大起色，但后来他皈依了基督教，真正地进行了投入并渴求上帝的保护，在化疗一年后就没有了白发。基督教绝不反对打针吃药，但其同时相信，药和身体都是上帝制造的，信仰上帝可以保障自己的健康。[2]

见证从熟人的口中说出，真实事例的说服力和渲染力非常强，尤其是在教堂或者家庭礼拜的特殊氛围中，这种事例容易在相互赞同中形成被强化的宗教认知，更容易被人们所接受和应用。（事实证明，由于文化素质不高，见证确实是以勒镇经进行传教的主要素材）。实际上，这种见证方式与民间宗教“许愿还愿”的模式没有区别，都是在接受神的善意后表达感恩的过程。见证本身并没有科学依据，一切意外事件和心理作用在这里都可以被解释为神的恩典。正如安德明所指出的：“围绕着坚定的信仰观念，每一种宗教信仰中，都形成了一套自成系统的逻辑体系。它把一切问题都纳入到了这一体系之中。当相关的仪式举行之后，如果获得成功，则自然会归功于信仰的力量；如果不成功，它也能找到一种为信仰辩护的理由……这样，信仰领域的‘灵验’，便总能得到一种自圆其说的证明，并且因这种证明而不断地在人们心中得到强化。这，也就是所谓的‘信则灵’。”[3]

有时候，在教堂礼拜的末尾，神父会号召大家进行“奉献”，即向教堂捐献一定钱款或者物资，但这种捐献都是非强制性的，捐献也没有固定的数额，大到上千，小到三五块，对主的爱都是一样的分量。这些“奉献”主要是用来维持教堂的日常运营，在个别教友遭遇困难时，这笔钱也会作为救援资助的资金。

特殊节日以勒教堂也会进行洗礼，一般是半年受洗一次，受洗

---

[1] 同家庭礼拜 3 访谈录，2017 年 2 月 12 日。

[2] 邓某军访谈录，2017 年 2 月 4 日。

[3] 安德明：《天人之际的非常对话——甘肃天水地区的农事禳灾研究》，中国社会科学出版社 2003 年版，第 196~197 页。

的对象是信教一年以上的教徒，西方国家在受洗中需要询问相关的教义内容，但以勒镇的受洗程序非常简单：神父问："你信仰基督吗?"答曰："信"，问："信到什么时候?"答曰："信到永远"。[1]就在这一问一答后，往额头上稍微沾点水，洗礼也就算完成了。目前受洗的人数量正在增加，但实际上整体受洗比例还是不高，这些形式并不是以勒镇基督信仰中的核心内容，受洗也不是皈依基督教的唯一标志。

有条件的教会还会开展灵歌和灵舞的活动。灵歌是指将基督教中的经典教义和行为准则等编成歌谣进行传唱。这些灵歌的旋律比较简单、押韵和上口，歌词通俗口语化，贴近生活，有的就是流行歌曲的改编，主要内容都是结合信徒的基本生活进行教导和劝诫。灵舞也是广场舞的一种形式，跳的曲目和舞蹈跟普通的广场舞没有明显的区别，只是参加的人多为教徒而已。灵歌、灵舞是人们最喜欢的环节，具有一定的娱乐性和文化性，在一定程度上大大丰富了基督教徒的日常生活。蔡某珍表示："我们年轻人最喜欢唱灵歌的环节，觉得灵歌很好听，唱起来也感觉很放松，而且唱歌的时候这种气氛让人感觉好像主真的是存在的一样。"[2]

以勒镇的宗教活动与正常的社交生活的兼容性很高，在有条件的情况下，无论是教会还是家庭礼拜中的成员都会组织进行某些活动，聚餐是常见的，甚至有的教徒还喜欢去 KTV。邓某军表示："基督教不否定人的正常生活，我们也提倡适度娱乐，对现代科技的应用也是很广泛的。"[3]

就在这些宗教活动的不断开展中，许多教徒间发展出了不同于一般亲戚邻里感情的社会关系，他们将彼此称为"姊妹弟兄"并且互相关爱和帮助，如果教徒中某家有事情，无论婚丧嫁娶，其他弟兄姊妹们都会前来帮忙。一位姊妹表示："教会里的姊妹和兄弟比得上亲亲的姊妹兄弟。"这种关系培育出了具有区别性的集体认知，他

---

[1] 邓某军访谈录，2017 年 2 月 4 日。
[2] 蔡某珍访谈录，2017 年 2 月 11 日。
[3] 邓某军访谈录，2017 年 2 月 4 日

们将教会这种小团体与宗族社会和集体主义相区别，团体内的归属感和私密性使得他们对彼此的生活生出了许多关注，团体的黏合度很高，教徒们在现代社会中找到了久违的小农社会中的集体存在感。

三、基督活动与传统规范的冲突矛盾

虽然基督教在以勒镇得到了广泛传播，但以勒镇本质上还是传统乡土社会，封建礼教和民族习惯的影响依然根深蒂固。基督教的教义规范与中国传统之间的矛盾便成了一个现实问题。这种冲突是否能被顺利地调和关系着基督教能否在这片土壤上真正地生根发芽，基督教的过度退步和妥协会使得宗教失去其本质特点和核心内容，而执拗地固守宗教教义又会导致乡村对宗教的排斥和抗拒。从现实发展状况来看，基督教最终选择了较为中庸和温和的路线，其洞悉和掌握了如何妥协的艺术，中国传统与现代宗教的“握手言和”“和平共处”在以勒镇成为现实。但即使这样，两者之间的部分固有矛盾依然突出，这也导致基督教始终不能全面改造乡村生活。

基督教与中国传统习惯之间最突出的矛盾存在于对祭祀和丧葬仪式的不同态度。基督教的基本伦理与中国的传统儒家伦理完全不同，基督教中人人都是平等的，都是上帝的子民，但中国是差序格局，社会关系从个人向外展开，上帝和祖先作为唯一的权威可能存在一定的矛盾。

中国人崇拜祖先，认为祖先可以在人力所不能及的世界保佑后代，祖先的地位在后代心目中的重要性能与“神”相提并论，祭祀祖先是日常生活的重要内容，这种祖先崇拜在以勒镇表现为清明节和祖先忌日的上香、烧纸钱等活动。七月半的“烧包”是一年中的重要节日，所谓“烧包”，是将纸钱用专门的素纸包装成块，在纸上用毛笔写上先人（包括直系亲属和三代以内关系较为亲密的亲属）的名讳和后代的名字，堆砌成塔状在夜晚焚烧，一到七月半，从空中俯视以勒镇乃至整个县城，家家户户门前都燃起火堆，十里八乡连成条条火龙在山间穿梭，逐渐演变为当地的一大景观。这些“冥币”是通往阴间的专用“货币”，写上先人名讳的包装纸类似于“信封”，当地人形象地将这种“烧包”比喻为向阴间“汇钱”或者

“转账”。当地人表示：“烧包就是让祖宗们在阴间有钱用，晓得我们小辈的是对他们好的，就会保佑我们了。”[1]除了烧包以外，固定的祭祀活动还包括在春节时的“上供”，春节三天要将每份菜肴盛出三碗，米饭三碗，饭前在祖先牌位上供并磕头，向祖先拜年，表示供奉。这些活动部分基于对死去祖先的怀念和缅怀，部分也是向祖先渴求对今世的保佑。

传统的丧葬仪式更为复杂，其在场地布置、流程活动等方面与基督教的葬礼存在很大的不同。场地要做成“道场”，需要专门青松、花圈和坟飘装饰；家人要轮换叩拜、焚烧纸钱以及守夜，埋葬当天还要进行长达数小时的“号哭”；需要大摆筵席，款待乡里，亲友众多的会持续一周左右；埋葬时需要有长队护送并讲究“入土为安”，坚持进行土葬。一方面，中国人相信来生，认为做法事等仪式能够保证亲人顺利地投胎或保佑后代；一方面，这种仪式是证明子孙财力和权力的方式。如当地人所说：“葬礼来的人多不多，闹不闹热，就可以看出这家人威不威势（有本事）。”[2]从这个角度来说，办葬礼既是为了死去的人，也是为了活着的人。但这种仪式非常繁琐，需要耗费大量物力、财力、精力，污染环境、阻碍交通，违反了当地的丧葬管理规范。

基督教对祖先祭祀和葬礼仪式的要求不同。基督教不提倡祖先崇拜，认为所有人都是上帝的子民，耶稣是唯一的神，不能去供奉其他的神，不赞同在祖先坟前跪拜、烧香，允许哀悼追忆但不提倡崇拜和祭祀；其次，基督教主张采用简朴和肃穆的丧葬仪式，准备棺木并由当地教堂或者教友们进行祷告即可；最后，基督教也不反对采用火葬。

两种规范的对比使得冲突更加突出了。基督教徒面对这种冲突可以积极调整个人行为，许多教徒没有再向自己的祖先烧纸或上香，其实是换了种方式进行祖先崇拜。教友说：“我们不烧香，不烧钱，但是清明家人都去上坟，我们也去，但就不是上坟，我们就是去纯

〔1〕 村民访谈录，2017年2月13日。

〔2〕 村民访谈录，2017年2月13日。

粹的表达思念，买一束鲜花或者水果都可以。”问及是否下跪，其回答说：“我们在坟上不跪的，但是神爱世人，我们回家了跪着祷告，祷告祖先保佑我的祖先，让他们少受点苦。”〔1〕总体上，以勒镇的基督徒不上香也不烧纸钱，但在特殊节日还是会去祭拜并在日常通过祷告等方式表达哀思。此外，基督徒也过春节。邓某军认为：“这些节日发展到今天就是个家人聚会的日子，传统的食品、习俗，小娃娃喜欢，我们还是要做的，但是就不是中国的祭拜，只是团聚的日子。”〔2〕甚至两种规范还会逐渐融合，传统的场地布置和礼仪程序可能与十字架、祷告等仪式和谐共存。

个人内心的矛盾冲突能够如上所述被自我说服和安慰，但基督徒与其他人之间的冲突很难调解。比如蔡某波所说：“我家姊妹里面就我一个男的，本来这些仪式是要我来主持的，现在我皈依基督教不能做了，姐姐妹妹不理解，说人家都跪，凭啥子我不跪下，后来就把要做事的钱给他们，我也去帮忙做事，搬东西招呼人，但是核心仪式我就没参加，发展到后来，信仰基督的人也多了，姊妹们也理解了，再加上我经常为他们祷告，现在也就是各做各的（仪式），相处得还可以。”〔3〕当然，也有些人在这方面始终没有获得理解，某个非基督徒的当地人评价：“这些基督徒是父母白养了一场的，去上坟都不跪不烧纸钱，就那点鲜花蛋糕去，看着冷冷清清的。”〔4〕当地也确实发生过因为这种冲突而亲人朋友反目的，只是随着近些年来基督教徒人数的增加，在祭祀仪式上发生冲突的案例已经比较少了。

有些基督徒的老人在临死之前会表示坚决不愿意采用传统的丧葬仪式，子女可能不同意：“老人这么说，我们心头是非常难过的，哪个死了不想风风光光的，就按照基督的那套，走得冷清清的，我们心里不安，也被老人弄得一点名气也没有，十里八乡的要说我们

〔1〕家庭礼拜3访谈录，2017年2月12日。

〔2〕邓某军访谈录，2017年2月4日。

〔3〕蔡某波访谈录，2017年2月13日。

〔4〕村民访谈录，2017年2月13日。

不厚道。”〔1〕有的子女出于对父母的尊重，确实采取了基督教仪式，但最后“落不了好”，有人嘲笑子女是没良心没本事，葬礼办得不够风光；也有子女违背老人的遗愿坚持采用传统仪式，但心里终究感到不安，还可能遭到村里基督徒的侧目而视。也有父母不是基督徒而子女是信徒的情况，这种情况子女基本上都还是尊重父母的意愿，自己不掺和、不阻碍，可以帮忙接待客人、采买食物、做饭等等，但烧香下跪一律不参与。即使这样也引来了村里人的诸多议论和家里人的不理解，认为这种人冷血、死板。

但总体来看，以上冲突在近年没有以前那么突出了。个人可以采用如祷告，送花等仪式，通过内心对基督教的笃信来进行自我解释和安慰，主要关注自我而不干预别人的行为选择。有关的宗教人员也尽量在其中进行斡旋与劝解，确实消弭了许多矛盾。

最后，值得注意的是不同宗教人士之间的婚姻问题，当前以勒镇非基督教居民对基督教的态度非常宽容，认为重要的是人品而不是宗教，双方处得来就可以结婚；而基督教徒却相反，不少基督教家庭要求未来的家庭成员皈依基督教，基督教的人不能离婚，认为这是保证婚姻忠诚的方式。但随着社会和宗教的不断发展，现在这种情况也较少了，不同宗教的人当然可以结合，只是两人的生活方式并行不悖罢了。

四、乡村基督教发展的原因

基督教在没有宗教背景并具有封闭性和传统性的乡土社会中得以植根与发展的原因非常复杂。可以说，基督教在中国乡村的发展是“天时地利人和”因素的综合，基督教教义的基本内容和价值符合社会转型期基层农村的心理需求，其在宣传方式和宗教活动方面做出了主动妥协和改变，将西方宗教与中国的血亲关系、宗族关系等进行了融合，逐渐达成了与传统习惯的和谐关系，国家的宗教政策和政府的肯定也提升了合法宗教的良好形象，进一步促进了基督教的普及和扩展。

---

〔1〕 村民访谈录，2017年2月13日。

（一）教义内容

虽然基督教的精英阶层集中在大城市，但大部分基督徒还是分布在农村，农村地区成为基督教在中国的根基。与此同时，佛教在城市地区依然是主流信仰，社会上有人将这种情况戏称为："富人信佛祖，穷人找耶稣。"虽然我国的宗教信仰生活并不丰富，即使勉强算得上信仰人数最多的佛教徒也大多是抱着"临时抱佛脚"的功利心态，但乡土地区对佛教的这种背离和反叛依然令人称奇。在社会转型期的背景之下，两种宗教的教义差别或许可以对这种现象进行解释。

佛教假设人性本善，强调来世今生，转世轮回，认为人的生命和灵魂可以在时代轮回中借助不同的躯壳得到再生，调整这种命运流转的因素就是人所积的"德"。简而言之，今生的命运是前世种下的因果，今生做的好事能幻化为后世的福气，如果前世做好事做好人，这辈子自然过得顺遂舒心，而如果前世作恶多端，今世命运便悲惨流离。基督教虽然承认人的灵魂，但认为灵魂是唯一的，凡间生活只有一次，人生来具有原罪，是"戴罪之身"，在凡间的生活也会造就"己罪"，生存是为了还清债务，今生遭遇的痛苦是上帝的磨炼，人必须洗清自己的罪孽才能在死后进入天堂。

根据这两种教义，贫富分化的社会阶层会依据自己的心理需要选择不同的宗教。富人信佛某种程度上是在寻找心理安慰和进行自我开解，认为今生好运是前世修行的福气，是自己应得的奖赏，因此泰然处之，笃信自己今生做好事还能获得下辈子的安逸；穷人信耶稣是在为自己的悲惨命运寻求合理的解释，相信今世遭遇的每一分苦楚都在为走上天堂的道路做铺垫，"苦难于我是有益的"，所有的痛苦都是上天的考验，是神爱世人的表现，从这个角度来看，宗教能够为今世的痛苦提供一定剂量的麻醉剂和止痛药，宗教为痛苦的灵魂提供了避难所。

这里的"富人"和"穷人"指代的是社会中的"强势阶层"和"弱势阶级"。这种心理需要在社会转型期更加明显，当前的社会资源和利益分配本身不平衡，缺乏完善的利益再调整机制，配套制度也还没有建设完全，贫富分化较大，许多农村人被排除出了利益的共享机制，改革红利的天平向城市倾斜，农民承担了许多本不应该由其承担的改革成本。基督教强调的人人平等的观念符合了大部分农村人的价值观念，中国当下的社会阶层不平等且呈现出了固化趋势，对平等的诉求使得基督教的号召力大增。在这种情况下，信仰基督教或许是农村居民趋利避害的自然反应，其借助宗教来享受心灵上的安抚与慰藉，宗教为其提供了另外一套进行发泄的利益表达机制，而这些心理需要可能是传统的儒家、佛家精神都不能提供的。

值得注意的是，基督教还根据农村对集体主义的需求和对传统伦理的信任对教义本身进行了具有“中国特色”的解读。尽量将耶稣的个人形象和事迹与中国传统道德观念相靠近，耶稣被包装成为全知全能、“法力无边”的“君子”形象，并且在众多圣经故事的烘托下，这个“神”不同于传统神灵的“禁欲”形象，在某种程度上也具有人类的道德观念和感情，其有过挣扎，有过执着，也是在不断地“磨砺”中成了“上帝”。“耶稣跟常人是一样的，也是慢慢修炼的，也是有道德观念的。”[1]圣经实际展现了神的成长过程，这种形象更加具象和实际，更符合人们的认知，可以说，“耶稣”映照的是人类自己；再者，基督教的门槛较低，尤其是新教非常强调教徒对宗教活动的参与，企图建立教徒与上帝直接沟通的渠道，主张将信仰带入日常生活中，因此基督教更加具有“实感”和“亲密感”。

而佛教不同，佛教中的“神”较为抽象和缥缈，是超然物外的形象，其不食人间烟火，不能具有普通人的感情和观念，佛祖形象的塑造已经完全与现实生活相脱离了，其是完美的存在，是人类哲学的集合，是人“所远远不能及”的。佛教还强调四大皆空，连道德也是相对虚化的。更重要的是，佛教的教义非常深刻，对教徒知识文化素质的要求很高，要解读和理解佛经需要的不仅是文化水平，还需要一种“悟性”，成为真正的佛教徒需要的是“心有灵犀一点通”，而这不是仅凭自身努力就能达到的。佛教强调“有缘相见”，不是人人都能够与佛祖建立联系，佛祖是一种遥远的“存在”，甚至

[1] 邓某军访谈录，2017年2月4日。

信徒们无法确定其到底是不是一种“存在”。就像有的信徒所说的：“谁也没有看见过佛祖，但我知道佛祖在我心中永存”，佛教的这种艰难和晦涩无形中拉开了与教徒之间的距离，成为佛教徒的要求远远高于基督教的要求，所谓的“剃度”和众多“清规戒律”使得民众被隔在了信仰的大门之外。

（二）宣传方式和宗教活动

基督教兴起的第二个原因在于其针对农村环境和民众心理对宣传方式和宗教活动作出了一系列的调整，与佛教相比，基督教采取了更加主动、务实和“贴地气”的态度。

纵观以勒镇的主要基督教活动和传教模式可知，其充分考虑了我国农村当前经济条件落后，民众文化素质不高的特点，已经形成了一套具有本土特色的固有模式。传教重心是农村地区具有心理需求的老人、妇女和其他特殊人群；考虑到当前农村文化素质不高的现实，采取了先加入后教育的模式，重点突出核心教义的吸引力；将教堂活动和家庭礼拜相结合，建立具有民主化和平面化的组织体系及管理体制，家庭礼拜是教堂礼拜的功能替代，具有方便、快捷、成本低、易被复制的特点，受到了广大农村信徒的欢迎，已经发展成为具有地方特色的稳定的信仰模式；采取讲故事的方式讲经，易于理解，寓教于乐，教徒的接受程度较高；“见证”方式的推广将每个独立个体纳入信仰的塑造过程中，有助于内化宗教的热忱和忠诚；“灵歌”“灵舞”等方式更是将娱乐性融入了宗教，提高了宗教的吸引力；采取亲戚、邻居为主的熟人网络传播方式，提升了传教的说服力和吸引力；宗教活动的程序化和专业化色彩被弱化，突出的是可习性和重复性的日常方式，降低了宗教学习的门槛和难度。通过这些宗教活动的逐渐开展，以勒镇的基督徒已经初步将宗教信仰融入了自己的日常生活中。

此外，不管是在传教还是讲经的过程中，基督教都很注意靠近乡土民众的价值观念，经常有意识地借用中国意识形态的宣传话语，会用通俗化语言将传统的仁义礼智信、忠孝节义等口号编入基督教活动中，易于学习和传播。仔细分析见证讲经及灵歌的内容都是与传统道德相贴合的。基督教所宣传的一些行为原则和观念与传统道德的共通点很多：如基督教强调的对世人的爱可以通过儒家的仁爱精神得到解释，在某些时候，基督教会将传统道德规范蒙上神化外衣，使得传统乡土的精神追求借由基督教口号复活，本质上仍然反映了乡土社会对集体主义、世俗价值和伦理道德的追求。这种在内容和形式上的特点可以解释其为何会比现代法治观念更受欢迎，与现代刚性的法律制度相比，这种宗教面临的排异反应相对没有那么激烈。

（三）社会转型期的心灵归属

“农民热衷于信仰基督教，可谓是鬼神观念极其普遍的他们在信仰对象上的一种转移或移情。改革开放后中国进入社会转型时期，政治经济体制和社会组织结构的消解与重建，传统的人际关系价值观念处于失落与重构的过程，此时农民群体由于生存的压力和精神的迷惘而普遍存在忧虑感、孤独感和失落感，导致他们信仰基督教，以寻求精神寄托。”〔1〕基督教的日常组织方式和活动形式还给社会转型期的乡土民众塑造了次生生存空间。当前我国人口流动频繁，集体主义有所衰落，原有的稳固的社会关系被进一步冲击，维系传统乡土社会运行的人情伦理和差序格局也逐渐衰弱，社会的原子化趋势愈加明显。特别是农村人似乎被遗忘在了社会发展的脚步之后，既对日新月异的现代生活感到无所适从，又无法回到原有的生活轨道上，农村又缺乏休闲设施和活动，留守居民的生活面临空心化的风险，这种时代发展带来的尴尬感需要被排解，否则会挫败乡土民众的发展欲望和生存勇气。就在这种情况下，中国人普遍缺乏信仰生活，典型的中国人很少能系统科学地进行自我开解与心理安慰，农村的部分弱势群体容易积累对社会的怨气和愤怒，从而对社会秩序和安全造成威胁。在这种特殊的社会环境下，能够迎合农村人心理需求的宗教得以发展也并不奇怪。市场经济的冲击，道德体系的溃败，人际关系的疏离再加上国家社会保障体系的落后都是基督教流行的客观条件。

---

〔1〕 参见王申红：“基督教信仰与农民问题的调查与研究———以皖西北农村为个案研究”，载《中国石油大学胜利学院学报》2006 年第 3 期。

基督教活动的开展为当代农村信徒提供了心灵归属。“处于转型时期的中国，传统价值观逐步衰落，社会无序失范加重，人与人之间出现信仰危机……而基督教‘荣益他人’，关爱他人的言行使基督信仰对其他人构成了一种有吸引力的严肃选择。”〔1〕教堂活动和家庭礼拜创造了小团体，实质上替代了传统的集体生活，信徒身份类似标签，引导农村人充分进行自我认识和自我定位，“姊妹弟兄”的互相关心和互相帮助创造了乡土居民久违的归属感，提供了一种稳定感和安全感。从客观上来看，宗教活动的开展，特别是灵歌和灵舞活动，也弥补了农村休闲娱乐活动的空白化，提高了传统生活方式的活力。

(四) 国家政策和政府支持

我国宪法明确规定了宗教信仰自由的条款，废除了建国初期对宗教活动的各种消极规定，允许宗教活动在合法的框架范围内有序运行，一扫宗教活动面临的压抑黑暗的社会氛围，在法律的层面为宗教的合法发展铺垫了道路，建立了基督教的合法性基础。

并且，目前基督教的发展由于有相应的政府组织和公共团体的支持，其在物质基础、政策保护和智力支持方面都有了稳定的来源。组织上主要是有全国性的基督教协会和三自会，秉持着合法、健康、积极的原则对业务工作进行专业指导，引导各项宗教活动走向正式化、规范化。目前政府当中也设有如宗教事务管理局等单位负责相应的基督教事务，政协等组织也对相关活动给予了密切的关注，对于邪教活动和不合法活动的打击力度也很大，为基督教的积极健康发展提供了相应的制度基础和组织体系，主要是在大方向上掌握基督教的发展行为和边界，保障其能够发挥积极的社会影响力。

五、结论

(一) 乡村基督教发展带来的现代启迪

如前所述，从感性直观的角度来看，基督教与乡土文化存在冲

---

〔1〕 高师宁：“从北京看中国城市基督徒的信仰”，载罗明嘉：《基督宗教与中国文化》，中国社会科学出版社 2004 年版，第 297~298 页。

突与矛盾，两种不同的文化体系产物似乎很难相容。但实际上，以勒镇为例，基督教在乡村的发展图景良好，其成功的关键在于立足于时代特色和社会背景，针对受众客体进行主动积极的改造和调整，努力提升自己的本土化水平。这种现象为法律理论研究和法律实务工作的开展提供了一种新的思路，借助基督教发展的成功经验，可以看到，要化解当前中国乡土社会面临的法治困境，树立法律认同和法律信仰，就有必要分析乡村基督教的发展原因，从中有选择和有限度地适当借鉴和吸纳基督教发展的成功经验：

法律的作用对象是社会大众，由于中国长期处于农业社会，因此基层民众对法律的态度影响着国家法治建设的成功程度。而法律的价值不仅在于理论还在于实践，其重点在于被遵守、应用和信仰。因此，法律制度的设计和运作必须要能对实际的社会生活发挥调整作用。这就要求立法者和执法者要关注社会现实和本土问题，适当将中国传统的道德观念以及民众的法感情与现代法律制度相融合，探寻实现法律与社会生活的协调互动的路径，尽量消解现代法律制度与本土实践的抵牾与矛盾，提升法律的实际应用效果。具体来说，立法者要在保持开放的心态的同时放低视野，将现实中的“下里巴人”、所谓的“鸡毛蒜皮”等纳入考虑范围，目的是要与民众换位思考，将民众的实际需求和心理需要反映在法律制度的建设中。对于执法者而言，其需要做出的主动性调整更多，因为执法具有相当大的自由裁量空间，这就要求执法者要提升执法水平、能力和素质，洞察乡村人们的心理需求和习惯特点，因地制宜，对症下药，针对实际案例和不同地区，在法律的框架内选择有灵活性和能动性的执法方式，防止民众对于现代法律产生抵触情绪，真正将法律效果落实到实处。

当然，法律的实施过程少不了守法者的参与，守法者对法律的态度也会影响着法治建设工作的推进，因此要主动地进行宣传和教育，培养民众的法律认知，提升其学法、知法、用法和守法的能力素质，争取民众对依法治国工作的理解和支持。

（二）对乡村宗教的正确态度

客观辩证地看待乡村基督教的发展状态是坚持学术精神和实事

求是原则的表现。

首先，对乡村基督教的发展没有必要太过警惕与戒备。不少人主张基督教的扩张是西方文化侵入的表现，可能会侵蚀我国文化的本质和核心，建议对基督教的发展加以限制和阻碍，但这种观点不免太过片面和极端，实际上基督教的发展并不必然带来以上负面后果。一方面可以看出，基督教在我国的发展主要采取的是积极与中国社会相融合的路径，一直都在温和、渐进地寻找调和双方关系的适当力度，并且甚至主动利用中国传统文化来改造自身的宗教活动，不存在所谓的文化侵略的事实；其次，认为有文化侵略可能性的观点反映了对我国传统文化的不自信的心态，其基本假设是我国传统文化的根基薄弱以至无法成功应对西方文化的影响，但我们应该拥有文化自信，中华文化是一个稳定和中庸的文化系统，有很强的文化内生力和包容力，不会因为某个宗教的一时发展而动摇根基或面临危机。并且我国坚持宗教信仰自由政策，信仰宗教是个人选择，国家没有权利进行深入蛮横的干涉。鉴于当前政府对宗教事务的管理指导体系，我们也有理由相信，宗教的发展是在合法的框架内展开的，我们当前所应该警惕的重点是邪教力量而不是合法的宗教发展。

从更为实际的角度来看，目前乡村基督教的发展也发挥了很多的积极作用。基督教教义强调教徒要爱世人，要不断提高自己的道德水平。据许多非教徒的村民反映："这些信教的人平时都比较温和，处事是可以的。"〔1〕也确实有很多人在信教以后改掉了赌博酗酒的坏脾气，这些表现都令许多人对基督教有所称道。由于基督教强调内心修为，所以在基督教集中发展的地方社会秩序一般不错，宗教也有一定的管理作用。以勒镇由于基督教比较集中，当地秩序较其他乡镇较为良好，很少发生恶性刑事案件，邻里的关系也非常和谐与稳定。镇雄县另外有一个较为小的乡镇——盐源乡沧海镇——更为明显，这个村有33户人家，其中32户人家信仰基督教，秩序良好，甚至达到了"路不拾遗，夜不闭户"的程度。道德、法

〔1〕 村民访谈录，2017年2月13日。

律和基督教的教义具有相同性，并且由于基督徒对于人生中的很多苦难都持有安之若素的态度，因此其都更为乐观，更愿意去遵守法律和规则。

此外，从调节社会关系、丰富居民心理需求的角度来看，基督教确实提高了当地居民的生活水平和质量，这点值得称道。但同时，基督教的发展也可能带来诸多负面效应，如上文所提到的传统习惯与基督教规范的冲突，可能导致家庭邻里关系的冲突。在以勒镇客观存在的是，诸多如“三赎基督”等类型的灰色宗教借助基督的名义，宣传封建迷信思想，甚至主张生病不需打针吃药等等，对当地的社会秩序起到了负面作用。为此要加强法律和执法制度的规制，积极发挥宗教人员的调整作用，培养宗教爱国守法的基本原则，加大对邪教的打击力度，保障乡土社会的基本秩序。

7 “无常”后的规范：甘肃会宁崇德坊回族丧葬习惯法

马 敬*

二更初，月正娇，人生世上命不牢。
劝童稚，细推敲，瞥眼一时无常到。
——清初回儒刘智《五更月》

一、引言

“无常”为中国回族的日常用语，系对佛教同名宗教术语的借用，代指人的亡故。信仰伊斯兰教的回族认为，人死之后虽肉体朽灭，但灵魂永在——“无”者“死”也，“常”者“恒”也。“无常”一词所蕴含的宗教哲理反映出穆斯林对于死亡的一种基本认识，即《古兰经》所云：“其实，后世是更好的，是更长久的。”（87：17）相应的，为使“无常”之人能在后世尽享安宁，生者亦要遵循一定规范对其进行妥善安葬，而这些以伊斯兰教法为主要依据的相关丧葬规范即是回族的丧葬习惯法。

甘肃省会宁县位于陇中地区，自古以来便是交通要道、军事重镇，素有“秦陇锁钥”之称。新石器时代，会宁县境内就有人类繁

* 作者简介：马敬，西北师范大学法学院讲师，法学博士。

衍生息。汉武帝元鼎三年（公元前 114 年）置祖厉县，距今已有 2100 余年的建县历史。会宁县名则源于北周太祖宇文泰西巡会师于此，当地人犒劳六军，故"太祖悦，因命置州，以'会'为名"。[1] 明太祖洪武二年（公元 1369 年）始置今会宁县，隶属陕西布政司巩昌路，县名自此沿用。1936 年 10 月，中国工农红军三大主力在会宁胜利会师，会宁由此闻名中外。根据《2016 年会宁县国民经济和社会发展统计公报》显示，截至 2016 年末全县行政区域面积为 6439 平方公里，辖 28 个乡镇，284 个行政村，16 个社区，人口 58.03 万人。全年生产总值 614 214 万元，人均生产总值 11 418 元。会宁县自然条件严酷，十年九旱，生态环境改善难度大，是国家扶贫开发重点县之一。会宁亦是西北教育名县，有"西北高考状元县"和"博士之乡"的美誉。

(崇德清真小寺内，2018 年 1 月 19 日摄)

新添堡回族乡位于会宁南部，距县城 15 公里，东西宽 12 公里，南北长 18 公里，总面积 208 平方公里，辖 13 个村，75 个村民小组，4001 户，19 447 人，其中回族 14 506 人，汉族 4591 人，东乡族 350 人。自清同治十一年（公元 1875 年）起，回、汉、东乡三个民族陆续从今宁夏回族自治区、陕西省关中地区及甘肃省张家川、临夏、通渭等地徙迁寄居于此并从事农业生产，繁衍生息。该乡曾连续三次（1994 年 9 月、1999 年 9 月、2005 年 5 月）被国务院授予"民族团结进步模范集体"称号。崇德坊是新添堡回族乡河湾村的一个村民小组，共有坊民 300 余人且均为回族。崇德坊得名于坊中的崇德清真小寺。称为"小寺"是因为

〔1〕（唐）李吉甫：《元和郡县图志》，中华书局 1983 年版，第 97 页。

该寺并非一般意义上的清真寺，其中无阿訇主持教务，仅是一座为方便坊民礼拜和其他宗教活动的“稍麻寺”（Sawmaah），[1]属于河湾村清真寺的下属。

本文以 2018 年 1 月 19 日甘肃会宁崇德坊中的一场葬礼为对象，[2]通过观察、访谈等方式，记录和整理崇德坊回族葬礼中的一些具体丧葬规范，并尝试理解丧葬习惯法对于当地回族社区的相关秩序维持所具有的意义。

二、葬礼的过程

2018 年 1 月 18 日凌晨，甘肃省兰州市的一名回族老人马法图麦（女，78 岁，丈夫已去世）在家中去世。马法图麦出生于河湾村崇德坊，成年后为生计辗转定居兰州，故临终前嘱咐子女，要求待自己“无常”后将“埋体”（遗体）运往崇德坊下葬。子女遵从老人“叶落归根”的遗愿，经商议后作出决定：18 日当天向会宁的崇德坊、兰州的吉祥坊和顺义坊等三坊以及众亲朋好友报丧；19 日早晨 6:00 从兰州出发，用汽车运送“埋体”至 180 公里外的会宁崇德坊下葬，另租赁 3 辆 50 座的客车（亲朋好友乘 1 辆，吉祥、顺义两坊的坊民代表各乘 1 辆）以及若干小型汽车同行。

（一）“接经”仪式

19 日 6:00，“埋体”车先行，3 辆客车及小车随后，沿国道 312 一路向东南，于 10:35 到达崇德坊。坊民约 200 人在寺外等候，接到“埋体”便用“塔布匣”（Tabut），[3]抬至寺内一房间。10:40，有坊民 3 人为在场所有男性送葬人员发放一顶白色“号帽”。[4]沙湾村清真寺的马伊德阿訇（50 岁）带领四位“满拉”（Mawla）在礼拜殿门口迎接众人。[5]亡人的长子则手捧《古兰经》站在阿訇身旁，

---

〔1〕“稍麻”系阿拉伯语音译，意为小的礼拜寺。

〔2〕根据研究的惯例，本文对相关村名、坊名以及人名进行了化名处理。

〔3〕“塔布”系阿拉伯语音译，指穆斯林装殓抬送亡人的木质匣子。中国伊斯兰教的“塔布匣”一般为简易担架，平时存放于清真寺内。

〔4〕也称“礼拜帽”，指中国回族的民间传统男帽。

〔5〕“满拉”系阿拉伯语音译，指清真寺中跟随阿訇学习的学生。

而来宾中有数人轮流上前接过经书并亲吻封面——这一葬礼中的程序被称为“接经”。[1]随后，亡人家属便赠每位“接经人”50元的“海迪耶”（Hadiyyah），[2]表示感谢之意。

（二）清洗遗体及入殓

11:00，马伊德阿訇宣布开始给亡人“洗埋体”。因亡人是女性，故只能由女性清洗遗体（男性遗体由男性清洗，丈夫不洗亡妻，妻子通常也不洗亡夫），一般是由3位亲属中有经验的女性进行操作。具体步骤为：先为亡人洗“小净”和“大净”，[3]洗法如同活人一样，由上至下，先右后左，唯不漱口呛鼻。洗净后再用干净的布将水轻轻拭干并在亡人七窍涂抹香料。之后，3人还要负责给亡人穿上“克凡”（Kafan），[4]即由白色棉布做成的敛衣。女性的敛衣5件（男性3件），分别为大敛衣、小敛衣、衬衣、裹胸和盖头，先围裹胸，再穿衬衣，戴盖头，卷小敛衣和大敛衣，最后用白色布带系住腰部，放入“塔布匣”内，上再覆一印有经文的绿色罩单。

（三）殡礼仪式

11:45，随着马伊德阿訇一声“起埋体”，“塔布匣”被众人抬至礼拜殿旁一清洁之地。在此过程中，亡人的女性亲属们开始哭泣，随即被他人安慰。之后，马伊德阿訇向众人简单交代了亡人的一些基本情况，如姓名、年龄、因何亡故等等。11:48，举行殡礼，即“者那则”（Janazah）仪式。[5]参加仪式的人均为男性，站立面向“克尔白”（Kabah），[6]即西方，阿訇站在最前，其余众人随其后排列整齐班次。马伊德阿訇带领众人举意，心中默念：

---

〔1〕按照规范，作为“接经人”应当符合一定的标准，如信仰虔诚、有宗教知识以及经济困难等。

〔2〕“海迪耶”系阿拉伯语音译，愿意为“礼物”“赠品”。中国回族在举行宗教仪式时施散钱物的行为称为“散海迪耶”。

〔3〕“小净”和“大净”是伊斯兰教的净礼，指在特定情况下按照规定的程序将干净的水倾注遍及部分肢体（小净）或全身（大净）。

〔4〕“克凡”系阿拉伯语音译，意为“裹尸布”。

〔5〕“者那则”系阿拉伯语音译，即“殡礼”“葬礼”。

〔6〕“克尔白”系阿拉伯语音译，指坐落于麦加城内“禁寺”中央的建筑，也称“天房”。世界各地穆斯林以“克尔白”的位置为礼拜的方向，中国在“克尔白”之东，故中国穆斯林面向西方礼拜。

主啊！你饶恕我们的活人和亡人！我们在场的和不在场的！
我们的大人和小孩！我们的男子和妇女！
主啊！你让活的人，活在伊斯兰的生活方式上！
你让死的人，带着信仰而归！[1]

众人再跟随阿訇抬手至耳边，赞念 4 次“真主至大”。11:55，马伊德阿訇宣布殡礼结束，可以抬“埋体”去坟地了。此时，在场男性纷纷开始争先恐后地抢抬“塔布匣”(伊斯兰教法禁止女性抬)，而亡人的弟弟马努海（70 岁）追在后面边哭边喊：“我的亲姐姐啊，你怎么说走就走了啊……”旁边坊民则不断地劝慰。

（四）安葬仪式

坟地在清真寺的不远处，距离约 300 米左右。坟坑 18 日便已掘好，长约 2 米，宽约 1.5 米，深亦 2 米多，坑底一侧再掘“偏堂”用于安放“埋体”。12:05，下葬仪式开始。马伊德阿訇、众满拉以及现场会诵读《古兰经》的坊民共约 30 人，人手一册《古兰经》，开始诵念经文。参加葬礼的男女老幼约 400 人蹲坐在周围聆听诵经。亡人的几位男性亲属则将“埋体”平放入“偏堂”内，使之头北脚南，面向西方。安放后，再用土坯砖封住“偏堂”口。12:13，坟旁众人用铁锨填土掩埋坟坑，轮流替换。此时，亡人家属开始向在场所有人员“散海迪

(坟地诵经，2018 年 1 月 19 日摄)

[1] [伊拉克] 塞·沙·欧拜杜拉：《伟嘎耶教法经解》，丁秉全、师明学译，中国社会科学出版社 2014 年版，第 63 页。

耶”，具体标准为阿訇100元、念经人20元、其他人10元。12:20，诵经仪式结束。坟坑填平后垒坟包，再用十余块土坯砖分纵横方向压在坟包之上，无墓碑。12:25，安葬仪式结束，众人陆续返回清真寺。

(五)“下土亥听”仪式和招待

12:30，阿訇和念经人进入礼拜殿，念“下土亥听”（Khatm al-Quran），[1]其余人则静坐聆听。亡人家属又“散海迪耶”，标准同上。12:35，“下土亥听”仪式结束，马伊德阿訇带领众人做“都阿”（Dua），[2]进行祈祷。之后，亡人家属还准备了饭菜招待。院中15桌、偏房内10桌，每桌8人，共招待两轮，计400人次。饭菜较为简单，每桌4个“油香”（油饼），4个花卷，每人1份“碗碗菜”（萝卜、土豆、粉条、羊肉烩成）。13:00，招待结束，众人逐渐离去。至此，葬礼仪式的程序全部完成。

（招待之前，2018年1月19日摄）

三、葬礼的规范

中国的回族因为深受伊斯兰教的影响，所以其习惯法含有丰富的伊斯兰教法元素。通过上文对这场葬礼过程的简要描述，我们也可以发现当今崇德坊回族的丧葬习惯法基本沿袭了伊斯兰教的传统。

---

〔1〕“亥听”系阿拉伯语音译，原意为“封印古兰”，后引申为“通读全部古兰经”之意。“下土亥听”则是指安葬仪式结束后举行的诵经仪式，是整个葬礼不可缺少的一个程序。

〔2〕“都阿”系阿拉伯语音译，意为“祈祷”，其动作为双手平展，掌心向上并默念祈祷词，念毕后双手在面部拂过。

例如其丧葬习惯法严格遵循了伊斯兰教法关于丧葬的三个基本原则，即“土葬”“速葬”和“薄葬”原则。此外，还有一些具体丧葬规范，如报丧、吊唁、入殓、出丧、帮忙和祭奠规范等也大多有着伊斯兰教法上的依据。

（一）基本丧葬原则

（1）土葬原则。回族的葬制规范为土葬葬制规范，《古兰经》规定：“真主创造你们，先用泥土，继用精液，然后，使你们成为配偶”（35:11）——源于泥土，归于泥土。忌火葬（特殊情况下可水葬），因为“火”是真主的刑罚，而亦有后世“火狱”概念之存在。所以，规范要求不仅是土葬，而且坟坑中还不得出现与“火”有联系之物，例如上文安葬仪式中封堵“偏堂”的是土坯砖，并非经火炼而成的青、红砖。

（2）速葬原则。回族实行速葬，一般在亡人去世当天或第二天即要下葬，至迟不超过三天，故有“三日必葬”的传统。马伊德阿訇对此也说道：“按照教法规定，亡人要速葬，这是穆罕默德圣人说的，《圣训》里有。我们这里回民的老话也说，亡人奔土如奔金啊。”[1]按照这一基本原则，如在旅途中亡故亦要就近择地安葬。从上文中我们也可发现，马法图麦1月18日凌晨“无常”后，19日中午即入土安葬，遵循了速葬的原则。

（3）薄葬原则。回族民谚有云：“无论穷、无论富，都是三丈六尺布”，即指人死后无论贫富，同样身着统一的“克凡”下葬，不用棺椁，不以财物陪葬，不设花圈挽幛。这一原则来源于《古兰经》中的规定，“在世时没有信道，临死时仍不信道的人，即使以满地的黄金赎罪，也不被接受”（3:91）。在此规定的影响下，回族的葬礼一切从简。显然，崇德坊的这场葬礼亦基本遵循了此原则，并无铺张之感。

（二）具体丧葬规范

（1）报丧规范。回族人“无常”之后，其亲属要按照传统向众人报丧。报丧有着相应的规范要求，如报丧的主体、报丧的对象等。

---

〔1〕 马伊德阿訇访谈录，2018年1月19日。

报丧的主体应为亡人的近亲属，如配偶、子女等，且报丧时应当克制情绪。报丧的对象除亡人的亲朋好友外，更重要的是向清真寺（坊）报丧，具体可结合上文进行分析。首先必须向亡人生前所属的清真寺（坊）报丧，即吉祥清真寺（坊），其负有协助家属安排葬礼的义务；其次要向安葬地的崇德清真寺（坊）报丧，其亦有协助义务且是相应工作，如掘坟坑、置办饭菜招待等事务的具体承担者；最后向与亡人生前有一定关系的清真寺（坊）报丧，如顺义坊曾为亡人长期生活之地，故也在报丧对象之列。

（2）吊唁规范。按照回族丧葬习惯法，接到报丧讯息的亡人亲友有前去吊唁的义务，一般称之为“望丧”。吊唁时不设灵堂，无跪拜礼，仅揭开覆在亡人面部的布单供亲友瞻仰，而亲友见遗体最后一面时要口念：“印纳林俩西，卧印纳一莱西，喇知欧乃”（我们是属于真主的，我们都要回归于真主）并安慰亡人家属即可。此外，按照“薄葬”的原则，亡人家属一般不收参加葬礼坊民的吊礼（可视情况收一定近亲属等的吊礼，无礼簿），且回族老人在生前大多存有自己的“抬埋钱”，即用于葬礼的费用，不足部分再由子女共担。整个“望丧”过程肃穆且因“速葬”原则的影响，通常只有半天或一天时间，较为迅速。

（3）入殓规范。回族丧葬习惯法规定亡人在入殓前必须按照伊斯兰教的“净礼”洗“小净”和“大净”，做到清洁无垢后方可穿“克凡”下葬。做“净礼”时除严格遵循相应规范进行操作外，还须注意遮挡，其他人也不得窥视。上文中提到的做“净礼”时给亡人涂抹香料则源于《圣训》中的规定：“若你们认为有必要可多洗几遍，在最后一次中加放些樟脑”。〔1〕“克凡”由白色棉布制成，一般不用丝绸或其他有色布匹，因为“真主的使者入殓时用了也门苏呼林亚产的三块白棉布”。〔2〕此外，通常还要由阿訇在“克凡”套装的衬衫上书写经文以表明亡人的信仰及对真主的赞颂，称之为

---

〔1〕《布哈里圣训实录全集》（第1卷），祁学义译，朱威烈、丁俊校，宗教文化出版社2008年版，第262页。

〔2〕《布哈里圣训实录全集》（第1卷），祁学义译，朱威烈、丁俊校，宗教文化出版社2008年版，第263页。

“匹拉罕”(Pirahan)。[1]最后，穿好“克凡”的亡人被放入“塔布匣”内，等待殡礼的举行。

(4)出丧规范。回族的丧葬习惯法对出丧有着明确的规定。首先，在正式出丧前必须举行殡礼即“者那则”仪式。仪式的目的在于祈求真主饶恕亡人生前的罪过，且教育活人不忘敬畏真主，行善止恶。同时，要求回族如遇“者那则”应争相参加，以示穆斯林兄弟之哀悼，被视为一种义务。[2]其次，按照《圣训》中“只许男人抬送殡尸”的规定，[3]出丧时只能由男性抬“塔布匣”，禁止女性。最后，出丧过程中禁止亲属大声号哭及通过撕扯自己衣领、自打面颊等表示悲痛的行为，因为“亡人在坟墓中因活着的人为他的号哭而受刑罚”“打自己的脸颊、撕扯衣领和以蒙昧时代的言辞叫喊的人不属于我的教民”。[4]故在前文的相关描述中我们亦可发现众人对亡人的弟弟和其他女性亲属的哭泣及时地进行了劝阻和安慰。

(5)帮忙规范。崇德坊举行的这场葬礼基本是在全坊300余人的共同支持下顺利完成的。从一开始的掘坟坑到迎接、安排来客等事务，再到最后的饭菜招待均是全坊男女老少协作、配合的结果。一方面，这是伊斯兰教法规定的义务，“如果你参加了殡礼，你就完成了应尽的义务”。[5]但另一方面，接受帮助的亡人家属也负有向坊民等参加葬礼人员表示感谢的义务。实际上，葬礼过程中亡人家属“散海迪耶”的行为（如“接经”仪式和“亥听”仪式中“散海迪耶”）除含有一定宗教意义外，更多的是通过向众人馈赠金钱的方式以表示感谢。坊民马玉虎在谈到这一帮忙规范时也说道：“我们

---

[1] “匹拉罕”系波斯语音译，意为“无领衬衫”，后代指亡人身上穿的服装，上有阿訇写的经文。

[2] 中国伊斯兰百科全书编辑委员会：《中国伊斯兰百科全书》，四川辞书出版社2007年版，第743页。

[3] 《布哈里圣训实录全集》(第1卷)，祁学义译，朱威烈、丁俊校，宗教文化出版社2008年版，第273页。

[4] 《布哈里圣训实录全集》(第1卷)，祁学义译，朱威烈、丁俊校，宗教文化出版社2008年版，第268~269页。

[5] 《布哈里圣训实录全集》(第1卷)，祁学义译，朱威烈、丁俊校，宗教文化出版社2008年版，第275页。

坊上谁家有红白喜事大家都要帮忙，这是教法上的规定，也是先人们留下来的规矩，再说你不去帮忙旁人也会笑话。自己家里将来有事，旁人来帮忙也肯定要散海迪耶表示心意。”〔1〕

（6）祭奠规范。按照崇德坊的丧葬习惯法，除亡人安葬当天要举行“下土亥听”仪式外，还有一系列后续的祭奠仪式，具体包括“无常”后的第3天、第5天、第7天、第30天（满一月）、第40天、第100天、周年以及之后每周年的“亥听”仪式。〔2〕其中，第5天、第40天要“大过”，即举行隆重的仪式，不仅要请阿訇、满拉来家中诵经，还要招待亲戚朋友和其他坊民以表示对众人的感谢。举行系列“亥听”仪式的目的除缅怀亡人以外，更重要的是祈求真主宽恕亡人并提醒生者敬畏真主。最后，关于葬礼以及后续祭奠的相关费用问题，亡人的长子马苏德（54岁）表示：“目前（至葬礼结束）大概花了3万左右，我妈自己留下着1万的抬埋，剩下的我们3个子女基本平担了，以后的亥听主要是我们两个儿子承担。”〔3〕

四、总结与思考

奥古斯丁（St. Augustine）在其基督教神学著作《上帝之城》一书中提出，人类社会里不同礼仪、风俗习惯和生活方式的各个国家可分为两类，即分别由按照灵性或肉体生活的人所组成的两座“城”：“上帝之城”与“世俗之城”。在这里，“城”的概念显然是奥古斯丁的一种比喻，意指以信仰区分的两个群体以及相应的两种秩序——“只有两种人类社会的秩序，我们可以按照圣经的说法，正确地称之为两座城。”〔4〕居住于“上帝之城”的人们有着充分的自由以及享受着和平的生活，而“世俗之城”的情况则与之相反。其中，散落于“世俗之城”的基督教信徒若想进入“上帝之城”，

〔1〕 马玉虎访谈录，2018年1月19日。

〔2〕 此种关于祭奠日期的规定并非源自伊斯兰教法，应当是受到中国传统丧葬文化的部分影响，目前并无确切解释。

〔3〕 马苏德访谈录，2018年1月19日。

〔4〕［古罗马］奥古斯丁：《上帝之城》，王晓朝译，人民出版社2006年版，第579页。

需要在上帝的指引下，谨守律法并依“神定秩序”而生活。这样，当“末日审判”来临之际，尽管“世俗之城”会堕入地狱，但那些虔诚的信徒们却可进入“上帝之城”。奥古斯丁之后，托马斯·阿奎那（Thomas Aquinas）更于此“双城”理论基础之上指出，“世俗之城”的统治权源于上帝，教会是“上帝之城”在人间的投影——“这个王国的职务不是交给这个世界的统治者，而是交托给神父”。[1]

伊斯兰教中与“上帝之城”概念最为接近的应是后世的“乐园”——“敬畏主者将一队一队地被邀入乐园，迨他们来到乐园前面的时候……你们已经纯洁了，所以请你们进去永居吧!”(39：73)，而“乐园”亦是穆斯林“肉体”毁灭后升入的完美的“灵性”世界，其在各方面的生活均非今世可比，即穆罕默德所言的“乐园中的一鞭之地强于今世和今世上的一切”。[2]因此，无论是“上帝之城”还是“乐园”，均与“世俗之城”（今世）形成了强烈的对比，而信徒们要进入其中则必须遵守“神”的律法并接受“神”安排的秩序。

同样，对于信仰伊斯兰教的中国回族而言，为能进入理想的“乐园”，生前便应当谨守“真主的法度”，而“无常”后亦应按照相应的规范入土安葬并由此永享安宁。因此，以伊斯兰教法有关丧葬的具体规范为主要依据而形成的丧葬习惯法便成了回族人心目中连接今世和“乐园”之间的最后一座“桥梁”，而只有正确、完整的在葬礼中实施这些习惯法规范才能令亡人顺利地达到“乐园”，故其具体实施过程带有神圣的仪式感。如果一位回族人“无常”之后没有按照这些规范进行安葬，如被火葬、不做“净礼”、不穿“克凡”、不举行殡礼（者那则）、不散“海迪耶”、无祭奠（亥听）仪式等等，其家人则往往会背负来自于同社区其他成员的沉重舆论压力。如不按照习惯法规范为亡人举行殡礼可能会使其背上“伪信”

〔1〕［意］托马斯·阿奎那：《阿奎那政治哲学著作》，马清槐译，商务印书馆1982年版，第85页。

〔2〕《布哈里圣训实录全集》（第2卷），祁学义译，朱威烈、丁俊校，宗教文化出版社2008年版，第269页。

或“自杀”之嫌，因为《圣训》中明确规定：“不可给伪信士举行殡礼”。[1]而“自杀”则是由于《古兰经》将之规定为“重罪”：“你们不要自杀，真主确是怜恤你们的。谁为过分和不义而犯此严禁，我要把谁投入火狱，这对于真主是容易的。”（4：29-30），故有教法学家认为不宜为自杀者举行殡礼。不过关于这一问题，教法学家之间亦有争论。按照中国回族的实际，一般最终还是会为自杀者举行殡礼，但其自杀行为应当受到谴责且参加殡礼的人数会相应减少。[2]

从法社会学角度而言，葬礼“既是特定乡村社区在某一时刻共同关注的一个焦点，也可以作为透视乡土中国社会秩序的一面镜子”。[3]而丧葬习惯法则是对葬礼的一种规范化制度设定，其在“调整社会关系、形成村民共识方面具有重要的作用”。[4]因此，通过对甘肃会宁崇德坊回族丧葬习惯法的梳理和分析，可以使我们较为深入地了解特定宗教文化背景下的回族丧葬规范，以及对当地人们与法、秩序等相关的生活事实有进一步的体会。

---

〔1〕《布哈里圣训实录全集》（第2卷），祁学义译，朱威烈、丁俊校，宗教文化出版社2008年版，第283页。

〔2〕参见马永红：“曲硐回族丧葬文化研究”，云南大学2014年博士学位论文，第58页。

〔3〕喻中：“乡村丧礼的逻辑：一个法人类学的考察”，载《比较法研究》2011年第4期。

〔4〕高其才：“规随时变的丧葬习惯法——以浙江慈溪蒋村为对象”，载高其才主编：《变迁中的当代中国习惯法》，中国政法大学出版社2017年版，第57页。

学理探讨

1

乡村人民调解中的关系因素

——以福建省漳浦县南浦乡为考察对象

徐　颖*

一、引言

中国的人民调解制度，是在继承和发扬中国民间调解的基础上，不断完善和发展起来的一项具有中国特色的、重要的法律制度。2010年8月28日全国人民代表大会常务委员会颁布的《中华人民共和国人民调解法》作为我国第一部专门、系统、完备规范人民调解工作的法律，从立法层面全面确立了人民调解制度，为人民调解工作提供了法律依据。根据《人民调解法》的规定："本法所称人民调解，是指人民调解委员会通过说服、疏导等方法，促使当事人在平等协商基础上自愿达成调解协议，解决民间纠纷的活动。"人民调解作为农村中一项重要的纠纷解决制度，其实现有赖于对农村中多种因素的有效利用和调和。本文中将以福建省漳浦县南浦乡为例，重点考察农村人民调解工作中涉及的人际关系因素。

在汉语中，"关"的意思是"大门、出口"，"系"则指"联结、

---

* 作者简介：徐颖，清华大学法学院法律硕士研究生。

按照社会学的学术惯例，本文中涉及的姓名进行了化名处理，特此说明。感谢各位受访者的配合和支持。

联系”。关系即人与人之间的相互联系。[1] 人际关系是在人们的物质和精神交往过程中产生、发展和建立起来的人与人之间的关系。在社会生活中，人际关系是一种无处不在的社会事实，它与法律关系、纠纷解决相互渗透。人际关系既是社会生活的一个侧面又反过来影响着社会生活。本文所考察的“关系”，是在人际关系层面上的关系，尤其是农村中的人际关系。

从文化视角对农村人民调解工作中的关系因素进行研究，我们能够更全面地把握现今农村人民调解制度的具体运作、掌握其背后的文化渊源，从而更好地发挥人民调解制度在中国农村多元纠纷解决机制中的作用。

为了研究农村人民调解制度中的关系因素，笔者运用实证研究方法，对福建省漳浦县南浦乡的12名调解员和部分村民进行了电话访谈。南浦乡位于漳浦县西北部，是四面环山的盆地，总面积43.9平方公里，总人口13 490人。乡政府设在南浦村新楼自然村，距县城23公里。乡境东北至马苑村，隔大林峰与龙海市程溪镇洋奎村交界；西至美林村，隔千里亭山与中西林场毗连；南至大坪村，隔大坪山与中西林场葛后、仙洞二工区相接。南浦一带由于河名龙溪，设在溪边的墟场叫龙溪墟，因而以“龙溪”为总地名，为区别于龙溪县，别称“小龙溪”。又因土地肥沃，水源丰富，盛产米谷，雅称“锦田”。这一带原属漳浦县所辖，元代至治年间（约1321年）划属新设立的南胜县（后改为南靖县）管辖。民国时期，属南靖县龙园乡所辖（取龙溪、官园地名各一字作为乡名）。乡公所设在九龙岭下的官园村。新中国成立之后，行政区划几经变更，现设有美林村、兴巷村、大坪村、南浦村、龙桥村、后坑村、马苑村共7个行政村。目前，该乡主要发展花卉业、竹笋种植、淡水养殖、食用菌培植、无公害蔬菜种植等产业。[2]

南浦乡司法所调解委员会配有调解员3名，各村中设调解委员

---

〔1〕 高其才：“当代中国法律适用中的关系因素——文化视角的实证分析”，载《云南大学学报法学版》2009年第2期。

〔2〕 南浦乡概况参见《漳浦村社要览》，（漳）新出［2002］内书第126号，第109～118页。

会，每个调解委员会有2名~3名调解员。根据笔者在南浦乡司法所查阅的数据，2011年，南浦乡司法所以及各村调解委员会共受理调解案件139件，其中89件为口头调解，50件制作了书面调解协议，成功调解案件137件，调解成功率达97.8%。2012年上半年共受理案件70件，其中38件为口头调解，32件制作了书面调解协议，成功调解69件，调解率成功率达98.5%。尽管调查样本有限，但窥一斑可以见全豹，从受访人的回答中，我们可以分析和提炼出农村人民调解中的关系问题。

二、影响乡村人民调解的具体关系因素

在访谈中，笔者重点关注了农村人民调解过程中涉及的具体关系因素类型及其影响方式，被访谈的人民调解员提到的关系因素多种多样，包括了邻里关系、亲戚关系、朋友关系等。概括起来，笔者认为可以从人民调解员与当事人之间的关系、被调解的双方当事人之间的关系、当事人与第三人之间的关系以及人民调解员与人民调解员之间的关系四个方面入手，对农村人民调解中的关系因素进行归纳。

（一）农村人民调解员与当事人之间的“准行政关系”

在南浦乡，各村的人民调解员普遍在村民委员会（以下简称“村委会”）或村党支部兼任职务。由于我国的村委会是农村基层群众性自治组织，除具备自治功能外，它还兼有“准行政功能”，我们可以将村委会和群众之间的关系称为“准行政关系”。〔1〕接受调查的12名调解员均在村委会或村支部中兼任村委会副主任、农村综合治理委员会主任或协管员（以下简称“综治委主任或协管员”）、农村治安管理委员会主任（以下简称“治委主任”）等职务，同时分管村里的计生、治安等其他事务。据南浦乡司法所首席调解员黄一昌〔2〕介绍：“各村人民调解员之所以由村干部兼任，是因为目前

---

〔1〕 关于村委会“准行政功能”的论述，参见王道坤：“论村民委员会兼有准行政功能的依据”，载《川东学刊（社会科学版）》1997年第3期。

〔2〕 根据学术规范，本文中人名采用化名。

人民调解员的工作没有补贴，而综治委主任、治委会主任每月能够享受政府发放的100多元的补贴，把三者合一，可以让调解员间接地享受补贴，提高工作积极性。”〔1〕农村人民调解员多重的身份一方面使得他们与村民有更多的了解和接触、给调解带来便利，同时也会给调解带来一定的负面影响。

此外，人民调解员和当事人之间也可能存在着血缘或地缘关系。被调查的12位人民调解员都是从小生长在本村的人，他们和本村的当事人都较为熟悉，甚至还有一定的亲戚关系。

（二）被调解的双方当事人之间的血缘或地缘关系

在当事人双方的关系上，农村和城市的差异非常明显，城市中的民事纠纷常存在于陌生人之间，而农村的民事纠纷中“熟人社会”的特征非常明显。南浦乡的外来人口数量少，人口流动性较差，当事人之间存在着较密切的血缘和地缘关系。美林村人民调解员许远山对这一现象进行了较详细的说明：“我们村不大，就那么几个人，低头不见抬头见，起矛盾的双方不是厝边（作者注：方言，意为邻居），就是姑表亲戚或者叔伯亲戚，其实都是自己人。像因为租田起纠纷的案子，一般双方之前也都关系不错，关系好，信得过才会租你的田嘛。所以调解的时候，我们也经常劝他们，都是熟人，能让一步就多让一步，不然关系僵了，以后见面多尴尬。”〔2〕由此可以看出，当事人之间原有的血缘和地缘关系对调解的成败产生了一定的影响，人民调解员在工作中也常利用这一关系来促成调解。

（三）当事人与第三人之间的亲友关系

根据2010年8月颁布的《中华人民共和国人民调解法》第20条的规定：“人民调解员根据调解纠纷的需要，在征得当事人的同意后，可以邀请当事人的亲属、邻里、同事等参与调解，也可以邀请具有专门知识、特定经验的人员或者有关社会组织的人员参与调解。人民调解委员会支持当地公道正派、热心调解、群众认可的社会人士参与调解。”在实践中，南浦乡的人民调解员也经常邀请当事人的

---

〔1〕黄一昌访谈录，2012年11月1日。

〔2〕许远山访谈录，2012年11月4日。

亲属、邻居以及其他村干部参与调解。大坪村人民调解员徐某全在访谈中举例说："有时我们也会请别人来帮忙调。比如去年村头两兄弟因为分家产的问题闹矛盾，大嫂把小叔子家的窗玻璃砸了，小叔子把大哥家的茶盘茶几都掀翻打碎。我们调了好几天都没有效果，后来就找了他们双方家族里比较有威信的亲戚过来帮忙劝说，村主任、村支书也一起过去开导他们，后来两兄弟看在大家面子上也就和好了。"〔1〕从访谈中可以看出，邀请与当事人有密切关系的亲友介入调解是人民调解员常用的一种手段，利用当事人对第三人的信任促成调解也是农村人民调解中的重要技巧。

值得一提的是，在农村借贷关系中，作为担保人的第三人也常成为影响调解的一项重要因素。南浦乡司法所的人民调解员徐文在访谈中举了一个真实案例。"2010 年，兴巷村的许山起诉到了法院，请求美林村的徐宗河偿还 2009 年 1 月欠下的 2 万元钱和利息，当时法院找到我们，委托乡人民调解委员会进行庭前调解。我约双方当事人来乡司法所调解，但债务人徐宗河都以有事忙碌为由不愿来。后来我们看了他们的借款合同，发现兴巷村的徐林云是债务人徐宗河的担保人，于是就动员徐林云去充当调解人。徐林云因为害怕徐宗河不还钱，自己还要承担连带责任，就积极地去找双方沟通，最后帮助双方达成了调解协议。"〔2〕担保人与当事人之间的关系是基于合同产生的法律关系，同时担保人本身也与借贷合同的双方存在着人际上的互信关系，这一特殊的第三人关系也对调解工作产生了积极的作用。

（四）人民调解员与人民调解员之间的同事关系

调查中，笔者发现当出现跨乡镇或者跨村的纠纷时，各村的调解员也会利用自身与其他村或乡的调解员之间的工作关系进行联合调解。根据 1989 年 6 月国务院发布的《人民调解委员会组织条例》第 7 条第 2 款的规定："人民调解委员会调解纠纷可以由委员一人或数人进行；跨地区、跨单位的纠纷，可以由有关的各方面调解组织

〔1〕 徐鑫全访谈录，2012 年 11 月 3 日。

〔2〕 徐文访谈录，2012 年 11 月 6 日。

共同调解。”

南浦乡2011年的调解工作报告中记录了一起典型的联合调解案例：

2011年8月7日7时许，后坑村村民许勇力、李丽花夫妻俩在后埔竹园干活，同村村民许国忠、许桂花夫妻俩骑摩托车经过该路段时李丽花上前就山地界限问题与之评理，双方在评理时发生口角并动手打架。打架后双方均有受伤，四人均到县医院治疗，后经县公安局刑事科学技术室进行医学人体损伤程度鉴定均为轻微伤。鉴于该案因山地纠纷引起的打架斗殴，双方系邻里关系，而且当事人双方主动要求调解。为化解矛盾，增进邻里和睦相处，南浦司法所、南浦派出所、三古森林派出所、村委会、村调委会等相关部门组成联合调解组进行了调处。

通过调查得知：1983年左右，土地分产到户，实行家庭联产承包责任，后坑村生产队四组分给许国忠、许顺木、许国胜、许坤仁（死亡，由其子许勇力继承）的自留山地紧挨一起。当时，对各自分得的自留山地，独自进行耕种，相安无事。这几年山地种植的效益比较好，许国忠、许勇力两家因山地界限问题引发了纠纷。

为了促进邻里和睦，化解矛盾，南浦司法所、派出所在后坑村村委会主任的配合下，实地丈量两家的山地，进一步掌握调解依据。2011年11月3日上午，在南浦派出所的主持下，南浦司法所、三古林业派出所、后坑村村委会、村调委会积极配合，共同对矛盾双方当事人进行再次调解。通过联合调解组多方做工作，结合双方过错及责任分解，双方最后达成和解协议如下。①许国忠将竹斜林地（东至许明、西至陈恵、南至许国成）换给许勇力，竹林地1.2亩，竹林所有权归许勇力；许勇力将青山（东至许明，西至陈恵，南至山顶、北至许顺）的自留山地2亩调换给许国忠，所有权归许国忠。山地调换后地上现有作物由调换后的所有人各自所有，互不干涉。②双方各自所造成的医药费、误工费以及纠纷期间所造成的一切费用各自承担，互不赔偿。③协议签订后如双方家属再因此事发生纠纷，后果由许国忠、许勇力各自负责。④本协议自签订之日起生效，双方不得再因此事发生纠纷。

随即，双方到山地实地确认了各自的界限，进一步保障了各自的权益。至此，一起因自留山地而引发的矛盾纠纷就此得到了化解。[1]

在这个案件中，南浦乡司法所调解员利用了自己与后坑村人民调解员，以及派出所和村委会的工作关系成功化解了纠纷。在访谈中，当被问及“当纠纷的当事人来自不同村时，如何调解”的问题时，受访的调解员普遍表示“纠纷的发生地在哪个村，就由哪个村的调委会主导调解，并通知另一村的调委会成员到场”[2]。龙桥村的调解员李某兰还提到：“如果自己村的调解员不陪同过去，对方村的调解员不熟悉当事人就不好调了，当事人也不愿意自己一个人去另一个村接受调解，毕竟是别人的地盘，怕被欺负，调解时有偏袒。”[3]关于各村调解员之间的联系，受访的大部分调解员表示：“因为经常一起去乡里开会培训，所以都相互认识，也算是同行，平时也常打打电话，关系都不错。”[4]可见，南浦乡各村的调解员之间形成了较为紧密的工作联系，在出现跨区域纠纷时，这种“同行关系”往往能为联合调解提供便利。

三、关系因素在乡村人民调解中的作用

在访谈过程中，当被问到“人民调解工作中是否需要用到亲朋关系、工作关系等关系因素”这一问题时，受访的所有调解员都回答了“是”。可见关系因素在人民调解中的重要性得到了受访者的普遍肯定。

（一）积极作用

具体而言，受访者认为关系因素在人民调解工作中具有以下积极作用：

---

〔1〕 参见《南浦乡2011年的调解工作报告》。

〔2〕 许阳木访谈录，2012年11月2日。

〔3〕 李惠兰访谈录，2012年11月2日。

〔4〕 许梅兰访谈录，2012年11月2日。

1. 便于信息的搜集。

人民调解员了解纠纷的具体情况以及当事人的信息主要通过三种渠道：一是通过当事人的陈述；二是通过自己在以往工作生活中对当事人的了解；三是通过当事人的周边社会关系了解，如邻居、亲戚朋友。在后两种渠道中，调解员自身良好的社会关系发挥着重要的作用。如后坑村人民调解委员会主任许梅兰所说："我以前是做村里计生工作的，经常走家串户，各家情况我都很熟悉。现在做调解工作，纠纷的来龙去脉我大概也知根知底。不是我自夸，这些年跟群众接触多了，我人缘也好，有时找邻居问问情况，他们也愿意说。"〔1〕广泛的人际关系为调解工作中纠纷事实的核查提供了极大的便利。调解员可以通过自身对当事人的了解以及亲朋反映的情况，找到矛盾的关键。

2. 有利于树立调解的权威性。

在调解的过程中，一方面人民调解员具备村干部的身份，具有职务赋予的权威，另一方面又与村民是自己人。自己人内部有等级分层，村干部又是在等级之上，因此又具备了一份自己人的权威。在采访中，一位曾经接受过调解的当事人向我们出示了一份简易的调解协议书，如下，

调解书

兹有许建国建房用地占用许王寿及许顺伏土地，赔偿人民币壹仟元正（1000元）。如果双方有意议各自付责〔2〕，不得反悔。

签字：许建国

许王寿代表

调解人：许武智

2009年9月2日

印章：南浦乡马苑村人民调解委员会

〔1〕 许梅兰访谈录，2012年11月2日。

〔2〕 作者按：此处为原调解书中笔误，应为"有异议各自负责"。

他指着上面的印章和调解员签字说："你看上面都有村干部签字，也有村里的盖章，有村里作证，谁都不能反悔。"[1]这位当事人的回答具有一定的代表性，反映出了村委会调解在村民眼中的权威性。

此外，在介入调解的第三人与当事人的关系上，第三人也在当事人的社会关系网中享有一定的权威，第三人可能是家族中有威望的长者或者当事人朋友圈中受到尊敬的人。这种特殊的关系使得当事人对调解人和第三人产生心理上的信服感，有助于树立调解的权威性。

3. 增加信任，便于沟通。

如前文所述，邀请当事人的亲属、邻居等第三人参与调解是南浦乡人民调解工作中的常用方式。马苑村人民调解员许某木在访谈中提到："当事人的兄弟群（方言：意为好哥们儿）、家族中有威望的亲戚说话有时比我们管用，我们调解时当事人爱理不理，但这些人一来，说一句话胜过别人说十句。"[2]可见利用当事人和第三人间的互信关系，可以有效地获得当事人的信任，促进沟通工作的进行。

4. 利用当事人间的固有关系，以"情"说服。

农村社会的人口流动性较差，民事纠纷多发生在具有较密切的血缘或地缘关系的民事主体之间。在农村的人民调解中，强调当事人间固有的血缘或地缘关系，可以从心理上给予当事人积极的暗示，促进调解合意的达成。比如在赡养纠纷、家庭财产纠纷中，调解员往往注重强调当事人间"血浓于水"的亲情关系，缓和双方的情绪。而在邻里纠纷中，调解员则用"远亲不如近邻""住在厝边不要伤了和气（厝边：方言，意为邻居）"的理由进行劝导。

5. 社会关系网中的舆论效应。

受访的人民调解员在谈及关系时，反复提到了"当事人在社里的名声和地位"，"社里"是旧称，实际上指的是"自然村"。南浦

---

〔1〕 许王寿访谈录，2013年2月15日。

〔2〕 许阳木访谈录，2012年11月2日。

乡的每个自然村有40户~200户，各户之间形成了一个紧密的社会关系网络，任何一户有风吹草动都会极快地传入其他人的耳中。中国人固有“家丑不外扬”的观念，如果家中的纠纷引起了“社里”舆论的关注，当事人会觉得很“没面子”。如果纠纷长期不解决，当事人也会被村里人看不起，影响当事人在村里的人际关系。因此，农村社会关系网带来的舆论效应也在一定程度上加速了调解。

（二）消极作用

值得注意的是，在许多被调查者看来，关系在农村人民调解中既有积极作用，也存在着一定的消极作用。

1. 影响调解的中立性

在回答“调解前是否对调解结果有预判断”这个问题时，大部分受访者坦言，如果对当事人双方都比较熟悉，确实会有先入为主的判断。这表明关系导致调解的事实基础并不是建立在现场调查所获取的信息上，而是掺杂了对当事人的先前印象。此外，当被问到“如果当事人一方是自己的亲友时，是否会回避？如果没有回避，调解时是否会有偏袒？”这个问题时，受访者表示，由于现在调解员数量有限，如果不是直系亲属的话，一般都不会回避。关于偏袒的问题，南浦乡司法所徐文调解员的回答具有一定的代表性：“如果一方是亲友，心理多少会有一点偏袒。但是调解最重要的是要让双方达成和解，如果我们偏袒一方了，双方也很难和解。再说了，调解是免费的，我们偏袒了一方，也无利可图。”[1]

为了确保调解的公正性，《人民调解法》第15条规定，人民调解员在调解工作中有下列行为之一的，由其所在的人民调解委员会给予批评教育、责令改正，情节严重的，由推选或者聘任单位予以罢免或者解聘：

（1）偏袒一方当事人的；

（2）侮辱当事人的；

（3）索取、收受财物或者牟取其他不正当利益的；

（4）泄露当事人的个人隐私、商业秘密的。

---

〔1〕徐文访谈录，2012年11月6日。

该法条中对调解员不公正的调解行为仅规定了较轻的处罚措施，笔者认为“批评教育、责令改正”和“罢免或者解聘”的处罚措施并不能有效地预防调解中的不公正行为。而关于调解员的“回避”制度，目前我国的法律中并没有统一的规定。

2. 影响调解的公信力

当调解员和当事人一方存在亲属关系时，调解的公信力往往会受到另一方的质疑。访谈中，马苑村调解员许阳木举了一个自己调解远房表叔家外甥与同村人土地承包纠纷的案例。

我远房表叔家的外甥前年租了同村许某某的2亩半的田种包菜，约定的租期到5月。按理包菜应该是2月种，但我外甥没经验，3月才种下去了。如果按时播种，4月就是收割的季节。4月底，田主许某某看到了包菜管理得不好，觉得即便到了5月也不可能有收成，于是他自作主张，租期还没到就把田里的包菜都给犁了。调解前，我们请物价局的人作了评估，损失约1000多块钱。双方对赔偿的数额一直无法达成一致，我觉得外甥是自家人，比较好说话，就劝他多让步。我提议田主许某某赔偿我的远房外甥300元。虽然赔偿数额已经调解到了原来评估数额的不到1/3，但是许某某一直认为我偏袒我的远房外甥，让他赔钱。后来我请了乡司法所的调解员来主持调解，许某某才最终接受。[1]

由此可见，在农村的人民调解中，“回避”制度的缺失，导致人民调解的公信力受到了一定的影响。

3. 违背自愿原则

如前文所述，调解受到了调解员与当事人间“准行政关系”的影响，同时也受到了社会关系网中“舆论”效应的影响。这两大关系都在心理上对当事人造成了压力。

对于前者，接受过调解的村民徐海生曾在采访中提到：“以前我邻居盖房子，因为他的地太小，就想把巷子留小一点，多占点地，

---

[1] 许阳木访谈录，2012年11月2日。

可以多盖一间厨房，这样原本1.6宽的巷子只留了40~50公分，导致我家的通风采光都不好。我请村里的调解员来调解，调解员建议我们各让一步，把巷子留到1米左右，这样两家采光通风都好。我邻居不同意。调解员就对他说，如果不同意，事情解决不了，就不让他们家建房子。村干部不让建，他就没办法了，后来请了乡里来调解，他只好让步。最后还是留了1米。"〔1〕由此可见，调解员在调解过程中也会以村干部的身份对当事人施加压力，给调解的自愿性造成一定的影响。

对于后者，当舆论压力过大时，当事人容易被"民意胁迫"，导致调解违背自愿性原则。在漳浦县司法所内部印发的典型调解案例册中，有个标题为"法律舆论齐上阵，清官也可断家事"的案例，其中提到了村民的舆论对当事人造成的影响。在该案例中，该村人民调解员到庄某家中调解时，"村里的人员越集越多，大家都议论纷纷，对庄某的行为进行谴责"。〔2〕村民之间紧密的联系使得村中的纠纷很容易成为其他村民关注的焦点，一旦民意倒向一方当事人时，另一方往往处于非常被动的地位。

4. 教化型调解，脱离法律规定

费孝通先生在描述乡村调解时将其描述为一种教育过程，是一种"教化式调解"〔3〕，而人民调解是从乡村调解发展而来的，保持了其基本属性，也是一种教育过程。教化型调解由于多谈人情伦理的倾向，对当事人来说是一种无原则的"和稀泥"，可能导致调解时偏离法律的规定。在访谈中，当被问到"您在调解中是否经常会运用法律条文"这个问题时，大部分受访者表示"很少用到法条"，当被要求列举几个熟悉的条文时，大部分受访的调解员只能列举出如结婚年龄、赡养义务等常识性的法律法规。南浦村的调解员在访谈中说到"农村里的调解，还是得靠我们去说情讲理，法条这个东西，村民不懂，我们虽然有培训，但也懂得不多"。〔4〕

---

〔1〕徐海生访谈录，2013年2月18日。

〔2〕《人民调解工作典型案例汇编》，漳浦县司法局编，第29页。

〔3〕费孝通：《乡土中国 生育制度》，北京大学出版社1998年版，第56页。

〔4〕徐国元访谈录，2012年11月5日。

四、从文化视角分析关系因素在人民调解中能够产生作用的原因

（一）“关系本位”的社会文化基础

梁漱溟先生在《中国文化要义》中指出：“在社会与个人的关系上，把重点放在个人者，是谓个人本位；同在此关系上，放在社会者，是谓社会本位。诚然，中国之伦理只看见此一人与彼一人之相互关系，而忽视社会与个人相互间的关系……这就是，不把重点放在任何一方而从乎其关系，彼此相交换，其重点实在放在关系上了。伦理本位者，关系本位也。”〔1〕依照梁漱溟先生的观点，中国社会是一个“关系本位”的社会，关系因素渗透与社会生活的方方面面，在农村人民调解领域，关系因素对当事人和调解人的心理和行为发生着潜移默化的影响。

（二）关系产生原生型与次生型权威

中国古代村落纠纷解决的史料研究表明：“调解是否成功倒并不一定取决于处理得是否绝对公允，更多的是看调解人的威信，以及调解人是否善于援引古例。”〔2〕受历史因素的影响，在现代农村中，调解人的威信仍然在农村的人民调解中发挥着重要的作用。在农村的熟人社会中，解决当事人纠纷的调解人，一般不可能在陌生人圈子产生，而只能在熟人圈子里产生。而且，一般是由在熟人圈子里拥有一定名望且受人尊敬的长辈或者其他权威来担任。具体而言，农村的人民调解受到“原生型权威”和“次生型权威”的影响。“原生型权威”〔3〕主要是指村庄内的非正式组织和精英，在调解中这一权威主要来自第三人与当事人的亲友关系，如邀请当事人家族中有威望的人介入人民调解，可在一定程度上增强调解的权威性。

而调解员与当事人之间的“准行政关系”则产生了“次生型权

---

〔1〕 梁漱溟：《中国文化要义》，上海学林出版社 1987 年版，第 93 页，转引自高其才：“当代中国法律适用中的关系因素（下）”，载《云南大学学报法学版》2009 年第 3 期。

〔2〕 高其才：《多元司法：中国社会的纠纷解决方式及其变革》，法律出版社 2009 年版，第 59 页。

〔3〕 关于“原生型权威”和“次生型权威”的论述，参见贺雪峰、董磊明：“中国乡村治理：结构与类型”，载《经济社会体制比较》2005 年第 3 期。

威”。“在中国古代，村落组织的权限是相当大的。乡、亭、里、甲之职，除三老掌教化，啬夫听诉讼、收赋税。游徼主禁贼盗奸非之外，更重要的是对民事纠纷的调解、处理。”[1]可见，在中国古代，村落组织带有行政和司法合一的性质。新中国成立后，村委会依然承担着处分集体财产、分配征地补偿费等准行政性的职责。受历史因素的影响，目前在农村群众眼中，包括人民调解员在内的村组织工作人员仍然拥有以国家的资源和力量做后盾的“次生型权威”。在访谈中，南浦村人民调解员徐文川的看法印证了这一点，“虽然我们工作的性质正从‘行政型’向‘服务型’转变，但是我们去调解时，群众还是比较尊重我们的，大小也是个村干部。我们说话，他们还是听得进去的”。[2]

（三）关系中“面子”问题的影响

黄光国先生在谈论“华人社会中的冲突化解模式”时，从纵向的“上/下”人际关系以及横向的水平人际关系两个角度谈到了冲突化解中的“面子”问题的重要性。根据黄光国先生的观点，“调解”是横向外团体中的冲突协调模式。调停者通常是双方共同关系网内社会地位比较高的人，他在调解双方纠纷时，最重要的任务之一，是在不损伤双方面子的原则下，找出解决问题的方案（Bond and Wang，1981年）。为了达到这样的目的，他在解释的过程中，常常会斥责双方“再闹下去，会丢我们的脸”，并要求双方“给我点面子”（翟学伟，1995年）。这时候发生冲突的当事人便能够以保护仲裁者的面子为理由，放弃敌对的姿态且不会丧失面子（Cohen，1967年）。[3]顾及调解员面子达成妥协的现象在我们的访谈中得到了印证。如美林村调解员许远山提到：“有时调解了大半个月都不见成效，我就跟他们说，我帮你们调解又不收你们钱，辛辛苦苦帮你们调解了这么久了，你们就看在我的面子上各让一步。”[4]

---

〔1〕 高其才：《多元司法：中国社会的纠纷解决方式及其变革》，法律出版社2009年版，第54页。

〔2〕 徐文川访谈，2012年11月4日。

〔3〕 黄光国：《儒家关系主义》，北京大学出版社2006年版，第77页。

〔4〕 许远山访谈录，2012年11月4日。

此外，农村人民调解中横向内团体中的“面子”问题也发挥着重要的作用。依照黄光国先生的人际关系划分，农村人民调解中当事人双方间的关系大部分属于“混合性关系”。[1]在横向人际关系中，倘若行动者将对方界定为自己的“内团体”，是属于“混合性关系”的“自己人”，他们倾向于以“人情法则”和对方交往，而且必须特别考虑对方的“情面”。[2]具体到南浦乡的人民调解中，“给面子”问题的常见表达方式为“大家都是自己人，低头不见抬头见，不要伤了和气”。人民调解员常利用当事人间的内团体横向关系，说服他们各让一步，互相给对方面子，让对方能够“下台”，从而获得彼此的“妥协”。

五、结语

受中国的传统文化因素的影响，以南浦乡为代表的中国东南地区的农村社会仍是一个“关系本位”的社会。在这样一个社会中，当事人之间、当事人与调解员之间、当事人与第三人之间，以及调解员与调解员之间不可避免地存在着多重的关系因素。对人民调解中的关系因素，我们既要正视其客观存在，从文化角度分析其渊源，又要把握其作用，以完善人民调解制度。通过对关系因素的考察，我们可以更好地对农村中的人民调解制度进行定位，处理好人民调解与行政、司法调解的关系。

一方面，关系因素使得农村人民调解在信息收集、增强调解权威性和促进社会关系和谐方面发挥着重要的积极作用。这些作用是司法调解、行政调解所无法比拟的，也是对司法调解、行政调解的重要补充。在实践中，基层法院可以尝试将涉及家事纠纷和邻里纠纷案件的庭前调解工作委托给农村人民调解委员会，以更好地维护家庭和邻里关系。另一方面，关系因素对调解的中立性、自愿性和公信力带来的负面影响，也反映出了人民调解制度与行政调解、司

〔1〕 混合性关系的特色是：交往双方彼此认识而且有一定程度的情感关系，但其情感关系又不像原级团体那样，深厚到可以随意表现出真诚的行为。具体参见黄光国：《儒家关系主义》，北京大学出版社2006年版，第9~10页。

〔2〕 黄光国：《儒家关系主义》，北京大学出版社2006年版，第74页。

法调解制度衔接的必要性。目前实践忽视对人民调解协议的司法确认，笔者认为有必要实行较完善的调解协议司法确认体系，对符合一定条件的协议要求提交人民法院司法确认，由人民法院认定其效力，从而减少关系对农村人民调解制度的消极影响。

2

回族婚姻习惯法及变迁
——以甘肃临潭县为例

敏振海*

一、临潭县回族婚姻习惯法的形成

（一）临潭县回族的基本情况

临潭县隶属于甘肃省甘南藏族自治州，地理位置在甘肃省的南部，甘南藏族自治州的东北部，与青藏高原相连，因此成了农牧区的交接地，历史上为“西控蕃戎，东蔽湟陇，南接生蕃，北抵石岭”的要塞，[1]临潭县总面积1557.68平方公里。全县辖16个乡（镇）、141个行政村。总人口15万人（2011年），有汉族、回族、藏族、蒙古族等10个民族，少数民族人口占总人口的26%。其中以汉族、回族、蒙古族和藏族居多，回族和藏族的人口更是多达40%，据不完全统计，临潭县的回族人口有3万左右。

早在元明时期就有回族陆续进入临潭，之后回族群众和原先的其他民族和军人们一起在现在的临潭各自发展，戍守屯田，贸易来往，空前繁荣。明朝和清朝外地迁来的回族群众逐渐增多，大致形

* 作者简介：敏振海，清华大学法学院博士研究生，西北民族大学法学院讲师。

本文系国家社科基金青年项目“伊斯兰法对中国西北穆斯林的影响研究”（17CFX005）的阶段性成果。

〔1〕 海洪涛主编：《临谭县志》甘肃民族出版社1997年版，第2页。

成了现在的临潭县回族概况。临潭县的回族姓氏以丁、马、敏居多，当地的回族多数以经商为生。

（二）临潭县回族婚姻习惯法的形成

临潭县的回族婚姻习惯法一方面受伊斯兰教法的影响，另一方面还受到中国传统文化的影响。中国传统伦理法规对临潭回族的世界观和人生观有着潜移默化的影响，比如，封建社会的婚姻遵循的“六礼”——纳采、问名、纳吉、纳征、请期、亲迎在临潭回族婚姻习惯法中均有所体现，提敲门礼、定亲、迎亲便是临潭回族习惯法对中国传统文化的内容所做的变通。

从古至今，在临潭县的回族婚姻习惯法中，婚姻形式大致有回回婚、教内婚、表亲婚、交换婚、回汉婚等。回族群众内部之间相互结婚是简单的回回婚，相较于回汉通婚而言，它是回族群众中较广泛的一种婚姻形式。回族的通婚范围越来越窄。兄弟姐妹之间的子女相互通婚是俗称的姑表亲或姑舅亲，又称作表亲婚，这种婚姻模式在临潭县回族婚姻习惯法中占有一定的比例。还有当地回族群众俗称的换头亲，也就是所谓的交换婚，这种婚姻方式大多在回族中的姑表、姨表中成立。交换婚不需要赠送彩礼，但是可以适当地购置些衣物，不过这种落后的婚姻形式在临潭县已经不多见了，只存在于偏远地区的困难家庭中。

二、临潭县回族婚姻习惯法的主要内容

（一）结婚的原则和条件

回族的婚姻习惯法遵循以下原则，首先反对禁欲主义，提倡成年男女符合条件的应该结为夫妇。穆圣说：“结婚是我们规定的传统。如果有人拒绝结婚而坚守单身，那不是我确定的传统。”〔1〕因此成年之后结婚被回族认为是一种义务。“你们中未婚的男女和你们良善的奴婢，你们应当使他们互相配合。”〔2〕传统伊斯兰教法认为，婚姻是用合法的关系和庄严的契约使男女结合在一起。其次，回族

〔1〕《布哈里圣训实录全集》，祁学义译，宗教文化出版社2008年版，第246页。

〔2〕《古兰经》，马坚译，中国社会科学出版社2014年版，第24章第32节。

的婚姻习惯法提倡婚姻自由，反对强迫买卖婚姻。关于回族的婚姻中有这样的场景。一位叫舒尔布男士准备向一个女孩儿求婚，有位老人便问他："你见过对方没有?"他回答："没有见过。"老人说道："去观察一下也无妨，这样见面后你会深信你的选择，并促进彼此的感情。"于是舒尔布来见她的父母，可是女孩儿的父母对他们没结婚就互相见面似乎很不高兴，而这时闺房中的姑娘却大胆的告诉父母："既然这是我们的缘分，那么就来看看吧。"于是，他们彼此见了面，通过相互了解，有情人终成眷属。

临潭县的回族成年男女结婚主要考虑以下几个方面的条件。首先就是双方要有共同的人生观和价值观，这是建立美满家庭的首要条件。而且临潭的回族群众认为，结婚是成年男女必需的行为。其次当地的回族结婚讲究门当户对，认为门当户对的结合才是婚姻长久的基础。最重要的是女方的家长认为如果自己的女儿嫁给比自己家庭条件好的男方家，女儿嫁过去会让婆家看不起导致生活不如意，所以不管是男方还是女方父母都比较看中门当户对。最后，聘礼和证婚人同样是临潭回族人结婚的一个具有特色的习俗。不管是中国的传统婚礼礼仪，还是回族结婚的程序，证婚都是十分重要的一项内容和习俗。有句描述婚姻的谚语：家庭是美好社会的开始，婚姻是美好家庭的开始，美好的家庭源自一段美好的姻缘，美好的姻缘开始于男婚女嫁。

（二）结婚的程序

回族的婚姻习惯法规定了婚姻成立时须必备聘礼，通俗讲就是结婚时男方给女方的财礼。《礼记·聘义》中也有对聘礼的定义，即聘请时给的表示敬意的礼物。在古代，中国的礼仪把婚礼的全部过程分为六个阶段，即"六礼"，分别是纳采、问名、纳吉、纳征、请期、亲迎，其中男家将聘礼送往女家称作"纳征"。

临潭县的回族婚姻习惯法主张婚姻由当事男女决定，但是父母也需要承担挑选之责。在临潭县一位成年的男子如果心仪某家的女子，会找双方家庭都差不多了解的有地位的人物来充当媒人，之后如果男女双方同意媒人说媒，通过媒人需要履行以下程序：

（1）打门礼。即男方第一次拜访女方家拿的见面礼，通常为当地的四色大礼（茶叶、冰糖、杏脯、桂圆。随着时代的变迁礼品类也发生了变化，但数目不变）和全羊或半羊，媒人的作用就是要促成这桩婚姻。

（2）落话礼。即打门礼之后男方第二次登门女方家送的礼，目的主要是去向女方父母征询是否愿意将女儿嫁给男方。女方看上男方之后，女方家就告诉媒人，口唤能到，意思是同意这门亲事，然后由媒人告诉男方家，男方家要提落话礼。在提“落话礼”时，女方家也会选派一位德高望重的亲朋作为“底媒”，以便跟男方家的“明媒”协商婚前事宜，因为男方家的媒人可能只为男方家说话，女方家也必须有个媒人，这样有很多事情可以由两个媒人去沟通，还能维护和协调双方的利益。落话礼当天，女方家要准备宴席，女方家会做几道菜，还要上牛羊肉，热情地款待提礼的媒人及其随从，落话礼也有讲究，除了四色礼、家庭条件较好的会带八色礼品，除羊肉之外，还会给未婚妻送上几套衣服以及化妆品等。此外，男方还会给未婚妻的爷爷奶奶、外公外婆也送上一份礼。在笔者调研的过程中，丁某的女儿订婚。丁某说：“男方给他们拿的落话礼包括：一万元人民币、一个活羊、八色礼品、一套化妆品、和三套给新娘的衣服。”落话礼提毕就说明双方的亲事已经定下了，双方不能随意反悔和变更这门亲事。

（3）大礼。即在落话礼之后如果女方同意男方的提亲，男方需要再次向女方提的礼。随着人民生活水平的不断提高，大礼的品种已经由过去的半只羊变成了现在的整只羊或活羊。

（4）“拿手”。即纳首，送首饰。送首饰是临潭回族婚姻中相当重要的一个环节，一般女方都会要求男方以黄金作首饰，现如今也有要求其他质材的如白金、钻石之类。首饰的种类以手镯、项链、戒指、耳环、耳坠为多，以前还有金银压襟、银“胸壶”等。拿手这一天，男女双方家庭都会炸油香、宰羊、大干“尔麦里”。同时宴请各自的亲朋好友。等双方家庭商议好各项事务之后男方由媒人领队带上首饰、彩礼、宰羊一只、双份四色礼品或者八色礼品、未婚妻的衣物、未婚妻父母、爷爷奶奶、外公外婆等的衣物礼品前往女方家。在笔者调研的丁某家，男方给丁某家的拿手如下：8 万人民币、三两金子、八色礼、一个宰好收拾好的整只羊、一个太空被。女方家在这一天跟男方家一样大摆宴席，招待自己的亲朋好友，鉴赏男方家带来首饰的样式、大小、首饰的成色以及其他礼品。而女方家也会将准备好的礼品送给未婚女婿，一般为皮鞋、袜子、西服、领带等。

（5）聘金。阿拉伯语译为“卡比尼”，婚礼前男方家人到女方家确定婚礼事项，女方盛情招待，之后双方家长争取聘金数量，最后需要由阿訇和双方确定好聘金数目，而此时旁边的顽童会淘气的喊：“卡比尼争的死不哈，一晚曦让过没一大”，大致的意思是你们争来争去，谁知新人经过接触后，新娘会给新郎让掉了，你们有什么可争的呢？娶亲当天还有娶亲礼，女方会积极为女儿的婚礼筹备嫁妆，嫁妆一般有金银、玉器、首饰、衣服、被褥、家具、布置洞房用的刺绣品。此时就完成了婚礼举行前的所有程序，在双方父母商量好的日子，隆重而喜庆的为一对新人举行婚礼。

（6）念尼卡。婚礼当天主要是双方招待自家的亲朋好友，晌午媒人会带着新郎，以及部分男方宾客提礼到女方家迎娶新娘。到了新娘家中后，女方家会盛情款待，然后为一对新人念尼卡哈[1]，给新郎讲解本民族关于婚姻方面的知识。长者会向人群中抛撒红枣核桃等，大家争相去抢以图吉庆，寓意新人早生贵子。之后，新郎和男方的宾客在女方家用餐，用餐期间，新郎要去厨房给新娘母亲和亲戚中的长辈妇女们问安，以此感谢母亲对新娘的养育之恩。男方的娶亲随同人员中有两名女宾打理新娘子的着装，帮新娘梳头，盖盖头等。女方准备宴席招待男方宾客，宴席结束后新娘子会让娶亲的女宾来梳头。完成以上步骤时新娘的脸也是要用女方家的盖头盖住，不会面见婆家人，完了再用婆家人拿来的红盖头盖在新娘头上。完成这些仪式后新娘要随同娶亲的人一同前往婆家，在此又有女方的亲戚带着准备好的嫁妆送新娘子去婆家。到婆家后，当天新娘子是全天顶着盖头不会面见人的，有冲缘之说。晚上闹洞房主要是男

〔1〕尼卡哈，念尼卡哈是指由阿訇进行证婚并进行宗教婚姻教育，念尼卡哈仪式的举行则代表回族传统习惯法中的婚姻关系的正式成立。

方的亲戚请求见见新娘子，然后各种招数花样百出。一天的婚礼结束后，双方的亲朋好友会逐渐离开，只留下新娘的两位娘家人为新娘“镇炕”，晚上还要为新娘铺炕，第二天早上给新娘梳妆打扮。

（7）“开脸”。婚礼的第二天，新娘会穿着美丽的长礼服，身上和头上佩戴许多金银首饰，迎接两家人和亲朋的恭喜，当天会有一位陪客引导新娘一一认识双方的亲戚朋友，并向道喜的客人说尊贵的赛俩目，当然客人也会作为见面礼给新娘数量不等的“拜钱”，成百上千不嫌多，三十五十不嫌少，或赠与新娘礼物，而父母大多会给女儿送来珍贵的礼物，比如金银首饰，来表达对女儿的疼爱，另一方面也显示自己的大气，这就是新娘子最早的私房钱。

（8）回门。结婚后的第三天或第七天，新郎需要准备好礼品陪伴新娘回娘家，看望一家人。女方家也会事先准备好丰盛的饭菜款待新女婿。新郎当天会返回自己的家中，而新娘子会在娘家住上三到五天，这就是民间俗称的“回门”，至此，隆重的婚礼全部结束。

（三）夫妻权利义务关系

隆重婚礼的结束，意味着夫妻权利义务关系的开始，回族提倡夫妻之间要互相体贴、互相爱护、互相温暖。在临潭回族的婚姻习惯法中，夫妻之间家庭分工明确，即丈夫负责承担家庭的经济开支，爱护老人、妻子和孩子，妻子负责照顾家中的老人和教育小孩，客人到访时负责热情招待亲戚朋友。丈夫必须善待自己的妻子、体贴妻子，与妻子一起有福同享。妻子拥有从丈夫那里获得衣食住行等物质生活资料的权利，丈夫必须根据自己的最大条件来满足妻子的物质需求，妻子应该尊重丈夫、养育子女，料理家务、保守家庭秘密。在临潭县的回族家庭中，每一位作为妻子的妇女都任劳任怨的操持家务，侍奉老人，因为她们从小接受的教育便是只要做了好事的男女穆斯林，都会拥有最美好的生活，同时也会得到美好的东西。临潭县的回族遵循着中国传统文化所提倡的尊老爱幼、诚信友善的美德。丈夫与妻子和谐共处，以男主外女主内的传统家庭模式生活。由此可以看出，临潭县的回族婚姻习惯法深受中国传统文化的影响。

（四）离婚的要件及程序

回族的婚姻习惯法教导回族群众要谨慎的对待自己的婚姻，如果夫妻感情没有完全破裂且无法挽回，不能随便离婚。虽然回族的婚姻习惯法没有禁止离婚的条例，但是反对轻率离异。笔者在当地的实地调查访谈中了解到，随着时代的发展，当地的回族群众对于离婚的态度也有了转变。临潭县的回族夫妻现在的离婚率相比前些年有增加的趋势，并且以年轻人居多。在当地，如果一对回族夫妻有离婚的想法，一般会有如下的方式解除婚姻。

第一，夫妻双方没有领取结婚证的协议离婚。这种情况出现在比较年长的夫妻之间，他们结婚的时代不登记结婚的事实广泛存在，只要男女双方举行了婚礼形式，当地的回族便承认他们之间的婚姻有效。传统的伊斯兰教法规定离婚的主动权在男性，但是临潭县的回族婚姻习惯法对于这条规定没有完全继承，男女双方均有提出离婚的权利。由于当地的特殊情况，丈夫承担了家中经济来源的大部分责任，妻子没有自食其力的能力，所以鲜有妻子主动提出离婚的情况。如果没有领取结婚证的夫妻提出离婚，通常由家族中比较有威望的老人尽力相劝挽回。如果夫妻之间的感情确已破裂，无法调解，双方的婚姻便予以解除。解除婚姻时，丈夫应给予妻子一定的经济补偿，以便妻子在离婚后的基本生活可以得到保障。

第二，夫妻双方领取了结婚证的情况，既可以协议离婚也可以诉讼法院。当然，双方协议离婚比较简单，即到婚姻登记机构办理婚姻关系解除即可。婚姻登记机关查明双方确实是自愿并对子女和财产问题已有适当的处理时，发给离婚证。

第三，如果夫妻双方不能达成协议离婚，便只能选择诉讼至法院。我国《婚姻法》第 32 条规定："男女一方要求离婚的，可由有关部门进行调解或直接向人民法院提出离婚诉讼。人民法院审理离婚案件，应当进行调解；如感情确已破裂，调解无效，应准予离婚。"在临潭县的回族婚姻习惯法中，人们选择使用诉讼的方式离婚的现象不多，因为临潭县地方比较小，回族之间又属于熟人社会，如果因为婚姻的关系将双方家庭的关系闹僵到法院，会造成不好的社会舆论。

三、临潭县回族婚姻习惯法的变迁

传统的回族婚姻习惯法在时代的变迁中已经发生了改变，尤其是一些不适应现代社会发展的规定被逐渐废除。同样，临潭县的回族群众也在跟随时代的步伐，对婚姻习惯法取其精华去其糟粕。笔者从以下几个方面来简单论述临潭县回族婚姻习惯法的变迁。

（一）回族和其他民族通婚的现象逐渐增多

传统的回族习惯法规定女子只可以嫁给穆斯林，不可以嫁非穆斯林男子，除非所嫁男子愿意皈依伊斯兰教。[1]历史上临潭县的回族只能和回族结婚，加上临潭县回族的教派较多，更有甚者只能在教派之间通婚，没有和其他民族通婚的习惯。近年来在临潭，回族和汉族以及其他少数民族通婚的现象较为常见：一方面，临潭的大部分回族商人去西藏、青海等藏区经商，和当地的藏族姑娘结婚的案例较为普遍，而且很多人婚后生活幸福美满；另一方面，临潭的回族青年通过考学到外地工作，和城市中的汉族女孩结婚的现象也越来越常见。

案例一：临潭回族的张某在西藏昌都江大县经营一家百货商店，和当地的藏族女子结婚，已生育了一个男孩，家庭幸福美满。当被问及为何和藏族结婚时，张某谈道："我一个人来到藏区发展已经十多年了，这边回族姑娘很少，也很难找到合适的媳妇。人家（藏族媳妇）心很实诚，人也赞劲（能干），最主要的是可以用藏语交流，有她在，我的生意也好，当地人也不会欺负我们这些离乡人，我也能在这边站稳脚。"

案例二：临潭回族的马某在兰州上大学期间和南方的汉族女同学恋爱了，虽然遭到了父母的强烈反对，但最终和女友结婚并在兰州工作，现育一女。马某认为："婚姻是你情我愿的事情，感情到那一步了，谁也没办法阻挡，而且和外地女孩结婚，生出来的孩子聪明。教义也不禁止和汉族通婚。"

究其原因，一方面是由于时代的不断发展，人们观念的不断更新所导致的；另一方面是因为临潭县的回族受教育水平的不断提高，

---

〔1〕王晓燕："论回族婚姻及'女子不嫁外'婚俗"，载《西北民族大学学报（哲学社会科学版）》2006年第1期。

思想也潜移默化地发生着改变。这种允许互相通婚的现象见证了我国民族之间的交流和融合。

（二）结婚年龄低于我国法定婚龄的现象逐渐减少

以前临潭县的回族青年的结婚年龄普遍低于国家婚姻法规定的年龄。尤其是女孩儿，一般十五六岁就嫁人。我国《婚姻法》规定男方的结婚年龄不得早于22周岁，女方不得早于20周岁。可见临潭县回族青年的结婚年龄远低于我国的法定婚龄。针对临潭县回族婚姻习惯法中的这种现象，笔者分析有以下原因：首先，临潭县地处山区，交通不变，教育发展落后，完成义务教育后不再继续深造；其次，基于临潭县特殊的自然条件和地理环境，当地的农作物收入非常有限，不仅是回族群众，还有其他民族的群众都外出经商，并且希望自己的儿子早早继承家里的生意，因此早婚现象较为常见。现在，回族群众对子女的婚姻观发生了根本的改变，他们鼓励孩子上大学，争取完成本科学业，这样从根本上杜绝了早婚的现象。

案例三：王某是临潭县某村的一个阿訇，平时对子女管教非常严格，处处以身作则，其女儿读完初中没上高中，在家跟着母亲做家务。来家里提亲的人络绎不绝，王某女儿以自己还小为理由，暂时不考虑嫁人，任凭王某夫妇如何劝说，其女就是不听，王某说："现在的孩子不像以前了，不是什么事都听父母的，人家不听，我们有什么办法，只能等过几年再说，这么早结婚也不符合国家的法律规定。"

案例四：肖某夫妇在县城开服装店，其女儿初中毕业给夫妇俩在店里帮忙，按照以前临潭回族的传统，是时候"打发"女儿了，但是肖某夫妇认为，孩子必须达到法定婚龄时才考虑女儿的出嫁。肖某说："现在不像以前，孩子这么小就嫁人，她自己还是孩子，怎么能照顾孩子呢？到了婆家，人家不会把你当孩子，会当媳妇来看待。太小很多事情处理不好，所以还是等孩子大一点，心智成熟了再结婚也不迟，如果他们（男方）真的看上我家姑娘，肯定会等，等不住的话他们再寻别家女孩吧。我们的传统老观念要改。"

可见，随着时代的发展，临潭回族的婚姻观念也发生了变化，以前流行的早婚现象现在已经逐渐消失了，这从另一个方面说明了回族婚姻习惯法的变迁已经趋同于国家法。

（三）近亲结婚的现象有所改变

回族的婚姻习惯法对于近亲结婚的原则作了规定。即成年男子除了母亲、女儿、侄女、外甥女、继女、姑母、姨母、姐妹、乳母、同乳姐妹和岳母外，可以自由缔结婚姻。在此基础上，还禁止男子娶自己儿子的媳妇儿，认为这是违反伦理的行为，这种规定非常契合中国的传统文化。我国《婚姻法》第 7 条规定，直系血亲和三代以内的旁系血亲禁止结婚。回族婚姻习惯法中的近亲并没有排除姑表亲，在临潭当地，鼓励姑表亲和姨表亲之间缔结婚姻，认为这样的婚姻是亲上加亲，牢固稳定。但是近年来这种现象也发生了变化。

案例五：关于近亲结婚问题，笔者访谈临潭 Z 村的马某时，马某说道：“近亲结婚，医学上也不允许啊，你看我们村的××的孩子，是姑表亲结婚，他们生的孩子是‘白猫’（白化病），我们以前不知道，总认为亲戚结婚，是亲上加亲，但是这会影响后代的，我们村现在近亲结婚的现象几乎很少了。”Z 村的苏某说：“近亲结婚虽然是亲套亲，但是问题也很多，小两口吵架，最后把亲戚全得罪了，影响整个亲戚之间的关系。现在年轻人出去见的世面广了，很多年轻人都找外地的媳妇。”

现在，随着教育水平的提高，观念的改变，人们逐步认识到这种近亲婚姻是落后的习俗，对下一代的繁衍不利，更是会影响到回族人口的整体素质。随着临潭县回族的穆斯林年轻人受教育水平的显著提高，他们不再愿意同意老一辈讲究的亲上加亲的观念，因此近亲结婚也慢慢退出了历史舞台。

（四）禁止一夫多妻制

传统的伊斯兰教法规定的一夫多妻制度，指的是成年穆斯林男性在满足条件的情况下最多可以娶四位妻子，但同时规定如果不能做到公平的对待每一位妻子，那么只能娶一个妻子。从中我们可以看出，伊斯兰教法规定的一夫多妻的前提是丈夫公平的对待每一位妻子，但是现实生活中没有人能做到完全的公平，反之不能做到完全公平的多妻则是不合法的。

现代社会，伊斯兰国家已经在推动立法，逐步取消一夫多妻制度来适应现在社会的发展状况。例如，第二次世界大战以后，伊斯兰国家为了提高妇女的权利地位，提倡一夫一妻制，集中修改了婚姻家庭的立法。随着社会的发展和时代的变迁，在伊斯兰国家一夫多妻的情况逐渐减少。

而在我国，回族的婚姻习惯法中不存在一夫多妻制，相反，还禁止一夫多妻制，以笔者调查的临潭县为例，回族遵守国家法律，实行严格的一夫一妻制，符合时代潮流和现代社会发展的趋势。

案例六：王某和妻子结婚几年没有孩子，后来夫妇二人去兰州医院检查，医生确诊妻子不能生育。王某做生意，家境殷实，他认为以后必须要有个孩子继承家业，但是他又不想离婚，最后经过和妻子商量，王某再找了一个小老婆同居为他生孩子。此事被王某妻子的娘家人得知后，遭到娘家人的强烈反对，他们认为这样会让自己的女儿“遭贱”。王某告诉笔者：“本想着一边和媳妇处着，一边再找一个（媳妇）安个家，给我生个一儿半女的，以后我的家产也有人继承，但是她娘家人反对，后来我和媳妇商量好隐瞒她娘家人。但是最终我还是选择离婚另找别人，因为暂时能瞒住她娘家人，但是如果有一天被发现，他们去法院告我重婚罪，我担心把我抓进去，所以只得离婚，再找一个。”

由于这些年国家普法的实施，很多人知道了娶小老婆是犯法的，因此大家都不会去碰触法律的底线，从而抑制了一夫多妻现象的发生。

（五）遵守“待婚期”的现象逐渐减少

待婚期是传统伊斯兰教法的规定，指已婚的妇女在离婚前或者寡妇在改嫁前依据教法需等待一段时间。在待婚期内，伊斯兰教法对夫妻双方提出了不同的要求。首先，丈夫应该尽量挽留妻子，为夫妻两人提供了解决矛盾重修旧好的机会。另外一方面在待婚期内可以判断女方是否怀孕，避免离婚后的家庭矛盾、财产分割和继承的纠纷，还可以保证家族血统的纯正。另外，在此期间妻子可以要求丈夫继续抚养自己。所以，待婚期从表面上看是男方占主导地位，实则是对妇女权益的保护。在传统的伊斯兰教法中，离婚虽然合法但是最不提倡的事情。从以上论述中我们可以看出，传统的伊斯兰教法确定了婚姻关系的严肃性、神圣性和稳定性，但是也从另一方面承认了婚姻的可变性，允许人们在万般无奈的情况下选择离婚，告诫人们要谨慎对待，不要草率行事。

在临潭回族的婚姻习惯法中，目前遵守待婚期规定的现象正在逐渐减少。

案例七：张某和一寡妇结婚，请阿訇来念尼卡，阿訇在念尼卡前问张某，有没有遵守待婚期，张某说，按照教法的规定，待婚期主要是查明女方是否怀孕，现在科技这么发达，检查是否怀孕很简单，她虽然没有遵守待婚期的规定，但是没有怀孕是事实，我认为我们现在结婚是可以的。当笔者问妇女丁某："如果你丈夫休了你，你会遵守待婚期的规定吗?"丁某笑了一声说："他休我？我还休了他呢!"

根据笔者观察到的情形，回族男女若要离婚，妻子一般不会遵守待婚期的规定，因为在这种情形下妻子早已回娘家了。可见，妻子在离婚问题上拥有主动权和自主权。[1]但是在离婚之前调解是非常必要的，一般情形下对于离婚的男女，大多数人都要进行调解，申明婚姻是非常严肃的事情，慎重对待离婚。

四、余论

回族婚姻习惯法的形成发展历经了几个世纪，随着时代的发展回族婚姻习惯法也经历了其变迁过程。临潭回族婚姻习惯法的变迁

---

〔1〕易军："宁夏回族村落习惯法的当代变迁"，载《云南大学学报法学版》2009年第4期。

是我国回族婚姻习惯法变迁的一个缩影。笔者认为，回族婚姻习惯法的变迁实质是回族婚姻习惯法的部分内容逐渐趋同于国家制定法的过程。

笔者分析回族婚姻习惯法的变迁原因，经济的发展和社会的进步是回族婚姻习惯法变迁之根本原因。经济因素对习惯法变迁的影响最大，生产方式的改变基本上都会导致习惯法的变迁。〔1〕随着经济的发展和社会的进步，临潭回族群众的生活水平和文化水平不断提高，而人们的人生观、价值观、世界观也随之变化。其次，随着国家法的不断普及，基层政权不断加强，“政府行使治理职能，引导并合理运用习惯法以促其变革”。〔2〕回族的婚姻习惯法越来越让位于国家法、趋同于国家法。回族婚姻习惯法的变迁是国家法不断持续深入民族地区的过程，同时也是习惯法逐渐消亡的过程。伴随着城市化的进程以及大规模的拆迁和重建，回族的婚姻习惯法也受到了重要的影响，一方面，城市化对于改善回族的生活质量具有积极意义，另一方面，也改变了回族群众的生活方式和传统习惯。我们应该将回族的婚姻习俗取其精华、弃其糟粕，使之与国家制定法相互融合，为民族的稳定和国家的团结发挥应有的作用。在面对少数民族文化的时候，我们应该树立正确的价值观，即中华文化是各民族文化的集大成，少数民族文化是中华文化不可分割的重要组成部分，各民族都对中华文化做出了重要的贡献。

一千年以来，伊斯兰教传入中国的历史就是伊斯兰教中国化的过程。伊斯兰婚姻法和中国固有的传统文化进行良好的融合及互动，最终发展出适合中国传统文化的回族婚姻习惯法，作为我国传统文化的重要内容发挥着积极的作用。当代回族婚姻习惯法的变迁说明了新时期国家法在民族地区的作用不断加强，也表明了全面依法治国、依法处理民族事务逐见成效。

---

〔1〕 陈寒非：“变迁中的习惯法：原因、动力及走势——基于南方少数民族聚居区的田野调查”，载《广西民族研究》2018 年第 1 期。

〔2〕 陈寒非：“变迁中的习惯法：原因、动力及走势——基于南方少数民族聚居区的田野调查”，载《广西民族研究》2018 年第 1 期。

3

丧礼习惯规范的法文化思考

——以山东省济宁市兖矿人为例

张雪林

一、引言

20世纪60年代末，政府拟在位于山东省济宁市的兖州新探明的煤矿区建立兖州煤炭矿务局，开采煤矿支持国家工业建设，遂从淄博煤炭矿务局抽调一批工作人员并从其他各地新招募了部分工人前往兖州建立新的厂矿区。一时间，一大批来自五湖四海的工人涌入兖州，在这片土地上繁衍生息，"兖矿人"成为他们共享的标签。

"兖矿人"主要以淄博人为主，也有来自济南等其他全国各地的人。他们多半是根正苗红的工人阶级，城市户口，在当时那个年代是非常令人自豪羡慕的职业与地位。他们是兖州当地工资最高的一个阶层，操着与当地人不一样的口音，饮食与生活习惯亦不同。于兖州当地的土著居民，兖矿人的出现是一种地域性与文化性的迁移。

我的爷爷就是在这个时候由于工作的调动，携家带口从淄博迁至兖州的，当时我的父亲已有十三四岁。父亲大学毕业后亦回厂工作，我的叔叔们也无一不留在兖矿的厂矿单位工作。厂矿单位地处郊区而又人口众多，充足的财力让他们能够有能力建立起学校、医院，如果没有更高的要求，完全可以在这里完成一整个人生的生老病死与教育。

他们虽然是生活在兖州地界的人，但由于兖矿居民的聚集不过短短几十年，而且当时前来建设新厂的工人来自五湖四海，本身就有着各不相同的风俗习惯，更加之“兖矿人”的组成多为年轻的学生和青壮年（即使是我爷爷这样携家带口的“老元老”，当时也不过30岁），对于家乡本地的风俗传承本就不是非常完全。所以在矿山家属院里并没有统一的风俗规矩。凡遇红白喜事，讲究的家里就按自己的规矩讲究着，不讲究的家里就随大流。

但中国人是重礼的，有生老病死红白喜事，就要有礼数和规矩的存在。久而久之，兖矿里便由一群工作清闲或退休的热心工人成立了红白喜事委员会，无论红白喜事，均由他们负责。因为家属院淄博人居多，便以淄博人的风俗习惯为主流，适当吸纳兖州当地的习惯风俗进行融合。如济南、莱芜等其他地区的人如有风俗习惯的特殊需求，亦可按照他们当地的风俗习惯治丧。

后来因为煤矿生产强度大，工人们的劳作十分辛苦。而又多为邻人同事，相互熟识度极高，每家的红白喜事都需要参加，一年下来礼仪之事的总数量不容小觑，实在疲惫。因此为了工作生产的需要和生活的便利，社区便提倡移风易俗。到了我们这一代，红白喜事的流程已经非常简化了。即便是人生极大之事——葬礼也不例外。

尽管兖矿镶嵌在兖州地界之中，不可避免地受到当地风俗的感染，但兖矿仍在很大程度上保持着自己的独立性，比如在鲁西南当地的丧葬文化中，最具特色的吹乐演奏与纸扎工艺，在我们厂区竟然毫无体现。

这就是兖矿，我的祖辈、父辈生活工作、奋斗在这里，如果我没有来到清华，可能也如他们走过的路一样，作为煤矿子弟，随着煤矿的迁移工作生活。兖矿故事多，这里有着三四代人的繁衍生活，他们从原来的阶级中脱离，被聚集，被同化，被延续，被简化，成为新的阶级与风俗。

二、兖州当地的丧礼习惯规范

通过自己亲身经历的一些见闻和查阅的资料，我了解到的兖州当地普通的丧礼一般包含以下程序：

①小殓：在逝者断气后，首先应为其净身整容，穿着寿衣。这个步骤一般要早，甚至有时候是在断气前就完成的。主要原因可能是因为人死亡后，肢体僵硬将会影响寿衣穿着。我们当地的寿衣极避讳使用皮质，主要是棉质的且不能带纽扣。因为传统观念认为皮质将会使死者转世为动物。穿寿衣的时候，儿孙应围绕在其周围，这是有福气的象征。

②报丧：人去世后，儿子应到本族长辈以及外祖母家正式通知远近各位亲属死者的死亡信息以及葬礼安排（一般自人死之日算起，第三天是正式的发丧日期），需行磕头大礼。

③奔丧：亲友携带挽联、礼金、火纸等赶往死者家中参加葬礼。

④停灵：将尸体停在灵堂，等待前来奔丧的亲友吊唁。灵堂可设在家中的房间、临时搭建的灵棚或者是殡仪馆专用的房间等。灵堂内摆着死者的遗像、横幅以及贡品、纸钱。

⑤守灵：在停灵期间，死者的子女需要轮流守护死者。白色粗麻布衣服不能缝边，腰系草绳或麻绳，脚穿草鞋，这是孝服的配置（俗称披麻戴孝）。孝子须戴“孝帽”，以白布条束腰，趿拉着白布鞋，鞋子后脚跟处须被踩在脚下，手执木棍，名曰哀杖，上头系着白条。孝子弯腰垂首以示哀痛。吊唁的宾客到来后，由死者的儿女、孙儿辈组成孝子队出门叩头迎接。男女宾客吊孝时，孝子们也要哭灵。

⑥大殓：当着家属的面，将死者移入棺材，将棺材送到墓地安葬。孝子将一个瓦盆儿摔碎，是出殡的开始。摔不碎将被视为极不吉利的事情，摔碎象征吃饭用的瓦盆，表示死者永远走出了这个家庭，俗称“摔盆儿”。然后由孝子手执招魂幡带领送丧队伍，在乐队的吹奏下，沿途分撒中间有孔的黄色纸钱到墓地，即“打幡儿”。“摔盆儿打幡儿”是葬礼中非常重要的关键步骤，通常是继承遗产的标志。因此在古代必须是由嫡长子或长孙完成。

⑦烧七：下葬后每隔 7 天，亲友就需要到墓地烧一次纸钱，一共 7 次，共 49 天。第七次被称为“断七”，象征葬礼的正式结束。

⑧守孝：孝子应守护在父母墓地的周围三年时间，期间避免娱乐、饮食酒肉以及夫妻同房。

⑨牌位：家中供奉写有死者名字的牌位。

⑩扫墓：清明、忌日等特殊时期前往墓地修理、描碑和打扫。

三、丧礼习惯规范的变迁

兖矿地区的丧葬习俗较兖州当地已经极为简化了，兖州当地颇具特色且非常流行的纸扎工艺和吹乐演奏皆无体现，就连许多共通的习俗也已经能省则省了，出现这一现象的原因可能有以下几个：

（1）当时从外地前来建厂的人员多为年轻人，对家乡的传统文化亦不甚了解，迁入兖州后即使想复制原来家乡的风俗习惯，也会存在移植不能、复制不完全的情况。

（2）建厂人员多为年轻的知识分子，他们对封建文化的认同感较低且有较强的批判能力，许多繁文缛节已经经过他们的自我筛选而被革除了，在新的生活中他们也就简化了礼数。

（3）煤矿工人每日的工作量大，劳动非常辛苦，且没有农忙农闲的区分，他们较少时间能大规模和长时间地参与丧礼等习俗活动。

（4）建厂人员多为原本家族中的一支，在新矿区的家庭规模小，亲戚数量较少，宗族与家庭观念较为淡薄。

父亲的去世，在我的心里一直有个梗，使我一度非常支持这种丧礼习俗的简化，尽管我们现代人依然能够在已经大大简化的葬礼中感受到古人对逝者的敬意和尊重，但如我一般的反对者常常认为这些形式化的规矩都是在限制和折腾活着的人，甚至是如同作秀一般给其他活着的人观赏，葬礼有时候成了舆论造势的工具。这种形式偏离核的活动，大可抛弃。

起初父亲生病时，我始终觉得应该转院检查和治疗。但是家里人顾及前往上级医院后照顾不便，便无人同意我的提议。直到父亲病情加重后，一向勤俭也不愿别人折腾的他可能也是感受到了这次病情较以前严重，他也同意甚至期待转院了。但家里人依然没有形成统一意见，送他前往更好的医院诊治。再后来，直到一夜之间，父的病情恶化到不省人事再到植物人状态，所有人都慌乱了手脚，尤其是后来病危通知书频下，他们的重点便转移到准备后事上去了，父亲至死也没能接受更好的治疗。

父亲生前没能不留遗憾地看一场病，是我一直愧疚的。对家人也是怨恨的。而在父亲死后，他们非常积极和勤勉地完成了丧葬礼数，让我更是一度对葬礼的程序非常反感，我甚至觉得很多都是做给活人看的，死后的形式可走可不走，但生前的尽孝才是最珍贵的。

在我写这篇论文的时候，再次反思了这个过程，我变得不那么偏激了。我们现在所生活的年代，尤其是我所生活的区域，由于其自身的特殊性，丧葬文化中的礼数已经被大大的简化了，但依然还是能感受到古人的礼节。葬礼充分表达了子女的悲伤，对父母的感恩，处处体现着对逝者的尊重，死者为大，遵从遗愿和一向的喜好。在葬礼中我们追忆死者的一生，将美好之德散播，也寄托着对逝者的美好祝愿。在葬礼中让子女通过礼数感受人生的不易，葬礼中体现的长幼有序等礼节也教育和感染着后辈。这些看似繁复的形式化的礼节仍然是非常有必要延续和传承的。

通过葬礼，我们更应该认识到孝不仅仅是葬礼中的大张旗鼓和厚葬，不仅仅是服侍在病榻前、丧礼的这几日、三年间服丧，更要体现在父母生时，对他们物质与精神上的支持。

四、丧礼中体现的法文化

（一）礼制下的宗法等级观念

传统等级观念脱胎于奴隶社会，完善于封建社会，为思想家论证，更为法律所强化。规矩的连接组成了一个个方框，不逾矩成为中国人的信条，中国人在符合自己身份的领域行事，各得其所，各不妨碍。封建社会的统治者也正是看到了孝在维系等级制度中的功能，而逐渐对“孝”的含义进行阐发，旨在通过“孝”来达到“以孝治天下”的政治目的，巩固“家天下”的统治。

在《乡土中国》中，费孝通先生关于中国传统社会结构的特征有一个很著名的理论：“我们社会中最重要的亲属关系就是这种丢石头形成的同心圆波的性质……以‘己’为中心，像石子一般投入水中，和别人所联系成的社会关系，不像团体中的分子一般，大家立在一个平面上的，而是像水的波纹一般，一圈圈推出去，愈推愈远，也愈推愈薄。”这在葬礼中的表现更为典型。

丧葬活动的运行存在于两种关系格局之中。其一是以血缘为纽带的亲属集团。按照血缘的亲疏远近来决定参加葬礼的人员与人数，这与费孝通先生的“差序格局”不谋而合。“差序”就表示有轻有重，有远有近，有亲有疏，有高有低，各个层次之间的重要性是不同的，各个层次是不具有平等地位的。在丧葬礼仪中，前来悼念的亲友按照与亡者的亲疏关系付礼金，血缘关系越亲近礼金越重，关系渐疏礼金也随之减少。其二是运行在同村的乡亲之间。在农村，尤其是落后的山区，举办丧葬仪式需要大量的人力、物力、财力。“有钱出钱，有人出力，一家办丧礼，全村来帮忙”这种约定俗成的惯例将整个村落的人联系在了一起。

(二)“和”为贵的文化观念

正因为葬礼是人生中的一件大事，举办葬礼之时，家室和宗族的和谐力量会更加明显的凸显出来。无论平日里是否真的和谐团结，葬礼之时都会暂时摒弃个人恩怨，以死者为大。即使是象征性的服从仪式性的规矩，亦是因为怕落下一个“不孝”的罪名。这也从另一个侧面反映出“孝”作为一种正面的价值观念对人的影响之深，对个人行为的规范和指引。不仅仅是宗族，邻人也会前来丧礼帮忙，这种互帮互助的延续是“和”文化的诠释。正如曾经在一本书中看到的那样，西洋人是先有我的观念，才要求本性权利，得到个性伸展的。但从此，个人之间的彼此界限便被划的很清。井口便是权利义务、法律关系。谁同谁都要算账，至于父子夫妻之间也是如此。这样的生活着实不合理，实在太冷酷。而中国人的态度则恰好相反，西洋人靠理智，中国人靠直觉和情感。西洋人要我，而中国人不要我。

孝，让人们在家庭内有了权威，有了畏惧。但孝对中国人的影响，不仅仅在于恭敬父母，更是养成了国人一种谦和而温情的性格。于是便有了“老吾老以及人之老”的推己及人之爱心，很难想象一个连自己的父母都不能孝敬的社会，人与人之间会存在多少温暖与爱意。因为谦和，中国人不爱讼，认为这是破坏和谐的败家之事。直至今日，调解与和解制度依然作为一种特有制度，标榜着中国特色而存在于法律体系之中。

我们常说于情于理，通过情与理的判断之后，多数问题就有了解答。最后才诉诸法律。中国古代的法律体系在当时的世界是非常完善和强大的，但是这样发达的体系只是在等待而很少真正被使用。

4 农村房屋拆迁中村民关系对执法的影响

纪元捷

一、引言

拆迁离我不远。由于老家的地理位置处在城郊，“拆迁”一词作为一些亲戚朋友言谈间的热点话题便频频出现，加上母亲在基层政府部门工作，通过其平日的描述，我对于城郊和农村拆迁过程中出现的一系列的事件感触较深，尤其是伴随着拆迁过程中出现的各种情况，有顺利拆迁的，也有想方设法抗拆的，总之从前以为只有在新闻上才会出现的，实际上深深浅浅的都离现实生活不远。而法律作为调整人们行为和社会关系的规范，在这类热点问题上也发挥着举足轻重的作用，而决定法的作用的实效的因素又有很多，而且相互间的作用十分复杂，但关系这一在我们生活中不可避免地存在，它潜移默化地影响着我们风轻云淡的岁月，也必然在利益、矛盾冲突的那刻产生特有的作用。作为一名法律专业的学生，我认为思考这方面的问题，是有助于对法的理解与学习的。

二、怎样定义关系

按照一般逻辑来看，想要说清楚“关系”这个东西对某件事或某些人的影响，要先对“关系”一词进行一个概念上的界定。

在以往，有不少学者在较抽象的层次上对这一问题做过概括性的讨论，如梁漱溟的伦理本位[1]，费孝通的差序格局[2]，许烺光的情境中心[3]，杨国枢的社会取向等[4]。

在《人情、面子与权力的再生产》中，作者翟学伟曾经提到，中国人的思维，与西方习惯用实证主义的方法、变量的方式不同，认为要理解一个人，就应该把他放回到他的社会中去理解。[5]从关联的角度出发，从背景的角度出发，从情境的角度出发，采用一种脉络式的研究，将关联性思考代入其中，分析背景，进而对人们产生的关系的向度和运作进行理解，最后再理解在此基础上形成的社会系统、权力运作，即从宏观到微观再到宏观的思路，找出相应问题的解决方法，进行总结，达成规范。

三、农村房屋拆迁中的关系

（1）基层政府在接到上级政府传达的国家关于改进村民生活水平而进行的保障房等决策，经过一系列的审批等手续之后，划定拆迁的具体部分，这时，需要测量拆迁所涉及的各家房屋的面积，需要得到村主任及村民的配合。一种情况是预先航拍，比如2012年进行航拍测定房屋面积，但实际上该地区可能还未被划给开发商，但先确定补偿时的拆迁面积，以防止大家偷盖扩大实际居住面积；一种情况是着手拆迁前实地测量房屋面积。不论哪种情况，在航拍或者实地人工测量时，都会发生偷盖房屋以虚增居住面积来获得更多的拆迁补偿款的情况。

（2）村主任及村干部等家的拆迁十分顺利，但是村主任及村干

---

〔1〕梁漱溟："中国文化要义"，载《论中国传统文化》，生活·读书·新知三联书店1988年版，第135页。

〔2〕费孝通：《乡土中国》，生活·读书·新知三联书店1985年版，第21页。

〔3〕Francis L. K. Hsu, *Americans and Chinese: Reflections on Two Cultures and Their People*, New York: Garden City, 1970.

〔4〕杨国枢："中国人的社会取向——社会互动的观点"，载杨国枢、余安邦主编：《中国人的心理与行为（1992年）》，桂冠图书公司1993年版，第87~142页。

〔5〕翟学伟：《人情、面子与权力的再生产》，北京大学出版社2013年版，第110页。

部家自身会连夜加点的偷盖房屋，以在拆迁量面积时多计算一些面积，进而得到多一些的拆迁款，这种情况多在上级政府刚敲定拆迁消息，村里其他人还不知道的情况下发生。

(3) 待测量房屋面积的消息传开后，这个消息通常也是由村主任的亲朋向外扩散开的，大部分人会选择扩大居住面积，比如把原先一层的厨房加高到三层，原先没有的后院拔地而起一座活动板房等，但鉴于此时村干部及城管人员会进行全天候的监管，防止村民盖房，大家会通过向监管的村主任、村干部、城管管事的人行送财物的方式来继续盖房。这时，情况出现了不同，关系好的（村主任及村干部的亲朋好友们）往往比关系一般（没有太近亲属关系）的人送的稍微少一些；至于另外一些情况是，即使送钱，村主任也不见得愿意冒东窗事发的风险。

(4) 其他不想或无需通过偷盖房屋、虚增面积来获得超额拆迁款的人则不向相关人员行送财物，而且这类人往往会成为顺利拆迁的主力；又不想花额外的钱又看不惯村主任及那些行送财物获得好处的人往往会成为抗拆以及举报的主力。

(5) 孤寡老人们往往也没有能力虚增房屋面积，也会选择顺应拆迁政策，若拆迁后无力购置一般住房或是维持增加的生活成本，也可能成为抗拆的主体。

(6) 如果上级政府的主要领导或者其亲属或者关系极好的人也居住在这个村，往往更好办事，不用给村干部等人送礼，打声招呼就行，就直接盖房，也没人敢管。

四、房屋拆迁中村民关系对执法的影响

(一) 说明

在描述的案例情况里，我们能看出来这样一些关系：首先是政府、开发商、被拆迁集体之间的关系；这三者各自内部的关系。鉴于公益性的拆迁主要还是以政府批准的项目为主导，我们主要把关注点放在政府与被拆迁人的关系上。

又鉴于篇幅及个人水平所限，在这篇文章里，我主要想谈谈被拆迁集体内部中的不同人们的关系给拆迁带来的挑战或帮助进而对

相关法律执行中一个极小的方面产生的影响。又因为我无法穷尽其内部的所有关系，也仅就我所了解到的前述案例中出现的相关人员之间的关系产生的不同问题谈一谈。

（二）列举人际关系

具体的人际关系有：

（1）以村主任为典型的干部（以下均以村长为简称，涵盖决定拆迁面积的所有人）与其他村民的关系。

（2）村主任与希望通过偷盖房屋进行扩大测量的拆迁面积的人的关系，又分为三种：一是与其亲朋好友间的关系；二是村主任与其亲朋好友之外希望获取额外利益的人的关系；三是与即使送钱村主任也不愿意冒风险收钱的人的关系。

（3）村主任与不希望获得超额利益的人的关系。

（4）不希望获得超额利益人之间的关系。

（5）村主任与孤寡老人的关系。

（6）村主任与上级领导的亲朋之间的关系。

（三）具体分析人际关系对执法过程中的影响及带来的思考

1. 中国人的关系是差序性的[1]

差序格局是费孝通提出的一个关于中国人际关系结构的重要概念，它表示中国人在交往时以己为中心，逐渐地向外推移，以表明自己和他人的远近关系。[2]在本文的例子中，不难发现，村主任所构成的关系网络正体现出这样一种格局。在传统社会里，最近的关系是家庭关系。中国人重视土地、实行小农经济，家庭生活是最重要的。家庭生活之后就出现了中国人对血缘和地缘的关注，对血缘、地缘关系的关注会引导我们去研究人的社会交往。村长自己会倾向于利用职务之便（不是说全部），在得到拆迁的消息之后，首先自己会先采取一定的措施，使自己获利（包括夫妻、子女）；之后则是他的亲朋，鉴于他的亲朋与他关系相较他人较近，但较之村主任自己

---

〔1〕 翟学伟：《人情、面子与权力的再生产》，北京大学出版社2013年版，第124页。

〔2〕 费孝通：《乡土中国》，生活·读书·新知三联书店1985年版，第24页。

的家庭（父子、夫妻关系）较远，因此，反映在遇到事情后，他们会选择通过行送财物的办法使其获利。在这种情况下，村主任自己可能碍于情面，对亲朋的需求不好意思不帮，帮了又觉得不能白帮，收多了又觉得过意不去，那怎么决定多不多，平衡自己与亲朋的关系呢？自然是比关系再疏远的人少一些。因此，其他的人为了达到相同的目的，则要付出比村主任亲朋多一些的代价。若是关系再疏远的，村主任可能出于担心东窗事发的心理，即使给钱也不要。

通过这一点，我们不难发现，在村主任代表政府角色，协助管理事务时，对于本村的事务依照其不同的角色定位属性，会产生不同的执行力。比如，他与他的家庭、亲朋的关系超出一般关系，对于这一部分人，在村主任代表政府行使职责时，作为执法者的角色，其执法成本必然较低，他的家庭、亲朋，在通常情况下，对于合理的要求会带头遵守，这就存在有利于行政执法的意思了。如，在拆迁的过程中，村主任家一般会带头拆迁。相反，我们也可以看到，在差序格局中，越是往人际关系网络外延伸，其在克服群众思想工作时，所遇到的阻力就越大，则越需要注意尽到认真解释、带头执行等代表作用，所需要的执法成本可能就相对较高一些。如果能顺利利用关系这一层面，比如在平时的生活中，干部与群众关系良好，互动较多，关键时刻执行职务时也有利于执行法律，同时使全体群众及早受益，如早拆迁完早动工等，既有利于国家相关配套改革措施的顺利推行，使相关法律得到遵守，同时也能在事实层面上惠及全体群众。这就是关系带来的益处。

当然，差序格局下的人际关系也不是全然有利的。比如，在本文的案例中，村主任在代表国家行政时，若是首先想到权力寻租，甚至把自己的利益放到首位，带着亲朋一起借机发一笔横财，那么则是对关系的不良利用。虽然西方经济学中一直把理性经济人假设作为前提，但是当个人利益与公共利益冲突时，个人利益在一定范围内还是要受到限制的。再者，作为公职人员在代表国家执行公务时，所受到的约束会更多。

2. 处于人际关系网络中每一序列之内的人尽可能地通过平衡性原则来同位于中心的个体进行社会交换[1]

在社会中通常双方的行为会对第三人产生影响，只要第三人也想成为这一行为的参与者，就必然要按照原先的原则进行交换，否则会产生人际关系的不平衡。在本文的案例中的表现是，除村长本人的家庭成员外，想要获取这种增盖房子的特权都需要付出代价，且不同的人群只要处于同一序列里，大家的差别就不会很大。事实上，同一关系序列中的人所行送财物的范围是大家都心知肚明的，至少大差不差在一个范围内，不至于造成极度的不平衡。否则容易产生冲突。

积极的一面是，如在关系、表现情况差不多的情境下，这种关系中的平衡性会引导执法者倾向于对相同位阶的相对人采取相对同一的执法力度，在排除特殊情形后，采用相对同一的执法力度，会使相对人在心理上更容易接受这一执法行为，进而更易主动遵守，最后在低成本的情形下达到较好的法效，使同一事件的相对人更容易满意执法的结果。

不利的一面是，想要进入同一情境中，就必须付出前人的代价，而前人交易进行的代价可能是后者所支付不起的。比如对于那些孤寡老人等弱势群体来说，他们若与村长等没有特殊的相近关系，那么他们就必须付出一般人付出的代价，但是他们原本就是弱势群体，在经济上和精力上根本无力承担，简单来说就是没法送钱，也没法自已盖房子或找靠谱的人委托盖房子。这在实际的执法过程中体现为，若按这种关系定级别，即使对于相同情境的关系，因为个体在其他方面的差异，也不利于法通过同一力度来执行。还需要考虑其他方面的特殊照顾。如积极的社会保障等救济的引入，使执法过程相对合理，以实现期待的效果。

3. 再来看一下平衡到不平衡的关系

我们可以想象得到，在基层社会中，原本大家都是一样的，都

---

〔1〕 翟学伟：《人情、面子与权力的再生产》，北京大学出版社 2013 年版，第 125 页。

守着自己的土地，靠天吃饭，至少在阶级上大家是平起平坐的，比如按照士农工商的划分，大家都是农。在国家通过拆迁进行补偿时，大家在凭借被拆迁土地及房屋面积决定所得补偿款的数目这一规则下也都是平起平坐的。即规则是形式平等的，没有因为是特殊的身份就每平方米多进行补偿。但是，我们可以看到，在本文的案例中，当村长得知这一“发财”的机会并为自己谋利益时，大家首先想到的并不是去告发，而是选择通过行送财物也来使自己也能获得特殊方法，实现超额补偿。这一原本平衡的关系似乎不平衡了。不平衡在村长这一地位产生了这样的效果：在原本相同的规则下，使得规则的适用实际上已经不平衡了。当人际关系不平衡时，人际关系将呈现下文所述的状态。[1]①地位级别化。当有人没有遵守大家普遍认为应当遵守的平衡标准时，人际关系结构就会走向等级化，人与人之间的社会地位差别就会明显地表现出来。级别化发生后，这种关系上的不平衡在被认可的前提下不会导致个人心理上的不平衡，即在人际关系的结构认知上，仍然是协调的。比如在案例中，很多人认为村长对待这个消息先自己发财是没有问题的，对待不同的关系序列的人定不同的标准也是可以接受的，因此也并未感觉到不平衡。这就是虽然结构上不平衡，但当事人自己心里却因为结构上存在的级别化差异给自己找补了。②情感差距化。案例中一些没有送财物给村长，自己不扩建，最后也没有成为抗拒拆迁的主体，实际上也认可了其不能有特殊的待遇——扩建。③紧张或冲突的产生。在平衡结构被打破时，如果互动的参与者既不承认社会地位上的差别，也不认可情感上的差距，那么就会出现人际关系紧张或者冲突。比如，在本文中，有些人不认可村长偷偷给自己谋取利益是可以接受的，也不认为行送财物就能获得额外的利益，而是认为作为村长带领下的大家应该平等地适用规则，那么这时发生的抗拆、举报事件就可能造成冲突与紧张。这是各方都不愿意看到的。

这对法律执行的积极意义在于，当行政行为出现执法不公时，

---

〔1〕 翟学伟：《人情、面子与权力的再生产》，北京大学出版社 2013 年版，第 127 页。

即不能平等的对待当事人时，当事人可能在一定的范围内进行容忍，只要不超过界限，为了维持关系的平衡，大家就会谨慎对待，或者在寻求救济的方式上，使用不那么激烈的手段，在一定程度上有利于社会的稳定，同时也给了行政主体一定的自我纠错的时间。此外，即使是大家不满足于平衡的打破，一定程度内的紧张或者冲突如村民检举揭发村干部贪污等，也有利于社会健康发展、保障国家及公共利益不受进一步的损害。

缺点是，一旦紧张和冲突爆发时，不平衡的关系中的一方所采用的手段有时是我们不可控的，如暴力抗拆，若又遇到调整方案不及时的行政主体未能采取妥善的应对政策时，可能会对相对人、对社会产生极大的不利后果。近些年爆发的暴力拆迁和暴力抗拆造成的恶劣影响就是典型的例子。

4. 关于村长与上级领导的亲属或是与领导关系非比寻常如有恩情等的人之间的关系

在这一关系中，产生了权力的“翻转”，即权力的再生产[1]：即一个看似无权的人，因为与有权力的人存在特殊的关系，进而可能发生对抗他上一级的权力，比如他是省长的战友或者恩人，很可能就会出现村长甚至市长都不愿意插手，反而希望他借此机会发财以间接博得省长欢心的可能。这样，关系就加深了权力。

对于这一点，转移到对于执法的思考上，我认为在发生权力翻转的情形时，执法者不应因隐藏在表面下的权力造成的相对人的地位不同而采取不同的措施，而应秉持着合法性、合理性、效率性原则，公正执法，尽可能地实现公平正义。这对于中国的官本位社会、国家来说，是个巨大的考验，如果能够克服，那么则是个人、社会、国家的具体进步。如果不能克服，那么我们注定还要在漫长的法治改革中在黑夜里多待一些时日。

五、结语

综上所述，对于关系这一中国人在日常生活中不可避免的、无

[1] 翟学伟：《人情、面子与权力的再生产》，北京大学出版社 2013 年版，第 313 页。

形却又真真实实存在的东西，在法的实施中，我们不可能避而不谈，毕竟法最终还是要解决怎样使人过下去甚至过得更好的命题。关系对于法的影响有利有弊，在本文所思考的执法过程中，我们应当善于对关系加以利用，利用好了，可以发挥法的积极作用，使法的效果更好的达成；若是利用不好，那么也可能造成损害。

以前，我所听到的法是神圣的，我以为是因为它高高在上、不可触碰因而才显得神圣，后来在不断的学习中，我发现法其实是最贴近生活的，它规范着人们的日常行为与社会关系，它可以从普普通通的生活中来也可以从别人普普通通的生活中移植过来，最后通过国家强制力保障实施。在这个过程中，它没有脱离实际，而且也不应当脱离生活，我以为是法走下了神坛，后来才发现，不是法走下了神坛，而是我之前错误地理解了法的神圣性，高高在上不叫神圣，能够切实解决问题，才是真正的神圣。这就是我对这学期法理学课的认识，可能略显单薄，但却是真情实感。

5

纠纷当事人背后的行动规则

——从一桩由故意杀人案引起的离婚纠纷谈起

叶　夏

一、故意杀人案引起的离婚纠纷

2013 年底至 2016 年 7 月，我就职于广西壮族自治区钟山县人民法院民事审判第一庭。钟山县两安瑶族乡仍保留着“招婿上门”（入赘）的习俗，子女随母姓，称呼母亲的兄弟为伯叔（而非舅舅）。本案被告人即一名入赘女婿。

［2014］钟刑初字第 124 号刑事判决书审理查明部分称：

被告人谢某于 1994 年上门入赘到钟山县娶了廖某甲的二女儿廖某乙，因是上门女婿，谢某觉得妻子廖某乙的大伯廖某丙一家人看不起他，对廖某丙及其儿子廖某丁一家心生怨恨。2014 年 2 月 2 日凌晨，谢某从窗口爬入廖某丙独自居住的房屋，躲进大门左边的房间。当廖某丙走到其新老房子之间天井的地方时，谢某拿一张四脚凳朝廖某丙的头猛敲了几下，廖某丙当场倒在地上，谢某继续拿四脚凳对着廖某丙的头部猛敲，把四脚凳敲碎后，接着拿一张有靠背的四脚凳敲廖某丙的头部，见廖某丙还会动，又从地上拿了一块磨刀石砸廖某丙的头部，致使廖某丙死亡。经法医鉴定：廖某丙头面部被钝器多次打击致广泛蛛网膜下腔出血而死亡；经广西壮族自治区龙泉山医院司法鉴定所鉴定：谢某患有酒精所致妄想症（案发时处于发病期)，对本案具有限定刑事责任能力。

由于证人证言的内容大体相同，本文仅引用比较具有代表性的两名证人的证言：

> 证人廖某庚证言：2014年2月2日上午8时许，父亲打电话告诉他，说他大舅廖某丙被谢某敲死了。他到大舅家时，见大舅倒在地上，满头是血，旁边的地上有很多砸碎的木椅。他还看见有一行血脚印的走向是朝堂屋的，估计凶手在屋里面。民警到后破门进去搜查，后在最里面的房间找到了正在睡觉的谢某。抓住谢某时，谢某的双手、脸上、外套、脚上都是血迹。
>
> 证人廖某己证言：2014年2月2日7时许，外婆告诉他说他爸爸将大伯爷打死了。他爸爸过年时闷闷的，经常一个人发呆，去年曾撞墙自杀过，早几天因喝了一点酒，就发酒疯乱说话，一直说其很痛苦。

法院最后判决被告人谢某犯故意杀人罪，判处有期徒刑14年。被告人谢某对于指控的犯罪事实没有异议，未提出上诉。

对于法院的判决结果，我有不同的观点。《精神障碍刑事责任能力鉴定标准（征求意见稿）》提出：评定刑事责任能力应根据行为人在实施危害行为时的精神状态、精神障碍与实施危害行为关系及对危害行为的辨认或控制能力状况作出评定。[1]对于酒精所致精神障碍者责任能力的评定目前国内外还存在分歧，遵循从严的原则，学界认为一般普通醉酒为完全责任能力，复杂醉酒为限定责任能力，病理性醉酒为无责任能力。明知自己病理性醉酒而利用酒后的状态犯罪的，应负刑事责任。既往评定酒精所致精神障碍刑事责任能力时遵行以下原则：……酒精所致幻觉症、妄想症由于受幻觉、妄想支配，其辨认能力与控制能力均丧失，评定为无责任能力。在本案中，被告人谢某之前并不知其有病理性醉酒的体质，亦未故意使自

〔1〕 中华医学会精神科分会司法精神病学组：《精神障碍刑事责任能力鉴定标准（征求意见稿）》，2009年。

已陷入醉酒的状态并利用该状态行杀人之行为。对于公诉书中所称"因是上门女婿，谢某觉得妻子廖某乙的大伯廖某丙一家人看不起他，对廖某丙及其儿子廖某丁一家心生怨恨"，公诉方并未提供证据予以证实。而且，从正常人的角度来看，如果伺机报复的话，根本不会选择在春节期间。也正因为逢年过节，被告人谢某饮酒完全是出于过年，而不是别的原因。被告人谢某作案后，不但没有毁尸灭迹、逃离现场，在民警破门而入弄醒他之前，他还在被害人家里的房间里睡觉。因此，综合全案案情，我认为，广西壮族自治区龙泉山医院司法鉴定所对本案被告人所作的行为能力认定有误，案发时被告谢某应为无刑事责任能力人。根据《刑法》第 18 条第 1 款"精神病人在不能辨认或者不能控制自己行为的时候造成危害结果，经法定程序鉴定确认的，不负刑事责任"的规定，法院应当判处被告人谢某无罪。

那么，为什么法院未作出无罪判决呢？一方面，通常来说，法院习惯于作出有罪判决，这与我国刑事案件的立案标准与起诉标准一样高有关，再者，假若某案明显不能判处有罪，法院一般会建议检察院撤诉，而不是径直作出无罪判决。就本案而言，因为司法鉴定意见将被告人谢某认定为限定刑事责任能力人，另一方面，法院在裁判的过程中多多少少也会考虑社会效果。恶性杀人案件往往会引起当地党委政府的高度重视、人民群众的密切关注。怀着朴素法感情的老百姓习惯于认为"杀人偿命""欠债还钱"，这种同态复仇式的报应观在一般老百姓眼中似乎是天经地义的真理，特别是对于有些被害人家属而言，如果人民法院对杀人案件中的被告人不判处死刑，就感到大冤未申，深仇未报，或缠诉不休，或四处上访。如不对本案被告人判处刑罚，小县城的民愤恐怕难以平复。

在［2014］钟刑初字第 124 号刑事判决书中出现的十多个人名当中，除被告人谢某外，其余皆为廖姓人士，这也从一个侧面印证了前文"钟山县两安瑶族乡仍保留着'招婿上门'（入赘）的习俗，子女随母姓，称呼母亲的兄弟为伯叔（而非舅舅）"的叙述。

二、当事人行为背后的行动规则

廖某乙诉谢某离婚纠纷一案由钟山县人民法院民事审判第一庭受理，主办人是欧法官，我当时是该案的书记员。廖某乙通过曾在法院工作后来辞职的黎某递交起诉材料，提起离婚之诉。(说明在一般老百姓一遇上事，首先想到的是找熟人、托关系，哪怕是递交起诉材料之类的程序上的事情）由于谢某被羁押于位于桂林监狱，欧法官和我、廖某乙、廖某乙与谢某之子廖某已一行四人驾驶警车前往桂林。由于廖某乙未请代理律师，又不认识路，考虑到案件审理的方便，欧法官在黎某的恳请下才同意让廖某乙、廖某已二人随车同行。(从程序上讲，欧法官与我的行为违反了“不得私下接触当事人”的相关规定。这种情形是极特殊的情况，在本案中单方接触一方当事人，并不会影响到案件的实体处理。）当时黎某说廖某乙在县城北路农业银行门口等待，可后来欧庭长和我等了许久也不见人。由于廖某乙是通过黎某递交的起诉材料，立案庭居然没有在信封里标注廖某乙的联系方式，黎某的电话一开始又打不通。于是开着警车满县城地找人，我还特地进到营业厅里询问等待办业务的人里有没有廖某乙。后来总算打通了黎某的电话，在一家超市门口接到了廖某乙母子。廖某乙与谢某经人介绍认识，二人于 1993 年 12 月 31 日登记结婚，婚后于 1994 年 10 月生育儿子廖某已、于 1996 年 3 月生育女儿廖某辛。廖某乙提起离婚诉讼时，一对儿女均已成年。在廖某乙看来，她的两个小孩都非常懂事：

他们两兄妹都很听话的，妹妹读书一直都很好，现在也读高中啦。哥哥在××大学读管理专业，就是因为他爸爸出了事，读了一年就不读了。哥哥对妹妹很好的……

廖某已是个瘦小的男孩，背着个双肩包。这次去桂林监狱和他爸爸见面之后，他就要去外地务工。这个并不大的双肩包便是他所有的行李。第一次见面时，廖某已站在他妈妈旁边，手上燃着一支烟。坐在副驾上的我向他介绍坐在驾驶员位置上的欧法官：“这是我们庭长欧法官。”廖某己很礼貌地叫了声“叔叔”。（当地部分老百姓的法律知识还停留在较低的层面，我见过把庭长叫成警官的，把法官叫成律师，把书记员叫成书记的。）欧庭长问：“怎么这么小就吸烟了？”廖某己回答说：“很正常啊，很多人都吸，我已经吸烟很久了。”

到了桂林监狱附近的酒店，欧法官和我各住一间房，廖某乙和廖某己合住一间房。廖某乙一直抢着要帮我们交房费，但是最终还是由欧法官自己付了房费。住下之后，廖某乙来到我的房间，硬是塞给我了一个红包（内有100元人民币）。

我：“大姐，我真的不能要，我们有规定的，不能收你们的任何东西。”

廖某乙作生气状：“拿倒（拿着的意思），利利是是，你不拿倒（着）我不高兴了。”

几番推挡之后，我看拒绝无果，于是就收下了。在她看来，法院是政府部门，她的诉请能不能达到是由法官说了算，于是便要送礼。如果我不接受的话，她会感到非常地惶恐不安。也可能是因为我看起来还是小姑娘（我后来自己主办案件了，还会被案件当事人称呼为小姑娘），过年的时候发红包也是当地的礼数。

第二天桂林下起了雨。办妥手续后，我们几个在会见大楼外面等候。审讯室由不锈钢的栅栏隔成两个格间。执勤的狱警刚把被告谢某押到审讯室，廖某乙、廖某己二人像箭一般冲向他，并各自紧紧地握住谢某的一只手，久久不肯松开。谢某一看见妻子和儿子立马哭了起来：“香香，我对不起你！我对不起小豪和小丽……”

香香、小豪、小丽分别是廖某乙、廖某己、廖某辛的昵称，廖某己、廖某辛的随母亲姓，名字的第二个字取自父亲的名。可见，虽然谢某是入赘女婿，但他们一家四口之间的感情还是很深厚的。

庭审进展得很顺利。被告对起诉状中的陈述均无异议。

欧法官：“原告，你为什么要和被告离婚？”

廖某乙：“他做了错事，他杀死了我伯父，这件事使我和我的亲人产生了隔阂，如果不离婚的话，我没办法在村里过下去了。”

欧法官：“被告，你同意离婚吗?”

谢某：“我同意离婚。”

欧法官：“你为什么同意离婚?”

谢某：“为了我的女儿、儿子和老婆，我希望他们以后过得好。我现在在服刑改造，我不想影响他们。”

廖某乙：“你杀害了大伯，我们家庭的人都很伤心。因为这件事，现在亲戚们都不认我了，所以这个婚我是一定要离的。离婚后我也当你是朋友。儿子女儿以后还是会赡养你的，你不用担心你以后的生活。儿子女儿说了，他们以后会努力工作，照顾你，你不要担心。”

谢某：“希望你代我向大伯家人说声对不起。”

廖某乙顾及与被害人（其大伯）的家属之间的关系，而不得不提出离婚。这就有点类似于唐律中规定的一种强制离婚制度——义绝，指夫妻间或夫妻双方亲属间或夫妻一方对他方亲属若有殴、骂、杀、伤、奸等行为，就视为夫妻恩断义绝，不论双方是否同意，均由官府审断，强制离异。〔1〕义绝的情形包括夫杀妻之叔伯。不同的是，本案中，女方廖某乙系出于道德压力、舆论压力而主动提离婚，“亲戚都不认我了”，而古代义绝的条件对于夫妻而言并不平等，明显偏袒夫家，对妻的要求更严而赋予夫较大的权力，体现了唐律对夫权的维护，目的在于建立夫为妻纲、男尊女卑的封建家庭秩序。〔2〕但离婚的根本原因是相同的，均是为了维护当事人在当地的人际关系。

欧法官：“你是因为什么事情入狱服刑的?”

谢某哭着说：“我酒精中毒（酒精所致妄想症），我杀死了我妻子的大伯，我故意杀人了，犯了罪。”

---

〔1〕 曾宪义：《中国法制史》（第2版），中国人民大学出版社2008年版，第137页。

〔2〕 曾宪义：《中国法制史》（第2版），中国人民大学出版社2008年版，第137页。

欧法官："被判了多少年？"

谢某："14 年。"

欧法官："你有没有上诉？"

谢某："没有。"

欧法官："你自己对这件事是怎么看的？"

谢某："我当时神志不清楚。我对不起我大伯和他的家庭，我对不起我的家人。"

由刑事案件引起的民事赔偿纠纷的被告往往在民事诉讼中会对刑事判决书所认定的犯罪事实予以否认，或者企图减轻自己的责任而对既已认定的犯罪事实加以歪曲或辩解。本案被告谢某不但在刑事诉讼程序中对起诉书指控的犯罪事实没有异议，未提上诉，在民事诉讼过程中亦承认自己有罪。那是因为，在谢某看来，他持钝器将人砸死，就是故意杀人，他的行为就是一种罪行，就应该蹲监狱，不被枪毙就已经很不错了，对此他深信不疑。由于欠缺相关的法律知识，一般老百姓也不会考虑诸如犯罪构成要件方面的问题，往往也以结果为导向作为认定罪与否的根据。

欧法官："被告你赔偿被害人家属了吗？"

谢某："没有。"

廖某乙：" 赔了，处理丧事时出了 3 万元的丧葬费。"

欧法官："这个事被告知道吗？"

廖某乙："他不知道，这钱是我借来的。"

谢某："我确实不知道。"

被害人家属既未提起刑事附带民事诉讼，事后也未要求廖某乙家作出赔偿，更没有提起生命权纠纷诉讼。从这点看，亲戚之间，脸面、关系有时候比金钱更重要。事后我问起廖某乙，他们两家人的关系如何，是否像公诉书中所说"因是上门女婿，谢某觉得妻子廖某乙的大伯廖某丙一家人看不起他，对廖某丙及其儿子廖某丁一家心生怨恨"。廖某乙表示："不是的，没有这回事。他是个很老实的人，我们两家人的关系一直都很好的。我和他长年在外打工，平时如果回到家，他也是很勤快帮大伯做事的。我们那边（两安瑶族乡）很多（男人）都是上门的，没有被看不起这种讲法。出事那天，我们还在一起吃饭，哪个知道后来会这样……”

欧法官：“你们有什么夫妻共同财产？”

谢某：“我们结婚后在村里建了一栋三层楼房，大约500平（方米）这样。”

欧法官：“有没有共同债务？”

谢某：“建房的时候欠的钱，欠大姐1万，欠她父母2万。”

欧法官：“父母的这2万元是赠与吗？是父母送给你们的吗？”

廖某乙：“不是送的，是要我们还的。”

欧法官：“夫妻共同财产和债务要如何分割、分担？”

廖某乙：“房子就先不动它，借的钱由我来还就行了，你在服刑，也不可能挣钱了。”

欧法官：“经过本庭主持双方调解，双方达成如下协议：双方自愿离婚；房产暂不处理，共同债务3万元由原告独自承担……”

回到法院后，因为原告廖某乙准备动身去广东务工，因此，在民事调解书尚未印制出来的情况下，我叫她在送达回证上签了字并告知其法律后果。简单的调解结案的文书，当事人调解协议已经达成、调解笔录也已经制作好并签过字的，法院习惯于采用这种事先签送达回证的做法，一来避免当事人反悔，二来当事人自己也觉得时间难以协调，愿意提前签字。我对廖某乙说：“这么一签字，你和谢某就算离了婚了。”廖某乙说了一些客气的话，问我：“诉讼费用要收多少钱？我没有什么文化，要交什么钱的话交多少你就和我说。”我心想：“她还是觉得得送礼给钱才能办成事啊！”

被告谢某收到桂林监狱转交送达的民事调解书后，在送达回证上备注了几个字“不同意所有债务都由廖某乙承担，应双方一同承担”。谢某在开庭的时候可能没认真听，后来欧法官也没给时间让他仔细看笔录，他可能没留意当时庭上所说的“夫妻共同债务由原告廖某乙承担”。可见，原被告双方之间的感情还是很好的，这是我亲历的唯一一起夫妻感情未破裂也调解离婚的案件。

三、结语

对这两起案件背后的行为人的行动规则并非特例，而是基层社会中一般民众的一般观念。在这个日新月异的时代，由于各种历史的、现实的原因，老百姓的法律意识还停留在非常浅薄的层面——这就是中国基层司法的实际情况——民众并不总是依法行为、依法思考，他们会在各种路径之间选择自己认为最有效、有理的一种。因此，我们在做基层工作的时候，更需要对行为人背后的法律意识、行动规则作出更多的关照，如此，才更能理解行为人行为背后的动因，推动基层司法工作。

6

农村神判方式探讨

——以云南省朝河村“赌咒”事件为例

杜 牧*

一、引言

乡土社会是中国社会的基础和缩影，影响着国家发展运行的态势及方向。由于乡土习惯法的秩序体系和治理结构与现代法律体系有所不同，国家制度建设存在滞后性和不足点，许多农村纠纷不能有效全面地通过国家权力渠道解决。出于化解纠纷和稳定乡土秩序的需要，乡土社会逐渐演化出独立自主的纠纷解决机制，“神判”方式就是其组成内容，深刻反映了乡土法律文化的本质，体现了中国习惯法的特质，可能排斥现代司法制度的应用并且阻碍法律认同和法律信仰的建立。因而，基层农村是中国习惯法理论的重要研究场域，乡土“神判”现象在法治建设语境下成为一项具有重要意义的现实课题。

“神判是一种古老的人类学现象，又是一种古老的法文化现象。在初民社会时，人们托借神力断是非、决争讼，是为神判，又被称为‘神判法’，此后亦留存于民间。”〔1〕具体来说，神判方式是指采取某种特殊仪式、程序，将有关纠纷或控诉向上天、神仙呈递，将

---

* 按照学术惯例，文中的人名进行了化名处理，特此说明。

〔1〕 杜文忠：“神判与早期法的历史演进”，载《民族研究》2004 年第 3 期。

某些自然现象、意外事件等看作上天的旨意进行裁决的过程。

瞿同祖先生曾说："我们晓得神判法是人们在不能利用自己的智力来搜索犯罪证据或迫使嫌疑犯吐露实情时，不得不仰赖于神的一种方法。等到人们能利用自己的智力来判断人的犯罪行为时，便不须神的裁判了。"[1]随着科学技术的不断发展和现代司法制度的逐渐完善，神判方式的适用频率和范围大大降低，只在我国偏远落后地区的特殊案例中有所应用。但神判方式的程序步骤、效力结果等仍然是中国习惯法研究的重要内容，具有较大的现实意义和学术意义。

神判方式是最具本土特色的习惯法现象之一，是中国早期法律的一种表现形式。神判制度的操作程序、表现形式等与现代法律制度存在许多差异，但同时两者也共享诸多相同的价值内涵和原则，能在效力上直接实现化解纠纷和稳定秩序的目的，间接发挥法律的示范、教育和预防作用。剖析神判方式的具体程序，辩证分析神判的实际效力，能够展现乡村习惯法系统的运作逻辑和内在性质，丰富习惯法学理论的研究案例，为乡土习惯法体系与现代法律制度的对比分析提供研究范本和素材，勾勒出习惯法到现代法律的演进与变迁历程，揭示现代法治进步和发展的方向。此外，从现实案例入手，在微观层面厘清神判方式的运行模式，能够深入透彻地了解基层农民的法律认知和法律情感，加深对本土环境和规范土壤的理解，增加现代法律制度的实践性和适应性。通过提炼乡土习惯法中有利于现代社会秩序的积极特质，能够有效提升乡土社会的法治化水平，为化解法治困境，推进依法治国，建设法治社会等提供有益的分析视角和解决思路，实现学术的社会关怀。

二、赌咒的定义及适用条件

（一）"赌咒"的定义

在我国西南地区、北方少数民族的习惯法中，神判仍然存在并有多种具体的表现形式：如吃血、捞油、闷水、点蜡烛、煮物、捧

[1] 瞿同祖：《瞿同祖法学论著集》，中国政法大学出版社 1998 年版，第 276 页。

铧、猎头、秤称、上刀梯、火中取物、装袋、嚼米、砍鸡、剁狗等。[1]“赌咒”是中国西南地区现存的一种神判方式，仪式的本质是通过发誓进行审判。按照穗积陈重的分类方法，“赌咒”属于起誓审，他认为誓审与祷审的基础相同，都是基于“神护正者罚不正者之信念而审判之方法”。[2]

具体来说，赌咒是指在矛盾难以解决时，纠纷中的当事人或者被指控的“被告人”通过特定仪式进行发誓，将争议交给神仙或者祖宗裁决，承诺若被控诉的犯罪事实属实或在纠纷中处于理亏一方，自己将甘愿接受上天的惩罚，而后显现的某种不利后果便被视为是神意裁决的标志。“咒”意指“诅咒”，是指起誓内容，一般是指自己愿意承担的某种不利后果，包括自己与家人的生命财产安全。而“赌”有两个含义，一是纠纷双方之间“赌”谁有勇气进行赌咒以及谁的咒更加恶毒，说谎或者理亏一方必定会接受惩罚，因此坦荡和清白的人就更敢于发毒誓，从双方的态度就可以瞥见事实真相；二是与上天“赌”，虽然上天绝对中立和正义，但由于“天意难测”，凡人难以揣测赌咒的结果，赌咒结果仍然不确定、不稳定，甚至在某些时候会残酷而粗暴，因此赌咒本身对双方都带有潜在风险。

赌咒的传统仪式比较复杂，包括烧香、割手指、喝血水、下跪等形式，但近年来已经大大简化，主要是烧香和下跪。仪式需要在特定场合进行，如寄托了神灵的山神庙、寺庙，双方有亲戚关系或属于同一宗族的也可以在祖先的神龛板（祖宗牌位）或祖先坟上起誓。

（二）赌咒的适用条件：

赌咒的适用需要在特定背景中展开，对神灵或者某种超自然存在广泛的信仰基础是前提条件。至于神的具体形象则没有限制，土地神、菩萨、观音乃至玉皇大帝等拥有法力的神都可能是被诉求的对象。实际上许多当事人只是含糊地以“老天爷”指称。在宗族观

---

〔1〕 邓敏文：《神判论》，贵州人民出版社 1991 年版，第 10 页。

〔2〕［日］穗积陈重：《法律进化论》，黄尊三、萨孟武等译，中国政法大学出版社 1997 年版，第 40 页。

念浓厚的乡土地区，纠纷双方同源时也可以进行祖先裁判，这与礼治传统中对长辈权威的崇敬有关。中国西南地区虽然没有统一的宗教观念，但存在对神的普遍一般畏惧，又因为基层农村科技文化素质较为落后，因而具备进行神判的基本社会条件。

赌咒的适用情况有两种："古来裁判上之宣誓有二：其一，关于直接犯罪之有无及其他系争事实之存否；其二，关于证据之真伪也。"[1]由于古代缺乏科技手段和现代司法的支持，在无法判断对某人的控诉是否成立及其他纠纷争议的证据真伪时，赌咒制度就有适用的余地。

"赌咒"所适用的第一种情况是在证据不足时借助天意去证明某种犯罪事实的存在，即要求被控诉犯了某罪的嫌疑人进行赌咒，从其是否敢于赌咒以及赌咒的结果来判断是否无辜。

第二种情况是通过赌咒对双方当事人存在的争议和矛盾做出裁决。不是所有纠纷都需要运用赌咒，需要符合以下具体条件：

首先是事实不清，真伪不明的纠纷，由于缺乏证据规则、鉴定制度和侦查措施，此类纠纷常常久拖不决，严重损害乡土稳定，需要借助全知全能的神力来帮助解决。其次是双方利益关系复杂或积怨已久的情况。这种纠纷并不少见，争议可能持续数年甚至跨越几代人，牵涉人数众多、伦理因素突出，难以通过调解进行妥协。实际上调解人一般也会采取回避态度："这种纠纷两家都积毒了（俗语，表示矛盾很深，互相仇恨），不好调解，你帮哪个就跟另一边结仇，还可能搞得两家都恨，这种事情不好做。"[2]而赌咒程序不存在这种顾虑，能够撇开复杂的利益关系，当事人对此更加信任。最后，对赌咒的适用来自当事人一方的强烈要求，一般是由于其中一方强烈不满，认为自己无辜冤屈且通过普通调解也完全不能"解气"，需要运用更为激进的方法证明自己的清白并给予对方以强烈的心理压力和道德谴责。

---

〔1〕［日］穗积陈重：《法律进化论》，黄尊三等译，中国政法大学出版社1997年版，第40页。

〔2〕周某军访谈录，2017年1月24日。

三、赌咒事件分析

朝河村隶属于云南省东北部一个人口多达158万的多民族贫困县，坐落在县城东南角的高寒山区，自然条件较为恶劣，以种植烤烟、小麦、玉米、土豆等农作物为主要经济支柱。朝河村位置偏远且基础设施建设尚不完善，交通闭塞，人口流动较少，青壮年打工潮在2004年左右才开始出现。以陈姓和周姓为主，社会关系比较简单，村民文化素养低，法治意识落后。因此习惯法规范得以传承，社会阶层较为固化，总体上沿袭了传统的生活方式，本质上还是纯粹的乡土社会。

由于当地迷信思想根深蒂固。参与赌咒的当事人对提起赌咒非常抗拒，认为不吉利或不光彩，不愿透露太多信息；同村人出于对“天意”的畏惧和对当事人面子的考虑，一般也对相关事件采取敬而远之、避而不谈的态度。所以本次访问主要采取间接访谈的方式对事件的原貌进行尽可能的还原。

（一）赌咒事件一

此事例发生在20世纪60年代初期，年代久远，借鉴意义本来不是很大。但由于本案没有出现不利的赌咒后果，主要当事人也已经去世，所以村民对于此事件的态度相对积极，访问得到的信息较为完整和丰富。并且单方赌咒的情形也可以说明赌咒作为举证责任分配的作用。

陈家、周家有两片土地相邻，双方早些年默认土地界限以桃树幼苗为界，但后来桃树枯死被人拔走，双方依然按照原来的大致边界耕种。几年后陈家提出意见，称现在土地边界划分错误，周家在耕作玉米的过程中不断向陈家方向推进，侵占了约10%的土地，主张陈家将作物后移，归还土地。周家认为双方这几年都默认界限存在，自家未曾侵占过土地，所谓土地争议实际上是陈家作为外来人口想要在村里争取地位的表现：“陈家好久以前从四川过来，周姓才是本家大家。他们姓氏现在多了，有钱有权的。土地本身没有问题，他们是故意要拿地来试下我们的软硬，是要欺负人来立威的意思，这次让了他家，以后他们就要在周家头上起闪了（俗语：意为得寸进尺，作威作福，为非作歹）”[1]。由于不存在客观资料和科技手段来帮助确定土地界限，双方多次进行协商都没有成功，周家权衡后放弃了调解和诉讼：“陈姓不是少数，宗族大，钱也多，我们本家这些年人丁稀少，青壮年不多，有出息的更是少，如果要打官司，(我们）关系不行，调解人也怕他家势力，不会帮我们。”[2]双方都不肯退让，矛盾僵持不下。

为尽快解决矛盾，周家人决定采取赌咒的老办法。据在场的人回忆，周家主事人说：“（土地）你说是你的，我说是我的，哪个说了都不算，老天爷在睁眼看，让老天爷来看是哪个在颠倒黑白，我就敢在这里赌咒，你要是敢赌就是你的！”。说完取来三炷香插在有争议的田埂上进行赌咒，赌咒的大概内容为：“我是朝河村周 XX，我家土地在某某处，现在陈家要来争土地，上请老天爷，下请土地公，我对天发誓，这片土地是我家所有，否则我家甘愿受天谴，哪个侵占的土地，哪个家破人亡，不得好死！”[3]

陈家人却不同意赌咒，认为乡里乡亲为了一点土地赌咒是小题大做。在场其他村民连连起哄，劝说陈某道：“你要是公道的，老天爷会给你主张的，人家（周某）都许了，你咋个不敢许?”[4]赵某连连推辞，推说自己不缺土地。由于其坚持不赌咒，最后土地仍然归属于周家，两家人没有再起过纠纷。

村里旁观者根据双方的态度对事实真伪进行推断：“周家人有理才敢上香赌咒，陈家没胆就是证明心虚，怕赌咒了老天爷要降祸。”村民还借用两家在赌咒后的发展情况来佐证以上观点：“你看周家人赌咒了，现在还是过得好，一点事情都没得，对自己的运势没有影响，但理亏的人就会很怕，陈家现在就没有周家昌盛。”[5]

此事件中单方赌咒的效力类似于举证责任的分配。赌咒是以自己的生命、财产、健康等作为赌注，将被上天惩罚的风险分配给双

---

[1] 周某贵（周家后人）访谈录，2017 年 1 月 25 日。
[2] 周某贵（周家后人）访谈录，2017 年 1 月 25 日。
[3] 赵某菊（周家邻居）访谈录，2017 年 1 月 25 日。
[4] 赵某菊（周家邻居）访谈录，2017 年 1 月 25 日。
[5] 赵某菊（周家邻居）访谈录，2017 年 1 月 25 日。

方当事人，不诚实的人会接受上天的惩罚，不能、不敢赌咒的人需要承担在具体纠纷中败诉的不利后果，而敢于赌咒的一方不会受到任何不利影响。理亏一方及时退出并说明真相是避免被上天惩罚的唯一机会，这种风险阻却了理亏一方参加赌咒的可能性，因此纠纷能在“神意”介入前迅速解决。

（二）赌咒事件二

此事件为双方赌咒且发生了相应的“裁判结果”，充分展现了赌咒的具体程序和效力。

烤烟是朝河村的主要经济作物之一，烤烟成熟后需要将其编制成杆，放到专门的烤烟房中烘烤排干水分，方便储存和出售。事件当事人为婆婆周某和小儿媳王某，王某丈夫与王某结婚以后就与父母分家，单独生活，但王某家的经济条件比较困难，仍然要借用父母的烤烟房。

2005 年 7 月份，双方将各自烟草放到了周某家的烤烟房内，但在烤制完成进行分配时，周某和王某却对烤烟杆的具体数量产生了争议。周某指责王某多拿了自己四杆烟草，王某否认，称周某是由于两人平时关系不睦而故意诬陷，四杆烟草已经被周某拿走并藏匿。

由于家里人无法劝和，当天下午请来辈分高，有文化，对村内事务享有一定发言权的长辈周某军进行调解。他认为婆媳之间理应互让互谅，婆婆周某没有尽到教育及宽容后代的责任，儿媳王某也没有做到孝顺和服从长辈的本分，区区四杆烤烟微不足道，主张为维护家庭和谐，此事就此了结。但双方颇为固执，坚决要求对烤烟杆的数量做出裁决。由于没有其他证据，双方各执一词，争执不下，调解陷入僵局。无奈之下，双方同意进行赌咒。

双方选择在祖先坟前起誓，具体流程大致为：周某军在坟前向老天爷和祖宗通报当事人的姓名及争议事由，恭请祖先和上天进行见证。然后周某和王某各燃一把香，在祖先坟上点燃并各自向香小便，“硬气”（有道理）的人便能将香浇灭，如果一方没有浇灭则要受到惩罚，后面程序也就无需进行了。周某和王某都浇灭了香，这说明争议比较复杂，需要进入下一步——将自身的冤屈和控诉以歌谣的形式向祖先和上天哭诉，中间穿插着事实陈述，指责、咒骂、辩护和反驳，类似于现代审判中的法庭调查和法庭辩论环节。最后双方以自己和家人的身家性命向祖先和上天发誓，承诺自己如果拿了烤烟便甘愿接受上天的惩罚。本次事件中双方的“咒”都较为恶毒，具体内容村里人也不愿透露。赌咒仪式大概花了一个小时，不久双方关系恢复正常，没有就此话题再起争执。[1]

这件悬案在一年后就做出了裁决，王某儿子因为当地一起煤矿爆炸事故死亡，村里人普遍认为这就是赌咒的应验，是上天显灵的表现。有村民说：“这种事情真的太玄了，每年去煤矿做工的人那么多，怎么偏偏就只有她儿子遇上了呢?”[2]婆婆周某也颇为后悔和自责，私下曾说过：“不应该赌咒，不过是一些烤烟杆，哪里用得着赌咒，当时就是气得想出一口气，你现在再叫我去，我是千不该万不该去了”。[3]但在日常社会交往中，周某仍然宣称这是意外事件，有关赌咒的事情绝口不提，村里人在周某和王某面前也一直保持沉默：“不能在她们面前说，人家心里本来就不舒服，说就是指着人家鼻子骂，要结仇的。”[4]儿媳王某虽然对儿子的死亡极其悲痛，但不久后也颇为平静地接受了，对村中认为是上天显灵的风言风语也没有明显表态，只是含糊地说：“人不跟老天爷争，还不都是命”。[5]认为王某儿子的死亡是赌咒结果成了村里一项公开的秘密。村里人对王某赌咒的事情大多持责怪态度，认为“做错了事还要去赌咒，只有自己承着（忍受着）”。[6]至于王某当年坚持赌咒的动机难以确定，或许是出于赌咒不一定灵验的侥幸心理，或许是为了在村里人面前挽回面子。但可以肯定的是，王某似乎也相信这是赌咒行为的后果，多年来一直坚持吃素并经常礼佛上香。

颇令人疑惑的是，此事件中的赌咒结果似乎并不衡平。因为王某儿子同时也是婆婆周某的孙子，死亡是对两人共同的惩罚，似乎

---

〔1〕 周某聪访谈录（周某的表妹，当天参与调解并见证了赌咒程序），2017 年 1 月 26 日。

〔2〕 村民穆某访谈录，2017 年 2 月 2 日。

〔3〕 周某聪访谈录，转述自周某，2017 年 1 月 26 日。

〔4〕 村民穆某访谈录，2017 年 2 月 2 日。

〔5〕 周某聪访谈录，2017 年 1 月 26 日。

〔6〕 村民穆某访谈录，2017 年 2 月 2 日。

很难以这个判断烤烟杆事件的是非。为何村民们一口断定是王某的惩罚结果呢？村民们从惩罚程度和过错分担对此进行了解释。

在村里人看来，虽然他们都具有血缘关系，但仍然亲疏有别："哪个错是明摆的！（死者）和王某是亲亲母子，是王某身上一块肉变的，周某那么多孙子，不差这一个，再说了还隔着几层肚子，做妈的难过一辈子，做奶奶的难过一下子，一比较就晓得是哪个的错了。"[1]但同时村民承认这也是对周某的惩罚，其实是双方在赌咒事件中的过错分配，这个惩罚不是针对烤烟杆事件，而是针对周某不能妥善处理家庭内部矛盾的错误："先不论烟杆的事情是哪个错！一家人是小的没有小的样子，老的没有老的样子？一家人的事就（在内部）解决了，闹着去赌咒本身就是错的！周某是长辈，也要放起（唆使）小辈的这样闹，老天也肯定要怪她的嘛！所以就是各打五十大板。"[2]可以看出，村里人认为赌咒结果是上天经过精密设计和理性考虑的产物，惩罚程度会因为两者的不同过错而有所差别。

值得一提的是，当年周某也积极参加了王某儿子的殡葬事宜，双方仿佛对此事达成某种共识，都避免谈论儿子的死亡性质，婆媳关系一直维持到王某丈夫死后王某改嫁才结束。并且由于此案例中双方在某种意义上都接受了惩罚并且惩罚后果较为严重，村里人对此很是敬畏与惧怕，后来纠纷是调解的多但赌咒的少。

四、赌咒效力分析

（一）赌咒的直接效力

作为乡土纠纷解决机制的一部分，赌咒的直接效力是化解纠纷，平息冲突、稳定秩序。

这种直接效力首先源于当事人对赌咒结果的高度服从和执行。当地存在对神灵的普遍信仰和畏惧，对赌咒结果的怀疑代表着对神的反叛和挑战，上天将降罪惩罚藐视上天权威的人，为避免厄运，当事人对于赌咒结果只能服从。这种服从还部分依赖于当事人的主

---

〔1〕 穆某宗访谈录（乡土权威人物），2017年2月3日。

〔2〕 穆某宗访谈录（乡土权威人物），2017年2月3日。

观归因和任意解释，一切心理作用、意外事件和自然现象都可能被定位为神判结果。即使结果与当事人的自我认知或者实际事实相左，如明明是正义一方却遭到了惩罚，当事人也会从各种路径寻找理由来将不一致合理化，如因为全知全能的神秉持“全面审判原则”，自己虽然在具体纠纷上没错，但可能因前世今生的“罪孽”或者被家人罪行牵连而遭受惩罚。总而言之，没有原因的“原因”（即想象中的原因）是不难找到的，所以有这种“原因”产生出来的结果总是“正确的”“公道的”和“不可违抗”的。[1]当事人通过这种自我开解与安慰来获得心理平衡，说服自己接受上天意志的裁决，纠纷在事实层面画上句号。

赌咒化解纠纷、稳定秩序的直接效力还在当事人的心理层面发生作用，即在仪式完成到结果出现的阶段，具体程序能够释放当事人的负面情绪并暂时冻结具体纠纷。一方面，赌咒仪式本身就是一个宣泄不满与愤怒的过程，程序中穿插着举证、质疑、辩论、辱骂甚至诅咒，矛盾在仪式中集中爆发并消亡，双方的负面情感能够被有效消解，而这通常是理性、冰冷、僵化、正式的现代司法制度所难以提供的。另一方面，由于相信赌咒结果的显现具有滞后性、个性化和不确定，再起争议没有实际意义，因此双方都会将争议搁置，尽快投入到正常的生产生活秩序中。

直接效力的作用对象还包括当事人以外的其他村民。村民认为凡人不能妄议神判，否则可能僭越“神权”，并且既然判决结果已经做出，利益状态恢复了平衡，多加议论是对受惩罚方的二次伤害，出于对集体凝聚力的考虑，也应该避免多加议论以免激活冲突。因此，村民对经过赌咒的纠纷保持着谦逊和缄默的姿态，对有关事件语焉不详、讳莫如深。经过赌咒的纠纷和当事人不可能再次成为村落中的公共议题，仪式的完成正式标志着具体纠纷在村落中的封存和遗忘，乡土秩序至少恢复了表面上的平静，这也为当事人修复彼此关系提供了条件。

---

〔1〕 邓敏文：《神判论》，贵州人民出版社 1991 年版，第 10 页。

(二) 赌咒的间接效力

赌咒对当事人而言还是维护个人形象进而回归集体框架的途径之一。在乡土共同体中，名誉、品德是个人身份的组成部分，是开展人际交往的社会资本之一。当个人作为矛盾一方当事人或者被控诉的“被告人”时，其可能面临着其他人的猜忌、怀疑和负面评价，为避免社会资本因此减损，当事人可能借助赌咒来展现自己的姿态和勇气，向其他村民证明自己的正义与诚实，从而避免被排斥出集体之外。这种间接效力是赌咒方式在现代社会依然可以得到适用的原因之一，在当地城市居民的日常生活中，赌咒已经演变成为一种日常用语，指代“许诺、发誓”，成为人们证明自己的诚实和决心的一种措辞。

赌咒的间接效力还在于可以作为弱者对抗强者的有力机制。尤其是在社会转型期的背景之下，农村地区贫富差距扩大，社会矛盾突出，司法制度的公正性、中立性等又有待提高，社会地位的差异就可能左右纠纷的解决结果。因此弱者可能选择相对中立的赌咒来制衡强权暴力，虽然这种实际效用有限，但其也确实给弱者提供了可选择的诉求渠道，能矫正部分不公平现象，调节失衡的社会关系。

最后，赌咒还能够间接发挥现代法律的预防、惩戒和教育等功能。常表现为某种不利后果的赌咒结果能够对纠纷中“败诉”一方加以惩罚，实现正义和公平的目标；公开的程序、仪式、结果和富有道德伦理因素的解读过程可以起到示范和教育的作用，当地村民以此来提升自己的判断能力，合理规划行为，能够有效预防破坏集体秩序的事件发生。

五、赌咒与现代法律制度的比较

(一) 赌咒与现代法律制度的差异

赌咒仪式与现代法律制度存在以下不同点：

现代诉讼、仲裁、调解的裁决结果都是可见、确定和客观的，结果的内容和类型都为法定。但赌咒结果却具有抽象性、不确定性和主观性的特点，具体表现为某种不利后果，惩罚内容根据个人情况不同，没有明确标准。实际上当事人可能将自己或对方的各种不如意和坏运气都归结于神的裁决，采取主观归因的方法进行任意解释，判决结果取决于冲突各方的认知和想象。仪式完成后，赌咒结果还需要等待一段时间才会显现，这是因为神的旨意需要在“天时地利人和”的情况下做出，老天爷要挑选合适的时机。此外，根据功过相抵，还要等个人前世今生积累的福气消耗完了才能进行惩罚。因此，赌咒的结果具有相当的滞后性，可预测程度和稳定程度都很低。

赌咒与现代司法制度的审判范围也不一样。现代法律持被动立场，坚持“不告不理”原则，只对纠纷本身和当事人的诉求进行审查和裁决；但当地人认为赌咒程序采取全面审查原则，除纠纷本身之外，上天还会根据双方在解决纠纷过程中的表现甚至当事人平时的道德情况来进行审判，这就可能出现案例 2 中双方惩罚的情况，颇有些古代击鼓鸣冤要先打五十杀威棒的味道。

现代诉讼是解决日常纠纷的常用手段，但赌咒程序常作为纠纷解决的最后一道程序。赌咒的裁判标准和结果缺乏预见性，违反了罪刑法定的原则，当事人很难去预测自己的行为后果，为了一点小事诉求赌咒而可能引发自己或对方家破人亡的严重后果。因此在集体社会中，即使明知自己有理的一方也不敢擅自运用这种方法。赌咒结果的不确定性、风险性和全面审查的裁判范围建立起了某种起诉标准，起到了对纠纷的筛选和过滤，使得赌咒成为乡土社会中进行纠纷解决的不得已的手段，只要纠纷可以通过其他手段解决，当事人就绝不会选择赌咒。

现代司法制度借助国家暴力作为强制力来源，从外部约束当事人服从和执行裁决。而赌咒的强制力单纯来自上天的“神力”，主要作用于当事人的心理层面，但这种内部性的约束作用并不逊于国家权力。

现代法律制度区分立案、起诉、审判、执行等独立程序。但赌咒程序没有进行划分，起诉、审判和执行等程序合为一体，也没有公诉、自诉、民事、刑事等区别，只要当事人双方存在纠纷且有赌咒意愿即可进行。

现代司法制度存在一审、二审、再审、抗诉等程序，但赌咒秉持“一审终审”，不存在重审抗诉，坚持“一事不再审原则”，裁决结果具有既判力。这种简单粗暴的模式没有纠错余地，容易忽略当事人权益，导致不均衡和残酷的判决结果。

此外，两者的裁决标准也不一样，现代司法制度的裁判标准是建立在法律基础上的事实和证据。虽然上天裁决的具体过程和理由不可见，但一般认为道德理念和伦理因素是赌咒的审判标准，其追求的是公道和衡平的结果。

将以上差异进行整合对比会发现，赌咒这种神判方式与现代司法制度的差异正好抽象勾勒出了习惯法到现代法律的演化变迁过程，展现出了法律制度从残酷愚昧逐渐走向文明科学的过程。

（二）赌咒中的现代法律制度原则

赌咒程序中渗透的某些价值观念、操作规则与现代法律制度具有相似性。厘清两者的共享原则有助于理解现代法律与习惯法之间的继受承递关系。

首先，赌咒仪式蕴含了浓厚的程序意识。赌咒由一系列步骤和流程组成，实质上也是一套程序，赌咒仪式的完成是裁判结果合法性和公信力的来源，体现了朴素的程序正义观念。在神判中，争讼双方都有义务对等地接受考验，而不管这种方式多么残酷、危险，因为这是被社会确定了的“游戏规则”，而且是神化的规则，有神圣的合法性。尽管在今天看来，它是非人道的、非理性的，但在原始初民那里，它却是神圣的、“理性的”、公平合理的。〔1〕虽然这种尊重和信服来自上天“权威”而不在于程序的合理性和科学性，但其毕竟在乡土社会初步植入和培育了程序观念。原始习惯法具有程序至上的形式主义特色，而在这种制度形成的过程中，在尚无国家司法的时代，神判仪式对这一制度的形成无疑起到了积极的作用。神判仪式使原始民族摆脱了混乱无序的同态复仇、血亲复仇以及民事行为中肆意的“自力救济”，使人们心目中的正义具有了神圣的程序化性质。〔2〕

〔1〕 杜文忠：“神判与早期法的历史演进”，载《民族研究》2004年第3期。

〔2〕 杜文忠：“神判与早期法的历史演进”，载《民族研究》2004年第3期。

赌咒所体现的程序意识在一类特殊案例中更为明显——在缺乏足够证据证明具体犯罪事实时，针对某被告人的指控需要经过赌咒程序才能成立。乡土社会是紧密封闭的熟人社会，社会关系比较透明简单，村民间对彼此的品性和行踪都比较了解。在出现如盗窃等案件时，村民们对谁是犯罪人很容易达成共识。在缺乏完善司法制度的背景下，即使缺乏足够证据，村民本可以凭借集体认知和他人指认，利用舆论和道德约束将其定罪。但实际上村民们不会贸然定罪而必须要斥诸赌咒程序，虽然这实质上是对已经认定的事实进行证明和认可，但这说明即使预设判断也需要经过程序才能具有合法性。当然，这也是赌咒程序值得诟病之处，从结论反推事实的方法在法理上不具有正当性，摆脱不了主观定罪的嫌疑，但这种本质缺陷也仍然不能抹杀村民们对固有程序的尊重态度，初步体现了现代司法中“不经审判，不能判决任何人有罪”原则的雏形。

其次，现代诉讼奉行实质审判公开原则，审判的过程、标准和结果原则上向当事人和社会公众公开。赌咒奉行“有限度的公开”原则，表面上赌咒过程对所有人公开，但实际上非本地人、未婚女性和儿童的参与程度很低。一般情况，外地人或外村人不会观看赌咒，认为“这是别家的事情，外人不能瞎掺和，如果去看热闹，会被说好管闲事”。[1]对于某些如通奸等道德伦理色彩浓厚的案件，为避免尴尬，非本宗族的本村人也很少参与。此外，虽然没有禁止，但除非与本人或者本家有直接利益关系，未婚年轻女性和幼儿也不会旁观，农村习俗认为：“这种事情很邪门，小孩妇女的点子低、火气小（俗语，指身体弱，运势差，阳气不够），镇不住，容易撞邪”。[2]

因此，赌咒的公开偏向形式化和表面化，无法实现公开的实质核心功能。但反悔赌咒的人需要遭受集体舆论的谴责和压力，能够起到部分舆论监督的作用。对程序和结果的公开还能将旁观者纳入纠纷解决的过程中，充分发挥程序的示范、教育、预防作用，有助于引导村里人规范自身行为。另外，即使这种公开对于参与人来说

---

〔1〕 穆某宗访谈录（乡土权威人物），2017年2月3日。

〔2〕 穆某宗访谈录（乡土权威人物），2017年2月3日。

是非自主的，其可能对参与的意义和作用没有自主认识，但公开还是稀释了赌咒的神秘和残酷色彩，将其从超自然层面逐渐带往人类的文明阶段。对这种制度惯性和行为倾向的培养也确实是习惯法向现代法治发展的重要任务之一。

再次，双方赌咒的情形也充分体现了现代司法制度中两造对抗、法官居中裁判和当事人地位平等的诉讼原则。赌咒的启动需要以双方的一致同意及参与为条件，当事人一方对此有一票否决权，也没有缺席审判的可能性，两造对抗是程序展开的基本脉络。“神”要与法官一样作为中立裁判者来厘清事实、做出判决。由于神超然物外，脱离了人的欲望和各种社会关系的桎梏，其形象更加符合当事人对于理想裁判者的设想。当事人在神面前是抽象平等的，社会地位、资源、智力等方面的差异都被消解，理论上，赌咒成为保证双方在社会地位悬殊时依然得到公平解决的路径之一。虽然以上特点在赌咒中发挥的实质作用有限，但其还是逐渐形成一种特定的环境和氛围，使得法官居中裁判、两造对抗、当事人平等等理念潜移默化地渗入当地人的思想体系，为现代司法制度的适用和普及塑造了有利的社会心理基础。

最后，辩论还贯穿了赌咒程序的始终。双方围绕事实和证据回应控诉，互相指证、反驳，程序运行由当事人主导，赌咒结果也受到辩论胜负的影响，这与“当事人主义”有一定相似性。当然，这种辩论是非约束性的辩论原则，辩论的内容、标准完全取决于当事人自身，有法律意义的辩论内容也很有限，更多还是道德伦理因素甚至流为无意义的争辩和谩骂。但这也确实为当事人提供了一个进行攻击和防御的场合并赋予了辩护和控诉的权利，这点是值得肯定的。

从以上共同点来看，可以说，法律所具有的仪式性、传统性、权威性、普遍性，以及习俗、约束力等属性，与原始宗教支配下的神判所具有的基本属性形成了互相交叉的关系，并首先是由神判培养了这些属性，担负了这些功能，确定无疑地影响了法的变迁。[1]

---

〔1〕 张冠梓：“初民的审判——神判”，载《东南文化》2003年第9期。

现代司法制度的很多基本原则和方向也是经由传统神判制度发酵演化而来，赌咒的逐渐应用可以反映出现代法律制度的构建框架和方向。

六、结论

辩证看待“赌咒”这种神判方式的性质、效力是发展习惯法理论及建设法治社会的客观要求。一方面，赌咒毕竟是纯粹唯心主义的产物，没有科学依据，宣扬这种迷信思想的做法必须否定。这种非正式、主观化、不确定的纠纷解决方式与稳定、文明、科学的当代社会不相适应，没有推广和应用的必要。并且，对神判方式的过度依赖可能会将司法制度边缘化，架空法律体系的作用，僭越国家刑罚权力，加剧法治困境。但另一方面，作为早期法律制度的一种表现形式，其在特定的社会环境中具有历史必然性和合理性，其运行过程和效力对现代法治建设具有一定借鉴意义。一味贬低赌咒的观点忽略了神判方式的理论和现实价值，这种片面极端地将传统文化力量全面封杀的危险倾向需要警惕，神判方式有存在的历史基础和现实原因，需要将其嵌扣到具体社会环境中进行分析。

人类学家主张，理解一个社会应从他者的文化和社会环境内部进行一种同情地理解，因此，问题就被转化为“神判是否服务于一个有益的目的，因为它倘若起作用，即实现了某种合乎需要的目标，那么对该习惯及其实践者而言，很难否认它至少具有一种实践理性的形式”。〔1〕在社会早期，科技落后、民众素质低下，法制建设尚不完善，但解决纠纷、平息冲突、惩罚犯罪、维护社会秩序的现实需要依然客观存在，这种矛盾关系在神灵崇拜的社会环境中就催生了神判方式。因此，神判方式是早期人类在特定的社会环境中，达成定纷止争，维护秩序的目的，经过理性思考和精心设计的产物，即使不符合当代文明的价值观，也不能完全否定其具有的实践理性。

即使在现代社会，赌咒方式的存在也还具有一定合理性。乡土

〔1〕［英］维克多·特纳：《象征之林：恩登布人仪式散论》，徐玉燕等译，商务印书馆2006年版，第20页。

纠纷有标的小、伦理道德因素突出、局限于团体内部等特点，同时法律秉承谦抑性被动性原则，立法进程相对于社会现实具有滞后性，又存在如起诉和立案标准等筛选程序，所以大部分乡土纠纷被排斥在制度化解决渠道之外；又因为乡土社会的秩序体系、治理结构与我国现代法律制度在作用对象、价值取向、强制手段、适用方式、制定过程等方面存在诸多差异，导致通过国家权力渠道解决的矛盾也不能完全符合当事人的利益期望，无法充分实现化解纠纷，维护秩序的目的，这种现象在电影《秋菊打官司》、《山杠爷》里有突出表现。在这样的背景下，部分农村纠纷通过其内生的神判方式解决能够得到合理解释。以云南省朝河村的两起赌咒事件为例，神判方式能够发挥教育、预防、惩罚等功能，最终实现化解纠纷和维护秩序的目的，在一定程度上可以起到法律制度应有的功能，确实具有实践理性。

综上，将神判方式全面斥为封建迷信的观念没有关注到神判方式的作用环境和历史基础，凭借代际发展带来的思想进步居高临下地进行批判，带有浓厚现代文明的优越感，缺乏对自身文化和历史的宽容感，容易导致研究的基本立场有所偏颇。如若仅将这种来自传统的力量资源当着一种腐朽的封建迷信并有意识地将其置于基层行政权力的对立面。那么这种力量资源只有当国家权力在村落社会运作偶尔出现无序时方被重新启用。这样的结果就是传统文化力量可能被当作一种已经过时的社会文化垃圾被封杀抑或被移入边缘化的文化空间。[1]此外，这种全面否定神判的观点也忽视了法律制度的局限性，是“法律至上”主义的体现。社会有序运行需要以法律制度为基础，充分结合其他社会调节方式的能动性和自主性，这就要正视民间纠纷解决方式对法律制度的补充作用。

神判方式存续的基础是乡土社会对某种凌驾于尘世的公正、无私权威的绝对尊重和服从，这对现代法治建设的启迪之一是：由敬畏和恐惧之心产生的对自我欲望的抑制和约束是人类文明的基石，

〔1〕 麻勇恒：“神判致序的动力机制及其约束力嬗变的归因”，载《吉首大学学报（社会科学版）》2016年第4期。

建立权威是秩序建立的必要条件，尤其是在社会转型期的当代农村中，权威涣散、道德沦丧，价值观混乱，为此要尽快将乡土权威的主体从超自然存在转移到法律制度上，重塑法律信仰和认同，培养民众对现代法律制度的信任和敬仰——因为法律必须被信仰，否则它将形同虚设。[1]

当然，与神判方式相区别，法律制度的权威不是直接、天然地来自神的意志和法力，而是来自于制度运行的合法性和合理性。因此，在未来的法治建设中要以乡土社会民众的心理模式和行为逻辑为基础，立足于乡土社会实践，着眼于乡土社会问题，提高立法工作的回应性和针对性，建设科学、合理、民主的法律体系；要健全司法组织机构体系，提高现代司法制度、执法制度的实效性，引导其他社会调节机制在法律框架中有序运行，全方位地维护民众的合法权益；要提高乡土社会中民众的文化素质，摒弃迷信思想，提高其用法、守法、尊法的意识和能力，同时要尊重乡土民众的传统思想和合理的民族习惯，逐步稳健地推进其从神判方式过渡到现代法律制度，提高农村生活的法治化程度。

---

〔1〕［美］伯尔曼：《法律与宗教》，梁治平译，生活·读书·新知三联书店1991年版，第28页。

Afterword

后 记

论丛即将付梓，翻看本辑文稿，过往的编辑情景仍历历在目。不经意间，《习惯法论丛》已至十辑。前九辑中，我们不仅对当代中国习惯法的规范表现及实践样态进行了面上的制度梳理，亦对其与国家制定法的互动和认可进行了深层的学理分析，不仅对当代中国习惯法的不同规范面向进行了静态的制度描述，亦对其变迁发展进行了回溯性的历史考察。但是，我们一直有个愿望，想在一个辑子里对当代中国的习惯法世界有一个全面的、丰满的、多样的呈现。本辑即为对此的一个初步尝试。

本辑的选题、组稿、修改完成前后经历了近两年的时间，经过多次的约稿和与作者反复的沟通修改，才有今天呈现在读者面前的书稿。翻阅文稿读者诸君不难发现本辑主要以田野调查为基础，力求呈现当代中国形形色色的习惯法事实。因此，在学理探讨和理论分析方面有所欠缺，这可能需要我们进一步的思考和完善。尤其对当代中国习惯法世界的生活事实及规范样态，及其对当下国家治理及法治建设的意义，需要进一步的理论探讨和制度反思。

本辑的策划编辑及出版发行，凝结着各位作者的闪光智慧，浸透着出版社编辑人的涔涔汗水，首先感谢他们。高成军协助我承担了大量的具体事务。

本辑为研究阐释党的十九大精神国家社科基金专项课题“健全

自治、法治、德治相结合的乡村治理体系研究”（批准号 18VSJ064，首席专家：高其才）的阶段性成果。感谢全国哲学社会科学规划办公室的研究资助。

本辑为清华大学法学院习惯法研究中心学术成果之一。清华大学郑裕彤法学发展基金对本辑的出版提供了资助，特此致谢。

由于论题所涉领域较为专门，加之我们的能力有限，本辑难免存在一些不足乃至错误之处，欢迎读者诸君批评指正，也欢迎学界朋友一如既往地关注并支持《习惯法论丛》。

高其才

2018 年 10 月 8 日于明理楼 505 室